江蘇十三繪

中国式现代化江苏新实践市域图景

张新科 ◎ 主编

江苏人民出版社

图书在版编目(CIP)数据

江苏十三绘：中国式现代化江苏新实践市域图景/
张新科主编；刘西忠副主编. — 南京：江苏人民出版
社，2024.10(2025.1重印). — ISBN 978-7-214-29308-4

Ⅰ. D675.3

中国国家版本馆 CIP 数据核字第 2024QM4304 号

书 名	江苏十三绘：中国式现代化江苏新实践市域图景	
主 编	张新科	
副 主 编	刘西忠	
责 任 编 辑	薛耀华	
装 帧 设 计	赵春明	
封 面 题 字	魏 晋	
责 任 监 制	王 娟	
出 版 发 行	江苏人民出版社	
地 址	南京市湖南路 1 号 A 楼,邮编:210009	
照 排	江苏凤凰制版有限公司	
印 刷	江苏凤凰数码印务有限公司	
开 本	718 毫米×1000 毫米 1/16	
印 张	21.75 插页 3	
字 数	305 千字	
版 次	2024 年 10 月第 1 版	
印 次	2025 年 1 月第 2 次印刷	
标 准 书 号	ISBN 978-7-214-29308-4	
定 价	88.00 元	

(江苏人民出版社图书凡印装错误可向承印厂调换)

目　录

前言　在这里，读懂可观可感的江苏市域现代化 …………………… 1

总论　携手共绘江苏省域现代化新图景 …………………… 7

南京　强省会担当　铸城市典范 …………………… 37

无锡　争当中国式现代化建设城市范例 …………………… 67

苏州　人文经济绣出现代化"姑苏繁华图" …………………… 101

徐州　高质量建设淮海经济区中心城市 …………………… 133

常州　新能源之都引领新"万亿之城"再出发 …………………… 155

南通　提升"四大能级"打造高质量发展重要增长极 …………………… 183

连云港　发挥后发比较优势　擘画先至美好篇章 …………………… 203

淮安　坚持生态优先　打造绿色高地 …………………… 227

盐城　打造人与自然和谐共生新地标 …………………… 247

扬州　让历史文化名城在全国"更有分量" …………………… 267

镇江　绿色新基建赋能"山水花园名城" …………………… 289

泰州　打造跨江融合现代产业高地 …………………… 309

宿迁　以"四化"同步集成改革推进现代化 …………………… 329

前　言

在这里，读懂可观可感的江苏市域现代化

人因梦想而伟大,国家和民族亦然。

2021年,"民亦劳止,汔可小康"的憧憬已悄然变为现实。2022年,中国式现代化壮丽图景又在召唤我们踔厉扬帆。

作为东部沿海发达省份,江苏一直肩负着为全国发展探路的光荣使命,成功探索出"苏南模式""高水平全面小康"等"走在前列"的江苏经验。习近平总书记也一直把江苏作为"关注点、调研点和研究点",多次参加全国两会江苏代表团审议并亲临江苏考察,殷殷嘱托切切期望,化作江苏推进中国式现代化的不竭动力,这也是江苏有信心有能力继续"当表率、做示范、走在前"的底气所在。2022年11月29日,江苏省委十四届三次全会提出在新征程上全面推进中国式现代化江苏新实践,更好地"扛起新使命、谱写新篇章",让中国式现代化在江苏大地充分展现可观可感的现实图景。

凡事预则立。推进中国式现代化,必须着眼长远、把握大势,开门问策、集思广益,智库研究要成为探路先锋。一分部署,九分落实。根据省委要求,省社科联闻令而动,其应如响,于2023年年初启动中国式现代化江苏新实践省市联动课题研究。一方面,组织全省社科界名家学者,编撰出版"中国式现代化江苏新实践研究丛书",聚焦"强富美高",第一批5本已经出版;另一方面,组织13个设区市共同开展中国式现代化江苏新实践的市域路径研究,南京、苏州、无锡开展样本研究,余者进行探索研究,旨在提炼各市现代化经验,揭橥演进规律,助力打造具有中国特色、江苏特点、地方标识的市域现代化样本。

一年多来,13个设区市课题组开展30余次调研和研讨会,发表省市内参17篇,获省市领导批示近20篇次,刊发文章50余篇,最终形成的13篇市域现代化主报告,各展其优,各彰其采,或以点聚焦,或以面铺展,宛若移步换景的"大观园"、色彩斑斓的"工笔画",引人入胜、不忍释卷,故以《江苏十三绘:中国式现代化江苏新实践市域图景》为题,结集成书。

究"绘"之义,其要有三:

一曰描绘。江苏现代化的新蓝图新愿景,需要在全省人民的共同拼搏奋斗中才能变成美好现实,需要13个设区市的工笔描绘。

二曰绘制。在江苏现代化新征程上要最大程度释放市域现代化的潜能,营造比学赶超的浓厚氛围。各市要在千帆竞发、百舸争流中绘制华章。

三曰绘就。推进市域现代化要有大局意识,要强调和谐、合作、协作、协同,最大限度地聚合动能,方能绘就13联轴的江苏现代化全景图。

余有幸借此机会,采撷精要,概而述之:

南京篇秩。全面总结中国式现代化南京实践的典型经验,提出以人民为中心、以共同富裕为目标、以文明各要素协调共进为主轴,从增强产业支撑力、发展驱动力、文化引领力、社会协同力和生态持续力五个维度把握中国式现代化城市实践的内涵,以现代城市文明发展成果来标识和展现中国式现代化的"南京样本"。

无锡篇秩。全面分析现代化建设的发展基础、鲜明特色、探索历程,概括总结中国式现代化无锡样本的"6+1"经验体系,提出以高密度创新强化现代化建设的战略支撑、以高质型产业夯实现代化建设的物质基础、以高品质生活实现现代化建设的成果普惠、以高颜值生态绘就现代化建设的绿色图景、以高融合区域拓展现代化建设的空间载体、以高效能治理筑牢现代化建设的安全底座等实践进路。

苏州篇秩。以人文经济学为视角,系统阐述中国式现代化苏州样本的研究背景、历史基础与重大意义,分析苏州样本的特色与精髓,构建中国式现代化自主发展指标体系,通过精准强链补链延链,积极推进中国式现代化在科技创新链和产业创新链方面的对接与突破,推动苏州全面高质量发展。

徐州篇秩。聚焦建设淮海经济区中心城市这一视角,从"要素—系统—环境"三个维度,对徐州市建设淮海经济区中心城市的实践探索进行系统分析,提出以高质量发展为宗旨、全面提高中心城市首位度,探索省际边缘区域协同发展新机制、推动淮海经济区协同发展,加快形成集聚效应和协同优势、推动多层次多样化区域联动等思路建议。

常州篇秩。聚焦常州新能源之都建设这一主轴，以常州城市发展目标定位作为出发点，分析常州选择、总结常州作为、解锁常州"密码"，提出推进科技自立自强寻求新突破，不断塑造高质量发展新动能等思路建议，展示一种内涵式、可持续、高质量的经济发展模式。

南通篇秩。通过分析南通"好通"的交通优势和发展质态，展望"天堑变通途"带来的"一通百通"美好前景，提出要以"好通"提升交通、创新、产业和城市四大能级，不断激发发展潜力、支撑重大发展使命，打造长三角北翼枢纽之城、上海国际科创中心北翼副中心、长三角高端制造新中心、上海大都市北翼门户城市。

连云港篇秩。因循习近平总书记"后发先至"的殷切嘱托，对照省委、省政府"跨越赶超"的明确要求，探索连云港在推进中国式现代化中实现后发先至的典型路向，争取到2035年建设成为：充分展现中国气派、江苏高度的双向开放门户；在产业链、创新链站上中高端的临港产业基地；山海和谐交响、文明协调发展的生态宜居城市；城乡融合并进、百姓安居乐业的共同富裕典范。

淮安篇秩。在综合借鉴国内外绿色发展实践经验基础上，从规划布局、产业发展、环境保护、制度建设等方面集成创新，努力在探索"崛起江淮"高质量跨越发展道路、促进革命老区人民共同富裕、推动绿色发展、建设中华民族现代文明、打造高素质干部队伍上更好展示"象征意义"。

盐城篇秩。基于探索人与自然和谐共生现代化这一视角，在总结显著成效和主要经验的基础上，深入分析发展面临的机遇挑战，提出创新体制机制、加强协同治理、深入挖掘释放生态多元价值、打造绿色低碳世界级产业集群的真知灼见，旨在为竞逐中国式现代化新赛道提供"走在前、做示范"的可复制、可推广经验。

扬州篇秩。全面研究梳理扬州历史悠久、人文昌盛、区位优越、战略叠加、精致秀美、生态宜居、开放创新、产业兴旺等特色优势，树立系统思维，从一体化提升科技驱动力度、产业集聚强度、开放融合深度和文旅品牌热度等视域,提出推进中国式现代化扬州实践的战略导向、战略目标和战略路径。

镇江篇秩。聚焦建设"山水花园名城"这一视角,阐释绿色新基建破解镇江生态治理现实之需的内在机理,分析评价镇江绿色新基建和"山水花园名城"发展的基础优势并充分借鉴国内先进地区典型经验,提出以绿色新基建推进镇江"山水花园名城"建设的"一揽子"论策,助推镇江甩开膀子"跑起来",跑出自信、跑出加速度,让"很有前途"跑进现实。

泰州篇秩。聚焦产业产能的跨江交流融合,在总结归纳"拥江发展型、区划调整型、都市抱团型、共建园区型"等四种主流的跨江融合模式、系统分析产业融合现状的基础上,找到了以市场为纽带的产业合作这一适配泰州的跨江融合模式。

宿迁篇秩。聚焦"四化"同步集成改革示范区建设找准关键发力点,锚定工业现代化重点,聚焦"城乡发展不平衡"难点,强化发展数字经济发力点,着力构建工业化支撑体系、构建城乡协调发展体系、信息化深度融合体系,补强"黄河故道建设"关键一环。

年半劳苦,玉汝于成。全书以现代化样本研究、探索研究为序,将13个设区市俱单列成章,负责人分别为:曹劲松(南京),任平(苏州),曹建标(无锡),苗加清(徐州),张忠寿(常州),姜勇(南通),张国桥(连云港),史修松(淮安),朱广东(盐城),王浩(扬州),谈镇、于伟(镇江),朱莹(泰州),王云(宿迁)。江苏开放大学校长丁荣余,《群众》杂志副总编辑李程骅,省社科院副院长李扬,省战略与发展研究中心主任孙志高,南京信息工程大学丁宏等专家审阅文稿,提出宝贵意见。各设区市社科联协助组织,各课题组深入研究。江苏人民出版社给予大力支持。在此一并致谢!

省社科联负责统筹组织课题研究及本书出版。本人担任主编审定全书并撰写前言,且多次带队调研研讨,牵头顶层架构和组织修改完善文本;刘西忠副主席担任副主编,撰就总论,协助组织具体工作。研究室李启旺、葛蓝、林开云、秦丹丹、王婕等也为成书付出了辛勤的努力。

　　此书虽付梓在即,但江苏市域现代化的研究才刚起步,现代化实践还在路上,省社科联还将持续组织研究,不断推出成果。由于市域现代化是新的时代课题,各市研究水平还有差异,再加上编者能力时间所限,疏漏不足在所难免,敬请读者朋友和各位方家批评指正。

江苏省社科联党组书记、常务副主席,留德博士,教授　张新科

2024 年 7 月

总 论

携手共绘江苏省域现代化新图景

推进中国式现代化是一个系统工程,既需要加强系统谋划、顶层设计,更需要注重彰显特色、实践探索。习近平总书记指出,"各地区各部门要结合各自具体实际开拓创新,特别是在前沿实践、未知领域,鼓励大胆探索、敢为人先,寻求有效解决新矛盾新问题的思路和办法,努力创造可复制、可推广的新鲜经验。"①2023 年以来,习近平总书记先后到广东、河北、山西、江苏、四川、黑龙江、江西、上海、湖南、重庆等地,高频度、大跨度考察调研,聚焦的一条主线就是以高质量发展推进中国式现代化,其中区域协调发展被摆在重要位置。在调研过程中,习近平总书记多次强调,"围绕高质量发展这个首要任务和构建新发展格局这个战略任务""主动融入和服务构建新发展格局""当初行政区划的'分'、现在区域协同的'合',目的是一致的,都是为了促进发展"。

为全国发展探路,是中央对江苏的一贯要求。立足于中国式现代化全局和省域现代化大局,鼓励各设区市在市域现代化上大胆探索、敢为人先,是江苏省域现代化战略的重要组成,是江苏为全国发展探路的重要内容。一花独放不是春,百花齐放春满园。江苏的现代化一定是各美其美、美美与共的现代化,也是彰显市域协同的现代化。市域现代化在区域现代化中具有承上启下的作用和链接功能,通过强化纵向衔接与横向协同,推动省内全域一体化、协同化发展,13 个设区市携手共绘中国式现代化江苏新实践的省域壮阔图景。

一、 江苏市域现代化的理论基础与实践要求

城市是我国经济、政治、文化、社会等方面活动的中心,城镇化是我国现代化建设的历史任务,是现代化的必由之路。江苏的现代化,肩负着习近平总书记的殷殷重托,既要心怀国之大者,勇于担当,勇挑大梁,积极服务全国新发展格局构建,在推进中国式现代化中走在前做示范,又要加强统筹,系统谋划,充分调动发挥 13 个设区市推动市域现代化的积极性、主动性和创造性,

---

① 习近平:《推进中国式现代化需要处理好若干重大关系》,《求是》2023 年第 19 期。

汇聚起省域层面整体推进江苏现代化的强劲动能。

1. 江苏市域现代化的内生性

我们一般比较注重产业结构调整,没有把空间结构调整摆在重要位置。空间结构,有大尺度的国土空间结构,也有小尺度的城镇用地结构。[①] 构建科学合理的城市格局是现代化进程中空间结构调整的重要内容。要按照推进主体功能区的要求,着力构建与我国国情相符合的城市空间格局,强化城市群内部功能互补和内在联系,提高产业和人口集聚能力。[②] 在城市内部,要按照促进生产空间集约高效、生活空间宜居适度、生态空间山清水秀的总体要求,形成生产、生活、生态空间的合理结构,提高市域现代化的系统性和整体性。如果说 1978 年改革开放以来,江苏通过农转工、内转外实现经济的快速发展,在改革开放上快人一步,充分赢得了发展的时间红利的话,那么,随着以国内大循环为主体、国内国际双循环相互促进的新发展格局加快构建,江苏需要通过低转高、竞转合,通过打破行政壁垒、重新排兵布阵,更多地挖掘空间红利,激发中国式现代化新征程上江苏市域的现代化新动能,在坚持外部驱动的基础上更加注重内部区域空间资源整合。在内生型区域现代化进程中,需要更加注重区域合作协作协同,通过不同区域之间的功能互补、优势互补和功能整合、空间融合,实现现代化新动能的充分释放、有机合成和全面集成,重塑现代化的动力机制。近年来,江苏牢固树立空间也是生产力理念,将落实国家重大战略作为推动一体化发展、提升发展整体竞争力的重要机遇,深入谋划一体推进长三角区域一体化发展、长江经济带高质量发展、"一带一路"交汇点建设的实践路径,进一步优化都市圈城市群总体布局,强化高铁等基础设施支撑,支持南京都市圈建设国家一体化发展示范区,统筹徐州淮海经济区中心城市、连云港"一带一路"交汇点战略支点、南通沪苏跨江融合试验区发展,打造一批城乡融合发展试验区,江苏现代化建设的空间动能进一步释放。

[①]《习近平关于城市工作论述摘编》,中央文献出版社 2023 年版,第 46 页。
[②]《习近平关于城市工作论述摘编》,中央文献出版社 2023 年版,第 45 页。

2. 江苏市域现代化的连通性

我国现代化同西方发达国家有很大不同。西方发达国家是一个"串联式"的发展过程,工业化、城镇化、农业现代化、信息化顺序发展,发展到目前水平用了二百多年时间。我们要后来居上,把"失去的二百年"找回来,决定了我国发展必然是一个"并联式"的过程,工业化、信息化、城镇化、农业现代化是叠加发展的。① 新型城镇化是中国式现代化建设的必由之路和核心内容之一,是使工业化、现代化、信息化、智能化、生态化在城市中相互作用的重要载体,对于构建中国特色的现代城市文明新形态具有重要的作用。② 从纵向层级上说,现代化的推进,有国家层面、省域层面、市域层面和县级层面等,市域现代化具有承上启下的重要作用。习近平总书记指出,省级党委和政府要统筹推进本地区城市现代化建设,围绕国家提出的总目标,确定本地区城市发展目标和重点。城市党委和政府是城市工作的责任主体,要依据国家、省区市确定的目标和要求,制定本市现代化行动方案,明确总体要求、实施步骤、措施保证。从江苏实现市域现代化的条件来看,既拥有国家多重重大战略机遇的叠加优势,又具备交通网络完善和市场互联互通的显著优势,江苏省内各城市之间,江河湖海相互连接,高速公路、铁路和机场交织成网,硬联通与软联通相辅相成,极大地降低了运输成本,进一步增强了江苏作为制造业大省的比较优势和竞争优势。这些条件共同推动江苏从人才资源的集聚、产业创新的集群到创新城市的集群,从省内全域一体化的推进到省内全域现代化的实现,使得集群的形态和一体化的模式不断向更高层级迈进。

3. 江苏市域现代化的协同性

世界银行发布的《2009 年世界发展报告》对中心和外围的一体化发展提出了重塑经济地理的思路:当今世界提升区域发展水平、克服地区差异的重要趋势是重塑经济地理,其重要路径是在毗邻城市地区推进区域一体化,形

---

① 《习近平关于城市工作论述摘编》,中央文献出版社 2023 年版,第 19 页。
② 何一民:《论新型城镇化是建设中国式现代化和现代文明新形态的必由之路》,《四川省社会主义学院学报》2023 年第 4 期。

成具有内在经济联系并相互促进的经济板块,从而在更大的范围内优化资源配置、拓展新的发展空间。推动一个庞大集合体的发展,要处理好自身发展和协同发展的关系,做好区域协调发展这篇大文章。在城市群和都市圈战略背景下,市域现代化的协调,既包括城市群都市圈等战略下市域之间的协调,也包括市域内部市区与县域、城市与乡村之间的协调,增强市域现代化的集成性。江苏省域现代化,不仅仅是 13 个设区市城市现代化的简单相加,而是 13 个设区市的市域一体化和市际协同化,用江苏 13 个特色拼图拼出中国式现代化江苏新图景。为此,需要建立起推进市域现代化建设的体制机制,重塑与江苏市域协调协同发展相适应的现代文化,在区域思路上实现从"你们"到"我们"的转变,增强江苏区域认同,增强 13 个设区市现代化的战略合作和有机融合。

4. 江苏市域现代化的示范性

习近平总书记把江苏作为"关注点、调研点和研究点",党的十八大以来,他多次参加全国两会江苏代表团审议并亲临江苏考察。从现代化"可以去勾画",到关注产业、城镇化、生态等关键点;从建设"强富美高"新江苏到在率先实现社会主义现代化上"走在前列",再到在推进中国式现代化中"走在前、做示范";从"在高质量发展上继续走在前列",到"四个走在前""四个新",再到因地制宜发展新质生产力,把江苏建设成为发展新质生产力的重要阵地。所有这些,都蕴含着习近平总书记对大国现代化非均衡特征和区域率先规律的深刻把握,蕴含着对江苏的亲切关怀和殷切期望,为江苏大力推进省域和市域现代化,以一域的探路示范融入国家现代化大局提供了理论指引。特别是习近平总书记对江苏区域协调发展给予精准指导,强调"要做好区域互补、跨江融合、南北联动大文章""江苏要全面融入和服务长江经济带发展和长三角一体化发展战略,加强同其他区域发展战略和区域重大战略的对接"。立足于中国式现代化全局和长三角一体化国家战略视野下的江苏市域现代化探索,对于全国具有重要的示范意义:江苏的苏南区域作为现代化先行区,为全国发达地区的现代化探路,具有重要的示范引领意义;江苏的苏北苏中区域作为现代化主力区,为全国现代化探路,同样具有重要的探索价值;打破行政区域界限,按照"1+3"重点功能区的思路,更加注重发展的合力与合成效应,在现代化中推进区域共进、共同富裕,则具有更加重要的典型意义。

从全国经济发达城市看,近年来纷纷提出打造现代化城市范例、典范、示范等目标。比如,深圳提出,朝着建设中国特色社会主义先行示范区的方向前行,努力创建社会主义现代化强国的城市范例。广州提出,以规划引领高质量发展努力建成中国式现代化城市标杆。成都提出,奋力打造中国西部具有全球影响力和美誉度的社会主义现代化国际大都市。杭州提出,加快打造世界一流的社会主义现代化国际大都市,努力成为中国式现代化的城市范例。南京提出,打造"人民满意的社会主义现代化典范城市",争当中国式现代化城市实践引领者。苏州提出,打造向世界展示社会主义现代化的"最美窗口",在中国式现代化走在前、做示范中当好排头兵。无锡提出,争当中国式现代化建设的城市范例,打造践行新发展理念高质量发展示范区。这些目标如何实现,在推进这些目标实现的进程中,如何处理好市域与省域的关系,以市域现代化服务和支撑省级现代化,成为迫切需要研究的现实课题,迫切需要具有良好基础和整体优势的江苏率先做出探索。

二、 江苏市域现代化的现实基础与比较优势

江苏各地资源禀赋不同,所处的发展阶段也不同,要发挥比较优势、找准目标定位,积极探索各具特色的中国式现代化实现形态。省委坚定支持各地大胆闯、大胆试,在改革创新、推动高质量发展上比学赶超,在服务全国构建新发展格局上各展所长,共同推动江苏现代化建设走在前列。① 江苏市域发展,具有坚实的历史基础、良好的现实条件和明显的比较优势,在率先整体协同探索市域现代化进程中既有经济社会发展的硬实力,又有长期以来形成的教育、文化、人才等方面的软实力。书写中国式现代化江苏新实践的市域篇

---

① 《信长星在省管主要领导干部研讨班开班式上强调 深刻学习领会中国式现代化理论始终沿着强国建设民族复兴的康庄大道笃定前行》,《新华日报》2023 年 2 月 25 日。

章,探索各具特色的市域现代化模式和实现形式,其势已成,其时已至。

1. 历史基础

经过改革开放以来 40 多年的发展,江苏实现了农转工、内转外、低转高等经济发展方式的重大转变,为新时代现代化建设奠定了坚定的基础。2013年,国务院批复同意苏南现代化建设示范区规划,标志着中国第一个以现代化建设为主题的区域规划颁布实施。2019 年,江苏在苏南选取了南京江宁区、南京江北新区、昆山市、苏州工业园区、江阴市、溧阳市六个区县级单元,开展现代化建设的试点,着重围绕经济发展现代化、民主法治现代化、文化发展现代化、社会发展现代化、生态文明现代化和人的现代化六个方面进行探索实践,形成了一批县域创新改革的典型案例,为探索推进市域现代化奠定了基础。

近年来,江苏以现代化的理念、标准和思路,推动现代化建设区域实践由苏南地区向全省拓展,引导苏南、苏中、苏北立足新发展阶段实际和不同的资源禀赋,分类推进现代化区域实践探索。比如,苏南地区充分发挥城乡协调的特色优势,以城乡融合为抓手,推动形成现代化的经济体系和空间形态,努力打造中国特色社会主义现代化建设的区域范例,成为在全国率先实现社会主义现代化的先行军;苏中地区突出区域互补、跨江融合、南北联动,以区域协同为抓手,全面融入长三角区域一体化发展和长江经济带高质量发展,承接苏南,辐射引领带动苏北发展,打造成为推动江苏率先实现社会主义现代化的生力军;苏北地区以"四化"同步为抓手,加强基层改革创新,积极提升后发地区现代化水平,打造后发地区由洼地变高地的示范区,努力成为支撑全省社会主义现代化建设的接力军。

2. 现实条件

党的十八大以来,省级层面大力推进"强富美高"新江苏建设,江苏各设区市乘势而上、顺势而为,互动协作、相向而行,认真落实国家重大区域战略,联动推进长三角一体化发展和长江经济带高质量发展,加强南北结对帮扶和产业链合作,高质量建设南北共建园区,盘活区域协同发展一盘棋,"强富美高"新江苏建设在 13 个设区市得到充分的展现,折射出江苏省域阔步迈向现代化的壮丽图景。竞争力智库、北京中新城市规划设计研究院等机构联合发布的《中国城市基本现代化监测报告2023》显示,江苏、浙江、山东、广东分别有11个、11个、9个、8个城市入选2023中国地级市基本现代化指数前100名(含副省级城市),其中江苏的苏州、南京、无锡、常州和南通分别排在第3、4、7、12、20位。2024年5月,第一财经·新一线城市研究所发布"新一线城市魅力排行榜",综合近200个品牌、15家互联网公司城市大数据,围绕商业资源集聚度、城市枢纽性、城市人活跃度、新经济竞争力和未来可塑性五大一级维度,对337座地级及以上城市的综合魅力进行评估,评出15个"新一线"城市、30个二线城市、70个三线城市、90个四线城市和128个五线城市。江苏苏州、南京、无锡入围新一线城市(分别位于第4、第7和第12位),常州、南通、徐州入围二线城市,其他7市全部入围三线城市,分别占全国总数的20%、10%、10%。

江苏市域"经济强"的实力更加彰显。2023年,江苏省地区生产总值达12.8万亿元,占到全国的1/10。江苏是全国唯一一个所有地市都跻身百强之列的省份,也是唯一一个所有地市GDP都在4000亿元以上的地区,全省各设区市平均经济总量近万亿。随着2023年常州GDP破万亿,江苏万亿城达到5座,数量居全国各省份第一。苏州以24653.37亿元领跑全省,南京、无锡、南通、常州分别实现17421.40亿元、15456.19亿元、11813.27亿元、10116.36亿元。徐州锚定"十四五"迈入万亿城的目标不动摇,扬州、盐城两市也提出了3—5年达万亿的时间表。江苏13市全部进入国家创新型城市名单,不仅数量位居全国第一,而且在全国率先实现设区市全覆盖。赛迪顾问先进制造业研究中心发布的《2023先进制造业百强市》显示,江苏13个设区市全部入围,其中苏州位居第二、南京入围前十,无锡、常州和南通入围前二十。

江苏市域"百姓富"的成果更加丰硕。在民富水平上,江苏处于国内前列,2023年人均可支配收入为52674元,比全国平均水平高出三分之一以上。其中,苏州和南京更是达7万元以上,分别为74076元、72112元,有9个市达4万元以上。按常住地分,城镇居民人均可支配收入63211元,农村居民人均可支配收入 30488 元,江苏城乡收入比缩小至 2.07∶1,是全国城乡差距最小的省份之一。江苏省政府 2023 年 8 月发布的数据显示,2022 年苏南与苏北人均地区生产总值比值为 1.93,居民人均收入比值为 1.85,是全国区域差距最小的省份之一。

江苏市域"环境美"的色彩更加绚丽。作为我国唯一同时拥有江河湖海的省份,"水韵江苏"用生态之笔绘出了人水相亲、城水相融的美丽图景,13 个设区市,市市都拥有醉人的美景。2023 年,江苏累计入选国家级海绵城市建设示范城市 4 个、国家生态园林城市 9 个,数量全国第一;国家生态文明示范区增至 37 个,"绿水青山就是金山银山"实践创新基地增至 10 个,美丽江苏更加可触可感可享。根据《2023 中国城市生态环境保护营商竞争力指数报告》和《2023 年中国主要城市群生态环境保护营商竞争力指数报告》,在四大城市群 65 个主要城市(包括直辖市)中,苏州、南京分别列第 7 和第 9 位,常州、无锡入围前 20。

江苏市域"社会文明程度高"的标识更加鲜明。文明,是城市最温暖的底色。江苏全省 13 个设区市、16 个县级市创成全国文明城市,总数、占比均居全国第一,实现了设区市全国文明城市"满堂红",南京、无锡、常州、苏州、南通建成了全国文明城市群。江苏"五大创建"的总体水平走在全国前列,文明城市创建"张家港经验"、农村精神文明建设"马庄经验"产生广泛影响,崇德向善、共建文明,美人之美、美美与共已成为江苏鲜亮的文明底色。在市域社会治理现代化方面,2019 年以来,南京、无锡、常州、苏州、南通、淮安、扬州、泰州等 8 个设区市被中央政法委确定先行先试,全部被确定为"试点合格城市"。江苏尊重企业家的氛围浓厚。2016 年,南通市将每年的 5 月 23 日,张謇创办的第一家企业——大生纱厂开工投产的日子,确立为"南通企业家日",全国首创以法定形式,让全社会尊重和支持企业家,此后无锡、苏州、常州、宿迁、盐城等市也纷纷设立企业家日。

3.比较优势

江苏是吴越文化、长江文化发祥地,历史悠久、人杰地灵;江苏是全国唯一有大江、大河、大湖、大海的省份,水韵灵动,钟灵毓秀;江苏是举世闻名的"鱼米之乡",百草丰茂、风采卓异;江苏是唯一所有地级市都跻身百强的省份,经济富庶、动能澎湃。江苏拥有全国最发达的地级市集群,13 个设区市 GDP 平均值近万亿元,最低的宿迁、连云港市也超过 4000 亿元。长期以来, 拼搏与争先,成为江苏大地上最动人的旋律。近年来,互联网上关于江苏的 说法,从调侃"十三太保"到更多认同"苏大强",正是江苏省悠久的历史文化、 现代化经济社会发展水平、雄厚的综合实力在网络上的映射。在江苏省委书 记信长星看来,江苏人虽然一般不太用"苏大强"这个词,但从这个称呼中,看 到了大家对江苏的一种喜爱和很多期待。

与东部经济发达省份相比,江苏开启市域现代化的新征程具有明显的比 较优势。2023 年,江苏、广东、山东、浙江四省面积分别为 107200、179725、 155800、105500 平方公里,第七次全国人口普查人口总量分别为 8475 万、 12601 万、10153 万、6457 万人,经济总量分别为 12.8222 万亿、13.5673 万亿、 9.2069 万亿、8.2553 万亿元,全省每平方公里产出分别为 1.196 亿、0.75 亿、 0.59 亿、0.77 亿元,人均 GDP 分别为 15.12 万、10.77 万、9.07 万、 12.79 万元,设区市平均值分别为 0.99 万亿、0.65 万亿、0.58 万亿、 0.75 万亿元。因此,虽然从省域经济总量看江苏并非第一,但从省域经济密度 看,无论是地均、人均、还是市均,江苏都具有明显的比较优势。与此同时,与 粤鲁浙相比,江苏更为明显的优势还体现在各个设区市发展的整体水平较高 且相对均衡,苏粤鲁浙各设区市经济总量量级分布见表 1。

表 1 苏粤鲁浙各设区市经济总量量级分布表　　（单位:万亿元）

	江苏	广东	山东	浙江
3+	—	深圳 3.46 广州 3.04	—	—
2+	苏州 2.47		—	杭州 2.0
1.5+	南京 1.74 无锡 1.55	—	青岛 1.58	宁波 1.65
1+	南通 1.18 常州 1.01	佛山 1.33 东莞 1.14	济南 1.28 烟台 1.02	

	江苏	广东	山东	浙江
0.9+	—	—	—	—
0.8+	徐州0.89	—	—	温州0.87
0.7+	盐城、扬州	—	潍坊	绍兴、嘉兴
0.6+	泰州	—	临沂	台州、金华
0.5+	镇江、淮安	惠州	济宁	—
0.4+	宿迁、连云港	珠海、江门	淄博、菏泽	湖州
0.3+	—	茂名、中山、湛江、汕头	东营、德州、威海泰安、滨州	—
	江苏	广东	山东	浙江
0.2+	—	肇庆、揭阳、清远	聊城、日照、枣庄	衢州、舟山
0.1+	—	韶关、阳江、汕尾、梅州、潮州、河源、云浮	—	丽水

从表1可以看出,江苏13个设区市发展水平普遍较高,呈现出明显的梯队效应和相对均衡的发展,每个层级分布1—2个设区市,仅在0.9万亿元存在一个断层(徐州0.89万亿元,非常接近0.9万亿元)。再看其他省份,广东省共21个地级市,深圳、广州两座城市遥遥领先,但存在着非常明显的2个断层,一个断层在2万亿元+、1.5万亿元+,另一个断层在0.6万亿元—0.9万亿元之间,有三分之二的城市低于0.4万亿元,其中三分之一的城市低于0.2万亿元,省内区域之间差距非常明显。山东共16个设区市,缺少2万亿元+的城市,断层主要集中在0.8万亿—0.9万亿元之间,尚有50%的设区市在0.2万亿元至0.4万亿之间。浙江共11个设区市,在0.9万亿—1.5万亿元、0.5万亿元和0.3万亿元存在三个断层,其他每个量级分别有1—2个城市,线性化分布的特征比较明显。从经济总量较低的城市数量占比看,江苏13个设区市全部超过0.4万亿元,广东、山东、浙江低于0.4万亿元的设区市数量分别为14个、8个、3个,分别占设区市(地级市)总数的67%、50%和

27.3%。从这个意义上说,以设区市为单位推进市域现代化从而促进省域现代化的实现,江苏具有明显的比较优势。

三、 江苏市域现代化的探索路径与战略愿景

2020年11月,习近平总书记亲临江苏视察,赋予江苏"在改革创新、推动高质量发展上争当表率,在服务全国构建新发展格局上争做示范,在率先实现社会主义现代化上走在前列"的重大使命。无论是省级层面,还是市级层面,都紧紧围绕深入贯彻落实党的二十大精神特别是习近平总书记重要讲话指示精神,加强了对省域和市域现代化目标和路径的谋划,在江苏大地上呈现出一幅幅愈发生动清晰的现代化图景。

1. 省级层面对各设区市现代化的要求

2020年12月,江苏省委召开十三届九次全会,审议通过《关于深入学习贯彻习近平总书记视察江苏重要讲话指示精神的决定》《关于制定江苏省国民经济和社会发展第十四个五年规划和二〇三五年远景目标的建议》,鼓励全省各地立足不同的资源禀赋、基础条件,携手并进、比学赶超,形成各具特色、竞相发展的生动局面,不断开创"强富美高"新江苏更加美好的未来。

对苏南地区的要求,省委更多地着眼于世界和国家层面,更多地强调担当、争先和一流。南京要扛起省会担当,展现创新名城新风采,成为国家科技自立自强不可或缺的重要力量;苏州要把"可以勾画"的目标真实展现出来,打造向世界展示社会主义现代化的"最美窗口";无锡要更有底气地喊出"高质量发展看无锡",在国家"强起来"的历史进程中烙下太湖印记;常州要勇争一流,争创更多第一唯一,成为我省现代化建设走在前列的一面旗帜;镇江要甩开膀子"跑起来",跑出自信、跑出加速度,让"很有前途"跑进现实。

对苏中地区的发展,省委更多地着眼于跨江融合、高质量发展,更多地强调自信、崛起和巨变。扬州要在现代化新征程上更好满足世界人民对扬州的向往,让"好地方"好上加好、越来越好;泰州要彰显江海文化的底蕴与自信,全力打造令人向往的"幸福水天堂"、中部崛起的产业增长极;南通要高起点、

大手笔建好江苏开放门户,融入苏南、拥抱大海,实现更多的"天堑变通途",再来一次高质量发展的"沧桑巨变"。

对苏北地区的发展,省委更多地着眼于绿色发展、转型发展和改革创新,更多地强调眼界、信心和气度。盐城要面朝大海、向海发展、赋"能"未来,成为绿色转型的典范,让老区人民的日子越过越红火;淮安要拿出"壮丽东南第一州"的眼界和气度,抓住区域条件显著改善的机遇,把周总理家乡建设得更美更好;宿迁要把改革创新的基因注入现代化,谱写新时代"春到上塘"传奇;徐州要矢志不渝推进转型发展,打造贯彻新发展理念的区域样本,成为名副其实的淮海经济区中心;连云港要高质发展、后发先至,打造一带一路"强支点",书写好"新时代的西游记"。

2023 年 8 月,江苏省政府先后批复徐州、泰州、宿迁等 9 个设区市的国土空间总体规划(南京、无锡、常州、苏州等 4 市需报国务院审批)。现将省政府批复的国土空间规划对于 9 个设区市的总体定位、国土空间开发保护格局和城市空间结构和城乡风貌比较分析如下。

表 2　江苏省政府批复的 9 市国土空间规划定位、格局和结构比较

城市	定位	国土空间开发保护格局	城市空间结构和城乡风貌
徐州	国家历史文化名城、全国重要综合交通枢纽、国家可持续发展议程创新示范区、淮海经济区中心城市和江苏省域副中心城市	推动淮海经济区协同发展,协同共建陆桥东部联动带、大运河文化魅力带和黄河故道生态富民廊道	"多中心、网络化、组团式";楚韵汉风、山水映城
南通	上海大都市北翼门户城市、全国性综合交通枢纽城市、富有江海特色的现代海洋城市、国家历史文化名城	发挥江海交汇的区位优势,全方位融入苏南、对接上海,着力优化生产力空间布局	优化中心城区空间结构与用地布局;江海交汇、环河望山、水网交织
连云港	"一带一路"强支点、沿海高质量发展增长极、美丽宜居山海城市	积极参与淮海经济区建设,加强陆海统筹,构建滨海风貌城镇带、美丽生态风光带、绿色产业集聚带	"一湾、两脉、三核、四组团";山海连云、港城共生

续表

城市	定位	国土空间开发保护格局	城市空间结构和城乡风貌
淮安	长三角北部现代化中心城市、全国性综合交通枢纽、江淮现代产业高地、大运河人文魅力名城	发挥大运河文化带和淮河生态经济带交汇点作用,推进江淮生态经济区绿色转型发展,深度融入南京都市圈	优化中心城区空间结构与用地布局;伟人故里、生态水城、运河之都、江淮名城
盐城	长三角北翼先进制造高地、淮河生态经济带出海门户、绿色宜居的国际湿地城市	加强区域协同和陆海统筹发展,推动资源要素向中心城区和沿海地区集中,推动盐丰一体化发展,稳妥推进黄海新区建设	"一主一副一轴一基地";东方湿地之都、鹤舞鹿鸣之乡、海盐文化之城
扬州	国家重要历史文化名城、长三角产业科创高地和先进制造业基地、国际知名文化旅游目的地	积极融入扬子江城市群,协同打造大运河文化魅力带,推进南京都市圈建设	打造生态宜居名城;诗意扬州
镇江	长三角先进制造业基地和区域中心城市、国家历史文化名城、重要的港口、旅游和宜居城市	积极融入扬子江城市群,协同推进南京都市圈建设,共筑沿大运河文化魅力带	"江河交汇、城市山林"组团城市格局;田园为底、山水为脉、城市为核
泰州	国家历史文化名城、中国医药健康名城、长三角先进制造业基地、滨江生态宜居城市	积极融入扬子江城市群,构建等级合理、协调有序的城镇体系,强化中心城市引领作用,加强城乡融合发展	健康名城、幸福泰州;河湖风韵、水城气韵、创新姿韵
宿迁	长三角先进制造业基地、江苏生态大公园、酒都电商名城、"四化"同步集成改革示范区	积极融入淮海经济区,共同建设陆桥东部联动带、大运河文化魅力带、黄河故道生态富民廊道共建江淮湖群生态绿心,加快建设江苏生态大公园	一核两廊七组团;河湖田城绿交相辉映

　　综合分析,对 9 个城市的定位,在省政府的批复中,提及"一带一路"的城市 2 个,徐州要发挥"一带一路"节点城市优势,连云港要深化"一带一路"交流合作;提及长江经济带发展的 4 个,泰州和扬州是"落实",南通和镇江是"积极融入";提及国家历史文化名城的有 5 个,分别是:徐州、泰州、南通、扬州和镇

江,其中扬州是着力建设"国家重要历史文化名城"。除宿迁外,其他8市都提及长三角一体化发展,9个城市都提到了"1+3"重点功能区战略,主要区别体现在用词上,比如"深入实施""深化实施""深化落实"。

结合地理位置和区域定位,徐州是建设淮海经济区中心城市和江苏省副中心城市,南通是上海大都市圈北翼门户城市,连云港是沿海高质量发展增长极,淮安是长三角北部现代化中心城市,盐城是淮海生态经济带出海门户,镇江是建设长三角的区域中心城市。与综合交通相关的定位,徐州建设全国重要综合交通枢纽,而南通建设全国性综合交通枢纽城市,淮安要建设全国性综合交通枢纽。与先进制造相关的定位,泰州、宿迁、镇江和扬州都提到"长三角先进制造业基地",扬州提到建设"长三角产业科创高地",盐城提的是"长三角北翼先进制造高地"。针对各自的特点与发展新方向,分别提出:徐州建设国家可持续发展议程创新示范区,泰州建设中国医药健康名城和滨江生态宜居城市,宿迁建设江苏生态大公园、酒都电商名城、"四化"同步集成改革示范区,南通建设富有江海特色的现代海洋城市,连云港建设"一带一路"强支点、美丽宜居山海城市,淮安建设大运河人文魅力名城,盐城则是绿色宜居的国际湿地城市,扬州建设国际知名文化旅游目的地,而镇江是重要的港口、旅游和宜居城市。

由于南京、苏州、无锡、常州4市的国土空间规划需要国务院审批,当前审批文件尚未公布,根据此前4市的国土空间规划公示稿,对4市的城市目标、城市性质、区域协调主要内容和市域空间格局列表比较如下。

表3　南京、苏州、无锡、常州国土空间规划比较

城市	城市目标	城市性质	区域协同主要内容	市域空间格局
南京	人民满意的社会主义现代化典范城市	江苏省省会、国家中心城市、国家历史文化名城、国际性综合交通枢纽、全球创新高地	加强与上海、杭州等中心城市的协作,共建沪宁合科技创新带,推动宁杭、宁黄、宁淮合作,引领南京都市圈一体化建设	南北田园、中部都市、拥江发展、城乡融合

续表

城市	城市目标	城市性质	区域协同主要内容	市域空间格局
苏州	打造社会主义现代化"最美窗口"	国家历史文化名城和风景旅游城市，国家先进制造业基地和产业科技创新中心，长三角世界级城市群重要中心城市	推进沪苏同城化发展，共建长三角生态绿色一体化发展示范区，建设虹桥国际开放枢纽北向拓展带；苏锡常通协同发展，引领共建太湖世界级湖区，促进跨江融合发展，辐射苏中、苏北	一核双轴：中心城市轴，苏沪发展轴（横轴），通苏嘉发展轴（纵轴）
无锡	争当中国式现代化建设的城市范例，打造践行新发展理念高质量发展示范区	长三角世界级城市群的重要中心城市，国际级创新型智能制造先锋城市，国家历史文化名城和风景旅游城市，全国性综合交通枢纽城市	东向接轨融入上海大都市圈、北向引领辐射锡常泰跨江发展、南向协同联动宁杭生态经济带建设、西向推动湖湾一体发展，共建苏锡常国际大都市区和环太湖科创圈、太湖湾科创带	一轴一环三带：锡澄实力轴，锡宜魅力环，沪宁发展带、沿江绿色发展带、宁杭发展带；一体两翼两区：无锡市区、江阴市宜兴市，锡澄协同发展区、锡宜协同发展区
常州	社会主义现代化走在前列的标杆城市（2035）	国际化智造名城、长三角中轴枢纽	推进苏锡常、锡常泰城市群一体化发展；结合大运河文化带、环太湖生态文化圈建设，培育文化特色魅力；深化与周边城市协同发展，构建紧密合作都市圈	一主一区：常州中心城区，两湖创新区。一极三轴：溧阳发展极，东西向长三角中轴、南北向长三角中轴、生态创新轴

2. 各设区市层面的战略部署和现代化愿景

2022年底，江苏各设区市相继召开市委全会，全面贯彻落实党的二十大精神，谋划各自的现代化特色路径。在广袤的江苏大地，大江南北，运河两岸，黄海之滨，13个设区市正在以"走在前、挑大梁、多作贡献"的积极作为，共同在十万平方公里江苏大地上拼出中国式现代化可观可感的现实图景。①

省会南京,争做中国式现代化城市实践引领者,把南京建设成为有文化厚度、创新高度、生活温度、风景气度的特大城市,让每位市民在这座城市都有情感归属的认同、梦想成真的机会、幸福美好的生活。

被网友誉为"你永远可以相信"的苏州,正在努力打造更高水平的创新之城、开放之城、人文之城、生态之城、宜居之城、善治之城,用心建设一座面向所有人、为了所有人的人民城市,高水平展现中国式现代化的现实图景。

"百年工商名城"无锡,争当中国式现代化建设的城市范例。锚定建设践行新发展理念高质量发展示范区目标,建设人民满意的共同富裕幸福美好现代化城市,无锡再踏新征程。

作为全省"1+3"重点功能区战略的独立板块,徐州承担着拓展江苏发展纵深与打造全省高质量发展强劲支点的重任。徐州提出,把高质量建设淮海经济区中心城市作为全面推进中国式现代化徐州新实践的总定位总要求,全面建设体现"强富美高"实践要求的现代化强市。徐州将锚定更高质量建设淮海经济区中心城市和省域副中心城市"两大坐标",加快将中心城市规划"定位"变成实际"地位"。

常州聚焦"国际化智造名城、长三角中轴枢纽"城市定位,大力实施"532"发展战略,全面激活新动能,奋力书写好中国式现代化的常州答卷。现代化的常州,将在奋斗中变成现实。

作为一块襟江带海、连接南北的重要拼图,"万亿之城"南通,正聚焦"一枢纽五城市"主攻方向,发挥好长三角一体化发展重要支点作用,加快打造全省高质量发展重要增长极,拼出"好通"新景,再绘沧桑巨变。

矢志把习近平总书记"后发先至"的殷殷嘱托变为美好现实,连云港加快建设现代化新港城。山海之间,一座繁荣兴旺、宜居宜业、和谐幸福的现代化港城正向我们阔步走来。

---

① 赵冉:《"拼"出我们的现代化写好江苏的新篇章》,《新华日报》2023 年 1 月 14 日。

"153"发展战略，是推进落实中国式现代化淮安篇章的总蓝图和总抓手。作为周恩来总理的家乡，淮安逐梦城市复兴，再塑"壮丽东南第一州"，在新时代新征程更好展示淮安"象征意义"。

再启新程，作为沿海承南启北的重要纽带，盐城锚定勇当沿海地区高质量发展排头兵目标定位，以建设绿色低碳发展示范区为总抓手，在新赛道上奋力谱写中国式现代化盐城新篇章。

现代化的扬州，将是创新引领、产业兴旺的"好地方"，协同发展、城乡融合的"好地方"，绿色发展、美丽宜居的"好地方"，共同富裕、人民幸福的"好地方"，文化繁荣、文旅共兴的"好地方"，治理高效、活力彰显的"好地方"。

镇江在"很有前途"的道路上一直在加速奔跑。踏上新征程，"现代化的镇江"将物质基础更加坚实、民主法治更加健全、精神文化更加丰富、人民生活更加美好、人与自然更加和谐、安全屏障更加牢固的中国式现代化镇江图景从"大写意"一笔一笔绘制成"工笔画"。

泰州埋头苦干，围绕"致力民生、聚力转型"两大主题，实施产业转型升级、城市转型提级两大行动，古今交融、水韵梅香、产城共荣、祥泰安康的美好图景依稀可触。

江苏最年轻的城市宿迁，紧抓新时代机遇谋划"后发优势"，以"四化"同步奋力推动"青春宿迁"跨越赶超，现代化建设的"宿迁答卷"令人期待。

放眼江苏大地，一幅多姿多彩的中国式现代化锦绣"苏"景图正徐徐铺展……

四、 江苏市域现代化的协同特质与经验借鉴

江苏紧紧围绕习近平总书记提出的"要做好区域互补、跨江融合、南北联动大文章"，持续完善区域协调发展政策举措，发展规划中的协作内容和协同元素更加彰显，协作、协调、协同成为江苏区域发展的主旋律和最强音。

1. 协同特质

以南北结对帮扶促进市域协同和省域协调发展。根据新一轮南北挂钩

合作相关部署,南京、苏州、无锡、常州四市分别对口帮扶淮安、宿迁、连云港、盐城四市,结对将进一步拓展到县区。2022年3月,江苏印发《关于深化南北结对帮扶合作的实施意见》(苏办发〔2022〕13号),将省苏北发展协调小组调整为省南北结对帮扶合作协调小组,建立帮扶资金筹集、项目管理、干部人才交流等合作机制,推进产业、科技创新、教育等6个领域全方位帮扶合作。依托省南北结对帮扶合作协调机制,强化苏北地区跨区域合作的主动性和积极性,叠加南北帮扶和苏北协同发展优势,持续深入促进省内全域一体化,谋划共同富裕新路径,增强苏北发展新动能。以苏州与宿迁为例,2001年4月,江苏省作出"南北结对挂钩帮扶"战略决策,苏州宿迁正式挂钩结对;2006年,"南北挂钩"转入以共建园区为主要抓手的新阶段,苏州宿迁在全省率先建立了6个共建园区;围绕科技、人力资源、教育、医卫、文旅、康养等六大领域,苏州宿迁两地提出"五年项目清单"(2021—2025);两地GDP差距从7.9缩小到5.6,最强地级市帮助全省最年轻的设区市宿迁驶上发展"快车道"。与此同时,通过加快宿迁"四化"同步集成改革示范区建设,推动连云港打造新亚欧陆海联运通道,建设盐城长三角一体化产业发展基地,推动淮安生态本底优势和综合交通枢纽作用发挥,加强徐州淮海经济区中心城市建设,赋能支持苏北地区实现赶超。

以"1+3"重点功能区推动市域协同和省域特色发展。近年来,为缩小区域差距,江苏以设区市为单位,把全省划分为苏南、苏中、苏北三大区域,实行差别化的政策,收到了比较明显的效果,但也存在一些问题,主要表现在:经济发展的时空环境都发生重大变化,苏南经验难以在苏北复制;以苏北增速高于全省多少个百分点来定位,很容易使苏北步入走老路、粗放型、以牺牲生态环境来换取发展速度的误区;采取在同一条道路上排队走的思路,即使苏北增长速度略高,但由于发展基数的悬殊,地区间的差距仍呈现不断加大趋势;三大区域的划分,使苏南、苏中和苏北三个词带有明显的感情色彩,在某种程度上代表着外界的一种主观评价和内在认同,成为制约苏中、苏北发展的心理负担和无形束缚。2017年5月,江苏正式提出"1+3"重点功能区战略:"1"即扬子江城市群,"3"包括沿海经济带、江淮生态经济区和淮海经济区中心城市(徐州),形成江苏区域协调发展的新布局。

以现代化都市圈推进市域协同和省域协同发展。江苏是全国探索都市圈建设的先行者。早在 2002 年前后,江苏省政府相继批准苏锡常都市圈规划、南京都市圈规划、徐州都市圈规划,规划期为(2002—2020)。2021 年 2 月,南京都市圈成为我国第一个由国家发展改革委正式批复规划的都市圈。2023 年 8 月,《江苏省国土空间规划(2021—2035 年)》提出构建"两心三圈四带"的国土空间总体格局,深化落实"1+3"重点功能区,形成"生态优先、带圈集聚、腹地开敞"的两心三圈四带的国土空间总体格局。两心,指太湖丘陵生态绿心、江淮湖群生态绿心。三圈,指南京都市圈、苏锡常都市圈、淮海经济区(徐州都市圈),四带指扬子江绿色发展带、沿海陆海统筹带、沿大运河文化魅力带、陆桥东部联动带。

以相邻城市区域的合作拓展市域协同和省域一体化发展。以苏州为例,苏州南通隔江相望、人文相亲,2008 年苏通大桥通车,2009 年苏州南通启动共建苏通科技产业园区,2020 年签署《关于加强苏通跨江融合发展的战略合作协议》,2023 年 8 月签订共建全国性综合交通枢纽战略合作协议。苏州与无锡,2022 年 11 月签订《苏州无锡协同发展战略合作协议》,聚焦生态环境联保共治、产业创新集群共建、基础设施互通共融、公共服务一体共享、文旅融合多彩共促五个重点合作领域,合作实施苏锡太湖通道建设工程、苏南国际机场枢纽能力提升工程、"轨道上的苏锡"建设工程等六大战略性合作工程,构建多层次、常态化协同工作机制,实现更加融合、更可持续、更高质量的协同发展,苏州市相城区与无锡市锡山区签署《"漕湖—鹅真荡"生态绿色一体化协同发展示范区合作框架协议》。在苏州市域,近年来推动四个层面的"高质量一体化",第一个就是市域全域一体化发展,立足现代化大都市定位,以"大苏州"思维加强市域统筹和总体谋划,大力推动市内十个板块破除区域发展壁垒,紧密协同,握指成拳,共同致力于全域空间重构、资源重组、品质重塑,迸发出"空间缝合、资源整合、发展聚合"强大合力。就全省而言,无锡打造"一体两翼",常州规划"两湖创新区",盐城全面推进"市内全域一体化"……设区市内各板块协同奋进、各美其美,江苏多个城市发展的格局不断放大,市域发展的空间结构和动能优势正在发生历史性蝶变。

2. 经验借鉴

广东、浙江、山东等东部发达省份,正在按照省内全域都市圈化的理念,按照一个都不能少的思路,推进市域现代化的重点突破和全域协同。

广东:五大都市圈实现 21 个设区市全覆盖。广东共设 21 个地市,长期以来,受地域等因素限制,珠三角 9 市的经济总量占全省约八成,粤东西北 12 市经济总量不到珠三角地区的 1/4。近年来,广东省一直在谋划省域 5 大都市圈的规划和建设,特别是广州、深圳谋划建设大范围的都市圈,以实现都市圈对全省各地市的覆盖。2023 年 10 月(12 月 20 日公开发布),广东省人民政府以粤府〔2023〕92 号文印发《广州都市圈发展规划》《深圳都市圈发展规划》《珠江口西岸都市圈发展规划》《汕潮揭都市圈发展规划》《湛茂都市圈发展规划》。据统计,广东五大都市圈覆盖人口 1.08 亿,占全省 85.41%;GDP 总量达 12.08 万亿元,占全省 93.57%;覆盖土地面积 9.26 万平方公里,占全省 51.5%。尽管与多年来广东省大力推动的五大都市圈相比,广州、深圳都市圈的范围都未达规划,5 大都市圈占全省总面积刚刚超过 50%,但 5 大都市圈联动的范围覆盖 21 个地级市的全部或部分地区。根据 2021 年 12 月广东省人民政府发布的《广东省新型城镇化规划(2021—2035 年)》,五大都市圈的规划和联动区域分别如下:

优化提升广州都市圈。发挥广州主核心、佛山副核心的引领带动作用,加快推进广佛同城化,强强联合共建国际化都会区,深入推进广清一体化,联动肇庆、清远、云浮、韶关"内融外联",打造具有全球影响力的现代化都市圈建设典范。

做优做强深圳都市圈。积极发挥深圳中心城市核心引擎功能,强化东莞的战略支撑作用,推动深莞惠一体化发展,推进河源、汕尾主动承接核心城市功能疏解、产业资源外溢、社会服务延伸,打造具有全球影响力的国际化、现代化和创新型都市圈。

培育珠江口西岸都市圈。以珠海为核心加快推动珠中江协同发展,联动阳江协同建设粤港澳大湾区辐射带动粤西地区发展重要增长极。

培育汕潮揭都市圈。强化汕头省域副中心城市和沿海经济带重要发展极功能定位,以汕头为中心、以汕潮揭临港空铁经济合作区等战略平台为重点,大力推进汕潮揭同城化发展,联动梅州都市区加快发展,打造链接粤闽浙沿海城市群与粤港澳大湾区的战略枢纽。

培育湛茂都市圈。强化湛江省域副中心城市和沿海经济带重要发展极功能定位,以湛江为中心、以湛茂空港经济区建设为重点推动湛茂一体化发展,全方位参与北部湾城市群建设,积极融入"一带一路"倡议和粤港澳大湾区、深圳中国特色社会主义先行示范区、海南自由贸易港等国家重大发展战略,打造服务重大战略高质量发展区。

推动五大都市圈融合发展。加强跨都市圈合作。破除制约各类资源要素在城市间、都市圈间自由流动和高效配置的体制机制障碍,共建五大都市圈融合发展格局,推动形成优势互补、高质量发展的区域经济布局。推动中心城市打造全省发展核心引擎。充分发挥广州、深圳国家级中心城市的核心引领带动作用,支持深圳建设先行示范区和全球标杆城市,提升广州国家中心城市和综合性门户城市发展能级,积极培育珠海、汕头、湛江成为省域副中心城市和推动佛山、东莞成长为省级经济中心城市,集聚整合高端资源要素,全面提升国际化、现代化水平,引领全省高质量发展。

浙江:四大都市区+毗邻地区的高度协同。根据 2016 年国家发展改革委发布的《长江三角洲城市群发展规划》,长三角共有五个都市圈,浙江有杭州和宁波两个都市圈。在 2016 年浙江省委城市工作会议上,明确了全面提升城市发展质量的主攻方向,以及建设浙江特色现代化城市的历史使命:把全省当作一个大城市来规划和建设,统筹城市发展空间结构、规模结构、产业结构,构建以都市区为龙头、中心城市为骨干、大中小城市协调发展的全省城市发展格局,成为具有全球影响力的长三角世界级城市群的重要一翼。2017 年以来,浙江以大湾区为空间特征,以大花园为普遍形态,以大通道为发展轴线,以大都市区为发展极,统筹推进大湾区大花园大通道大都市区建设。在空间形态上,全省规划建设杭州、宁波、温州、金义四大都市区,以全省79%的土地面积,集聚94%的人口,创造96%的经济总量,总目标直指"世界级",即努力成为长三角世界级城市群一体化发展金南翼,具体目标是打造参与全球竞争主阵地、打造长三角高质量发展示范区、打造浙江现代化发展引领极,远期目标是建设成为"七个城"——充满活力的创新之城、闻名国际的开放之城、互联畅通的便捷之城、包容共享的宜居之城、绿色低碳的花园之城、安全高效的智慧之城、魅力幸福的人文之城。

2022年6月,在浙江第十五次党代会上,对全省11个地市提出了新的定位目标:唱好杭甬"双城记",培育国家中心城市,推动宁波舟山共建海洋中心城市,支持绍兴融杭联甬打造网络大城市。支持温州提升"全省第三极"功能,支持台州创建民营经济示范城市。支持嘉兴打造长三角城市群重要中心城市,湖州建设生态文明典范城市,共建国家城乡融合发展试验区。支持金华高水平建设内陆开放枢纽中心城市、衢州创新省际合作建设四省边际中心城市、丽水创建革命老区共同富裕先行示范区。

2023年12月,国务院批复《浙江省国土空间规划(2021—2035年)》,该规划以人流、物流、信息流为基础,根据每个城市的特点,提出了"一湾引领、四极辐射、山海互济、全域美丽"的多中心、网络化、集约型、开发保护一体化的国土空间总体格局。一湾引领,就是以环杭州湾经济区为核心,全方位融入长三角一体化,集中布局高能级平台,将高端产业、引领项目、未来园区集中安排于环杭州湾地区,赋予新增长极以新动能。四极辐射,就是全面提升杭州、宁波、温州、金义四大都市区的能级和辐射带动能力。四大都市区分别承载着不同的定位和任务,杭州都市区要建设国际一流的创新型都市区;宁波都市区要建设以全球门户城市为导向的现代化滨海都市区;温州都市区要形成长三角南部门户型都市区;金义都市区要形成以金义主轴为主体的"一带一路"枢纽型都市区。山海互济,就是突出浙江山海兼具的特色,推动山海协作工程升级,"一县一策"推动山区海岛县高质量发展,实现生态联通、功能互补、政策协作,以高水平均衡发展,支撑我省共同富裕示范区建设。全域美丽,就是充分体现浙江在长三角地区生态优、环境美的特质,做美大花园底色,拓宽绿水青山就是金山银山转化路径,加强美丽县城、美丽城镇、美丽乡村的联创联建,希望通过规划,把产城人文景的人工空间轻轻放到山水林田湖海的自然体系之中,真正把生态文明思想贯穿发展始终。

山东:以三大经济圈推动 16 个设区市全员归队、协同向前。近年来,山东着力推进省会、胶东、鲁南三大经济圈区域一体化发展。2020 年上半年,山东先后出台《贯彻落实〈中共中央、国务院关于建立更加有效的区域协调发展新机制的意见〉的实施方案》《关于加快省会经济圈一体化发展的指导意见》《关于加快胶东经济圈一体化发展的指导意见》和《关于加快鲁南经济圈一体化发展的指导意见》。其中,省会经济圈包括济南、淄博、泰安、聊城、德州、滨州、东营 7 市,重点打造黄河流域生态保护和高质量发展示范区、全国动能转换区域传导引领区、世界文明交流互鉴新高地。胶东经济圈包括青岛、烟台、威海、潍坊、日照 5 市,重点打造全国重要的创新中心、航运中心、金融中心和海洋经济发展示范区。鲁南经济圈包括临沂、枣庄、济宁、菏泽 4 市,重点打造乡村振兴先行区、转型发展新高地、淮河流域经济隆起带。2021 年 8 月,山东省发展改革委印发《省会经济圈"十四五"一体化发展规划》《胶东经济圈"十四五"一体化发展规划》《鲁南经济圈"十四五"一体化发展规划》,形成"1 个实施方案＋3 个指导意见＋3 个规划"区域协调发展政策体系。2023 年 10 月底,山东省人民政府相继批复淄博、枣庄、东营、烟台、潍坊、济宁、泰安、威海、日照、临沂、德州、聊城、滨州、菏泽等 14 个市国土空间总体规划(2021—2035年)。相关批复在明确发展定位、激发各设区市积极性的同时,强调设区市之间的战略合作,增强省域现代化进程中市域的同步性、协调性与协同性。依据 14 个市的批复内容,结合此前济南、青岛两市国土空间总体规划相关公示内容,对三大经济圈、16 个城市的总体定位总结汇总如下:

表4 山东三大经济圈 16 个设区市发展定位一览表

	经济圈	城市	主要发展定位
1	省会经济圈	济南	黄河流域中心城市,国家中心城市,中国北方新动能增长极,黄河流域生态保护与高质量发展示范城市,引领山东半岛城市群发展的新时代中国特色社会主义现代化强省会
2		淄博	省会经济圈副中心城市、新型工业化强市、历史文化名城、组群式生态大城市
3		泰安	国际旅游胜地和国家历史文化名城、山东省重要的科技创新中心、黄河下游新型工业基地
4		聊城	现代农业强市、黄河下游先进制造业基地、国家历史文化名城
5		德州	黄河流域和京津冀协同发展战略叠加区域中心城市、区域重要交通枢纽、现代农业与新型工业化强市
6		滨州	黄河三角洲中心城市、环渤海南岸智能制造基地、富有北方水网特色的乐居品质城市
7		东营	大江大河三角洲生态保护治理样板、国家现代能源经济示范区、宜居宜业的黄河三角洲中心城市
8	胶东经济圈	青岛	国家沿海重要中心城市,全球海洋中心城市,国际性综合交通枢纽,国际消费中心城市和滨海旅游度假目的地,国家重要科技创新和先进制造业中心
9		烟台	海洋经济大市与制造业强市、国家历史文化名城、国家清洁能源示范城市、宜业宜居宜游的品质城市
10		威海	高品质生态宜居精致城市、北方重要的海洋产业基地、滨海旅游度假名城
11		潍坊	山东半岛城市群区域中心城市、国家创新型城市、国家农业现代化示范城市
12		日照	新亚欧大陆桥东方桥头堡、现代化国际港口城市和临港产业基地、滨海旅游度假名城
13	鲁南经济圈	临沂	鲁南苏北地区中心城市、国家商贸物流枢纽、滨水宜居文化名城
14		枣庄	鲁南地区中心城市、国家可持续发展议程创新示范区、大运河文化旅游名城
15		济宁	世界文化旅游名城、国家创新型制造业强市、北方内河航运中心、滨湖生态水城
16		菏泽	黄河流域生态保护和高质量发展节点城市、黄淮平原生态田园城市

注:济南、青岛两市的定位,系根据公示稿进行整理,其他14市根据山东省人民政府的批复整理。

3. 创新路径

既要水韵江苏,又要水运江苏,在江海河湖联动中激发江苏市域现代化新动能。近年来,江苏一方面着力于复苏河网生态,厚植"水韵江苏"亮丽底色,另一方面,着力于加快打造更具特色的'水运江苏',把江苏水运资源优势转化为发展优势、竞争优势,在此基础上推动"水韵江苏""水运江苏"融合发展,进一步彰显江苏现代化的魅力和活力。江苏集大江大河大湖大海于一体、江海河湖贯通江苏 13 个设区市,水运资源得天独厚,水运总体规模全国领先,相较于高速公路、高速铁路,绿色低碳的水路水运江苏的优势更加彰显。如果说沿长江、沿大运河及淮河、沿海经济带是贯穿江苏不同区域发展的轴带和主线,那么,境内数量众多的湖泊和环湖区域就是推进江苏现代化建设的腹地和珍珠,迫切需要串珠成链,大力释放江苏区域协调发展的结构性潜能。要按照江海河湖等重大轴线推进,增强城市之间的线性协同,把全省江海河湖作为一个整体布局谋划,系统谋划沿江、沿海、沿河、沿湖地区的发展,做到通江达海、江海联动、陆海呼应,打造以水韵江苏为底色、水运江苏为支撑的省域现代化协同范例。

既要加大省内三大都市圈的建设力度,又要拓展优化江苏现代化都市圈的布局格局。南京都市圈,要大小并举,增强圈内城市的协同性,在推进都市圈全域一体化特别是宁镇扬一体化发展上取得更大进展。徐州都市圈,要重点突破,在推动淮海经济区协同发展、建设淮海经济区中心城市的同时,进一步推进省内徐州、连云港和宿迁三市发展协同和都市圈化的问题。苏锡常都市圈,要把握长三角一体化国家战略和全域纳入上海大都市圈的时代机遇,加强与环太湖城市的生态创新协同,共同打造环太湖世界级生态创新湖区。借鉴广东、浙江、山东等地全域都市圈化的经验,适应长三角一体化和江苏省域一体化的需要,按照填补空白的思路,破解泰州、盐城在都市圈大潮中难以入圈的困境,论证谋划建设通泰盐都市圈,更好发挥南通带动作用,加强城市之间合作,增强三市整体对接上海和南沿江能力。

既要更大力度推进"1+3"重点功能区建设,又要着力实施北沿江协同发展战略,盘活江苏区域协同的"棋眼"。在"1+3"重点功能区中,北沿江地区既是扬子江城市群、沿江经济带的重要组成部分,又是扬子江城市群链接江淮生态经济区、辐射淮海经济区的过渡地带。要用好长江经济带和长三角一体化发展国家战略机遇,充分借鉴参照苏南地区苏州、无锡、常州、镇江、南京"沿江轴"发展模式,以北沿江高铁建设为契机,充分发挥南京江北新区对北沿江的带动作用,与苏中三市发展一体化布局,努力推动北沿江地区实现更高层次的协同,推动扬子江城市群建设进入南北沿江并重并行的时代。在谋划北沿江发展的过程中,应避免沿着江岸线规划沿江的做法,树立大沿江理念,发展大交通、培育大产业、建设大都市,推动交通成网、产业成链、都市成圈,拓展腹地和纵深,将发展带、城市带与都市圈结合起来,打造一体化的北沿江。与此同时,沿海地区的发展和崛起是江苏未来发展的巨大动能潜力,聚焦重点、破解难点、疏通堵点、发力亮点,将南通、盐城、连云港打造成高质量一体化发展的"沿海轴",推动沿海呼应苏南、支撑沿江、联动河湖、带动苏北,成为苏中苏北高质量发展的强大引擎。

五、 江苏市域现代化的图景拼绘与愿景展望

党的十八大以来,习近平总书记多次叮嘱各地"自觉打破自家'一亩三分地'的思维定式,抱成团朝着顶层设计的目标一起做"。兄弟同心,其利断金。在现代化进程中,江苏各设区市既要强化责任担当、争先进位,又要淡化各设区市"一亩三分地"的意识,强化江苏全域意识,以市域一域为江苏省域全局现代化添彩,还要自觉地将自身的发展融入中国大地,积极参与国家重大战略,服务构建全国新发展格局,在推进中国式现代化中走在前做示范,勇挑大梁、多做贡献。

协调是现代化的内在要求。在现代化阶段,设区市不仅要能够独善其身,而且要能够兼善天下,能够在自身发展的同时,辐射和带动兄弟和周边城市的发展。实践证明,经济发展走在前列的城市,协同发展也走在前列;经济发展相对滞后的地方,往往是竞争大于合作,协同发展的要求更加迫切。加强对市域现代化的分类指导,既要有模范生和全能选手,打造中国式现代化全面推进的

样板;又有中等生和单项冠军,着力打造中国式现代化分领域特色推进的样板。在省域现代化和市域现代化层面上,要以落实国家和省域重大战略为牵引,增强上下左右有效衔接、高频互动、高度协同,打通江苏发展的任督二脉,实现从省内全域一体化到省内全域现代化的跃升,形成江苏现代化的澎湃动能。

从江苏省域而言,水与火的淬炼成其形;南与北的交融成其气;古与今的熔铸成其神。江苏是一幅水韵灵动的画卷,是一种书香浸润的文化,是一种温暖富足的生活,是一扇世界看中国的窗口。从江苏市域而言,13个设区市每个地方都有自己的发展特色和优势,13个设区市市域现代化实践,如同十三幅美轮美奂的图画,每幅画都浓墨重彩,意味悠长,分外灿烂。现如今,江苏区域协调发展成势,全域协同发展势成,13块特色"拼图",共同拼绘出江苏奋进新征程的新图景。

近年来,江苏正在大力推进"1+3"重点功能区建设,其核心目标指向就是明确区域分工、增强区域协同。在第三届江苏发展大会上,省委依照江苏的地理脉络,展望江苏未来高质量发展的"版图"。

沿着长江两岸的南京、镇江、常州、无锡、苏州、南通、泰州、扬州八市,承担着全省经济发展主引擎功能。这些年,随着过江通道的持续加密、南北沿江高铁的规划建设,长江不再是发展的天堑,就连"南通"也变成了"好通"。特别是通过共抓长江大保护,有力破解了"重化围江"问题,腾出了宝贵的发展空间。江苏正在依托沿江八市打造世界级扬子江城市群,形成江苏发展的"金色名片"。

黄海之滨的南通、盐城、连云港,拥有954公里海岸线、亚洲最大海岸滩涂、全国最大的海工装备和海上风电集群,是江苏最大的潜在增长极。江苏正在依托沿海三市打造沿海经济带,着力塑造"缤纷百里""生态百里""蓝湾百里"滨海特色风貌,构筑江苏向海发展的"蓝色板块"。

江淮平原的淮安、宿迁和里下河地区,河湖纵横,湿地密布,承担着展现江苏生态价值、生态优势和生态竞争力的功能。江苏正在依托这一区域打造江淮生态经济区,重点发展绿色低碳产业,壮大新产业新业态新模式,构建江苏永续发展的"绿心地带"。

江苏西北端的徐州,既是淮海经济区的地理几何中心,又是其中经济总量最大的城市,承担着拓展江苏发展纵深的功能。江苏正在依托徐州建设淮海经济区中心城市,打造江苏高质量发展的强劲支点。

习近平总书记对江苏发展寄予厚望,"希望江苏广大干部群众汇通江淮之气概、畅达黄海之辽阔,以当表率、做示范、走在前的果敢担当,上下一心、真抓实干、奋发进取,为谱写'强富美高'新江苏现代化建设新篇章实现良好开局!"江苏区域一体化路径与现代化图景,正是江苏干部群众"汇通江淮之气概、畅达黄海之辽阔"胸襟格局的生动写照,江苏 13 个设区市各展所长、强强联合,江苏扬子江城市群、沿海经济带、江淮生态经济区、淮海经济区中心城市四大功能区各美其美、美美与共,群策群力、齐心协力将现代化的"路线图"变为"施工图",将"愿景"变成"实景",共同支撑起江苏高质量发展和现代化建设的美好未来,在中国大地上率先拼绘出中国式现代化省域壮丽新图景。

执笔人:刘西忠　江苏省社科联党组成员、副主席,江苏省区域发展研究会副会长

南 京

强省会担当 铸城市典范

2023 年 7 月，习近平总书记在江苏考察时明确指出，江苏"有能力也有责任在推进中国式现代化中走在前、做示范"。这一重大要求，为江苏推进中国式现代化建设指明了前进方向、提供了根本遵循。省委一直对南京发展高度重视、寄予厚望，即在全面推进中国式现代化江苏新实践的进程中，南京要成为中国式现代化城市实践的示范引领。

《南京市国土空间总体规划(2021—2035 年)》(公示稿)给出了南京的城市定位：江苏省省会、国家中心城市、国家历史文化名城、国际性综合交通枢纽、全球创新高地、人民满意的社会主义现代化典范城市。其今后将得到凸显的功能，可以用古都、枢纽和创新这三个关键词来概括。作为省会城市、东部地区重要中心城市、长三角特大城市，南京经济发展贡献度大、创新资源集聚度高、城乡区域融合度强、民生保障有温度、干事创业有热度，应坚决扛起"挑大梁、勇登攀、走在前"的省会担当，努力在中国式现代化城市实践中走在前列，建设成为有文化厚度的城市、有创新高度的城市、有民生温度的城市、有风景气度的城市，让每位市民在这座城市都有情感归属的认同、梦想成真的机会、幸福美好的生活。

"中国式现代化江苏新实践市域样本研究·南京篇"在准确理解城市现代化实践的深刻内涵和科学把握城市现代化进程中的实践原则的基础上，全面总结中国式现代化南京实践的典型经验，提出以人民为中心、以共同富裕为目标、以文明各要素协调共进为主轴，从增强产业支撑力、发展驱动力、文化引领力、社会协同力和生态持续力五个维度，把握中国式现代化城市实践的内涵，探索中国式现代化南京实践的战略路径，以现代城市文明发展成果来标识和展现中国式现代化的"南京样本"。

习近平总书记指出,中国式现代化是一项系统工程,需要统筹兼顾、系统谋划、整体推进,正确处理好顶层设计与实践探索、战略与策略、守正与创新、效率与公平、活力与秩序、自立自强与对外开放等一系列重大关系。中国式现代化是中国共产党领导中国人民开启的新的伟大社会革命,体现了社会主义现代化的本质要求,具有鲜明中国特色的实践特征。城市作为现代社会人口和产业的集聚区,在现代文明发展中起着创新引领和区域带动作用,城市现代化是支撑国家现代化的重要基石。国家统计局数据显示,2022 年末城镇人口占全国人口比重为 65.22%,上海、北京、天津三大直辖市城镇化率已超过 85%,广东、江苏等 6 个省份城镇化率超过 70%,促进以人为核心的新型城镇化发展,成为城市现代化发展的实践指向。

作为江苏省会城市,南京应坚决扛起"挑大梁、勇登攀、走在前"的省会担当,努力在中国式现代化城市实践中走在前列。本研究在准确理解城市现代化实践的深刻内涵,科学把握城市现代化进程中的实践原则基础上,全面总结中国式现代化南京实践的典型经验,提出中国式现代化南京实践的战略路径,以现代城市文明发展成果来标识和展现中国式现代化的"南京样本"。

一、 中国式现代化南京实践的内涵把握

党的二十大报告指出,"在新中国成立特别是改革开放以来长期探索和实践基础上,经过十八大以来在理论和实践上的创新突破,我们党成功推进和拓展了中国式现代化"①。报告对中国式现代化的基于自己国情的中国特色、本质要求、战略安排、总体目标和前进道路上必须牢牢把握的重大原则等作出了系统阐述,这一理论创新成果为中国式现代化城市实践提供了根本遵循。现代化城市实践在全面建设社会主义现代化国家中具有经验探索、理论提升、发展带动的重要意义。

---

① 习近平:《高举中国特色社会主义伟大旗帜 为全面建设社会主义现代化国家而团结奋斗——在中国共产党第二十次全国代表大会上的报告》,《党的二十大文件汇编》,党建读物出版社 2022 年版,第 17 页。

　　中国式现代化城市实践是中国特色社会主义在现代化国家进程中的城市探索,既体现中国式现代化的本质要求,又凸显城市文明进步的时代内涵。从"五位一体"的总体布局出发,现代化城市实践需要突出在现代化国家建设中的经济支撑、发展带动、社会稳定、文化繁荣和生态友好五个方面的作用,构建充满活力和秩序的城市文明样态。因而,中国式现代化城市实践是以人民为中心、以共同富裕为目标、以文明各要素协调共进为主轴的社会创造过程,凝聚着党领导人民共建美好生活、追求人类理想社会的强大力量。立足城市文明体要素协同共进这一主轴,可以从增强产业支撑力、发展驱动力、文化引领力、社会协同力和生态持续力五个维度,把握中国式现代化城市实践的内涵,探索城市现代化的经验。

(一) 产业支撑力

　　经济发展为人们提供物质条件和财富积累,构成了现代化进程中的基本前提。产业支撑力是城市在社会生产链条上所具有能力和价值,体现了城市的经济实力和发展竞争力。城市作为人口和社会生产的集聚地,在现代化进程中需要不断提升产业支撑力,着力构建完整、高效、创新的产业体系,形成优势互补、协同发展的产业集群,打造具有国际竞争力的产业品牌。一方面要注重已有产业的转型升级,推动传统产业向高端化、智能化、绿色化方向发展;另一方面,要培育壮大新兴产业和战略性新兴产业,增强城市在全球产业链中的核心竞争力。增强城市的产业支撑力,要立足城市自身的发展基础、地理区位和名品特色,推动产业差异定位、错位竞争和集群发展,形成产业结构调整与空间布局优化、经济职能演变协同机制。对于区域中心城市来说,要通过产业能级的提升,突出高端服务引领,集聚拓展总部经济,培育壮大数字经济,打造战略性新兴产业和未来产业的创新引擎,增强产业链供应链组织能力。同时,要引导和支持中小城市夯实产业基础,鼓励引进产业创新资源,加快专业服务发展,建设具有竞争力的先进制造业和新兴产业基地,筑牢城市现代化发展的经济根基。发挥好中心城市、平台企业和优势项目作用,推动创新能力共享、促进数据资源对接、强化供应链协同,形成相邻区域联动协作、区域内部节点支撑的产业集聚模式。

习近平总书记多次指出,"中国式现代化关键在科技现代化","实现高水平科技自立自强,是中国式现代化建设的关键"。这一重要论断立足党和国家战略全局的重大部署,体现了党中央对当今世界科技关键作用的深刻判断。在世界新一轮科技革命和产业变革同我国转变发展方式的历史交汇期,要实现高水平科技自立自强应对全球变化变局,把创新主动权、发展主动权牢牢掌握在自己手中,不断为中国式现代化注入不竭动力源泉。南京是长三角地区的重要经济枢纽,拥有完备的产业基础和优势的产业集群。近年来,南京大力实施科技创新驱动发展战略,始终坚持在培育本土科技创新"高峰"上求突破,在创新型产业体系打造上下功夫,在推动形成创新驱动发展的体制机制上闯新路,在积极融入国家战略和全球创新体系中谋发展。

(二) 发展驱动力

在科技引领社会进步和经济全球化的时代背景下,创新驱动成为现代化进程的根本动力和发展指向所在。城市现代化作为国家现代化的战略支撑,必须解决好自身的发展动力问题。发展驱动力是城市依托教育、科技、人才等所具有的创新能力和发展动能,体现了城市的创新活力和发展潜力。作为带动区域发展的城市现代化,需要不断增强发展驱动力,建设具有全球影响力的产业科技创新中心,加强基础研究和应用研究,推动科技成果转化和产业化,提升城市在国家创新体系中的地位和作用。一方面,要加强教育事业发展,提高教育质量和水平,培养造就各类人才,打造具有国际竞争力的人才高地,构建教育、科技、人才三位一体的发展驱动模式;另一方面,要统筹城市创新要素、企业产业需求和研发平台载体,支持行业龙头企业和科技型企业发挥市场空间、集成创新、组织平台的优势,加强与高校院所、中介服务、行业组织等沟通联系,构建以市场为导向、大中小企业和各类主体融通、产学研深度融合的创新生态。城市要着力优化布局创新创业公共服务平台,培育壮大科技成果评估、经纪和运营专业力量,通过建立精准、开放、柔性的引才育才机制,提高人才实际贡献度。同时,持续深化科技管理体制改革,建立健全产权清晰的创新成果共享机制、科学适度的风险保障机制和公平严肃的信用约束机制，着力营造尊重知识、崇尚创新、支持探索、宽容失败的城市创新创业氛围。

党的十八大以来，以习近平同志为核心的党中央高瞻远瞩、统揽全局，以宏大战略思维系统谋划党和国家各项事业，提出一系列具有开创性意义的新理念新思想新战略，为以中国式现代化全面推进中华民族伟大复兴提供战略引领。2013 年以来，习近平总书记先后提出并亲自谋划推动共建"丝绸之路经济带"和"21 世纪海上丝绸之路"（简称"一带一路"）、长江经济带发展、长江三角洲区域一体化发展等，并在南京叠加交汇。

2023 年 10 月 12 日，习近平总书记主持召开了进一步推动长江经济带高质量发展座谈会，并在会上强调，要进一步推动长江经济带高质量发展，更好支撑和服务中国式现代化。10 月 17 日，第三届"一带一路"国际合作高峰论坛在北京举行，习近平总书记在论坛上提出，要建设一个开放包容、互联互通、共同发展的世界。因此，深入贯彻落实国家重大战略部署，充分发挥区域资源优势，是南京加快服务构建"以国内大循环为主体、国内国际双循环相互促进的新发展格局"，也是推动中国式现代化的南京新实践的光荣使命和责任担当。近年来，南京持续深化"服务构建新发展格局先行示范区"建设，南京都市圈成为首个获国家层面批复的跨省域都市圈，年外贸进出口总额近千亿美元。

（三）文化引领力

文化繁荣发展是满足人们的精神需要、引导社会价值追求、实现人的现代化的重要条件。城市是文化传承与发展的有机生命体，一个城市的生命力在根本上体现为文化引领力和创造力。文化引领力是城市在文脉传承与时代创造、文化传播与交流互鉴等方面具有的创新力和影响力，体现了城市的文化魅力和软实力。城市作为一定区域范围内的文化中心，需要不断增强文化引领力，"以社会主义核心价值观为引领，发展社会主义先进文化，弘扬革命文化，传承中华优秀传统文化"①，在树立文化自信的同时，努力提高社会文

---

① 习近平：《高举中国特色社会主义伟大旗帜 为全面建设社会主义现代化国家而团结奋斗——在中国共产党第二十次全国代表大会上的报告》，《党的二十大文件汇编》，党建读物出版社 2022 年版，第 33 页。

明程度。一方面要激发城市主体的文化创造活力,促进优秀传统文化创造性转化和创新性发展,推动文化事业和文化产业繁荣发展,打造具有城市特色和影响力的文化品牌及产品,丰富人民群众的精神生活,满足人民群众对美好生活的精神向往;另一方面,要培育和塑造现代城市精神,推进家庭教育、学校教育、社会教育同向同行,提高广大市民科学和人文素养,推动志愿服务制度化和常态化,展现城市的道德温度和昂扬向上的精神风貌。同时,加强与国内外其他城市的文化交流与合作,促进城市的开放包容和多元融合,增进城市之间的相互了解和文明互鉴。

文化是民族生存和发展的重要力量,文化兴国运兴,文化强民族强。党的二十大指出,"中国式现代化是物质文明和精神文明相协调的现代化"。物质富足、精神富有是社会主义现代化的根本要求。物质贫困不是社会主义,精神贫乏也不是社会主义。没有文明的继承和发展,没有文化的弘扬和繁荣,就没有中华民族伟大复兴。南京处于中国南北大动脉和长江黄金水道的交汇处,是中国南方最重要的古都。南京拥有不可移动文物2521处2607点,其中,世界文化遗产1处8点,各级文物保护单位925处1008点;拥有市级以上非遗代表性项目277项,其中,联合国教科文组织人类非遗5项,国家级非遗13项,省级非遗76项。丰富的历史和文化资源,塑造了南京古今交融的独特城市风貌,也让我们在城市建设发展中,始终坚持保护优先,推动历史文化资源的活化利用和优秀传统文化的保护传承。

(四) 社会协同力

人类社会的进步和发展不是个体意志的结果,而是社会群体协同实践的成果,人民群众是历史的创造者。人民群众作为社会历史的主体,在国家现代化进程中创造物质财富和精神财富,是社会变革的决定性力量。城市现代化本身就是人的现代化,需要广大市民共同参与到城市文明的建设中来,在社会创造的共同实践中提升自我素养、塑造现代人格。社会协同力是城市在完善公共服务、提高居民收入、提升治理效能、保持社会稳定和繁荣等方面的综合治理能力和协同发展能力,体现了城市的民生福祉和社会向心力。城市文明作为一个国家社会文明进步的引领和示范,需要不断增强社会协同力,在城市现代化实践中保障和改善民生,引导和鼓励广大市民共同奋斗,创造属于自己的美好生活。一方面,要完善城市公共服务体系,提供优质高效的教育、医疗、养老、住房等公共服务产品,满足人民群众多样化、多层次的需求,促进经济增长与收入分配相协调,缩小贫富差距,扩大中等收入群体,实现全体人民共同富裕;另一方面,要加强市域社会治理,构建共建共治共享的社会治理格局,维护社会稳定和谐,保障人民安居乐业。由于技术变革、产业创新、基础设施等因素带来广泛影响,城市间经济社会联系更加紧密,大中小城市协同发展的空间组织形态加速形成,要通过增强城市间的社会协同力和一体化进程,促进都市圈、城市群的共同发展。

基层治理是国家治理的“微细胞”,是实现中国式现代化的重要组成部分。习近平总书记强调,“基层是一切工作的落脚点,社会治理的重心必须落实到城乡、社区。”推进基层治理体系和治理能力现代化,在党的事业发展、国家长治久安、社会和谐稳定、人民幸福安康中具有重要意义。只有在基层治理中促进自治、法治、德治相融,实现共建、共治、共享同频,提高基层治理社会化、法治化、智能化、专业化水平,夯实国家安全和社会稳定基层基础,才能实现从“基层善治”走向“大国之治”。2023年3月,习近平总书记参加十四届全国人大一次会议江苏代表团审议时强调,“基层治理和民生保障事关人民群众切身利益,是促进共同富裕、打造高品质生活的基础性工程,各级党委和政府必须牢牢记在心上、时时抓在手上,确保取得扎扎实实的成效。”7月,习近平总书记在江苏考察时再次强调,“要坚持和发展新时代‘枫桥经验’、‘浦江经验’,完善社会治理体系,健全城乡基层治理体系和乡村治理协同推进机制”。

南京作为省会城市、中心城市、特大城市,在探索社会治理创新方面起步较早,具有明显的先发优势,但也面临着社会矛盾相对突出、转型发展更加迫切、群众需求不断提升等现实挑战。近年来,以持续深化平安法治建设和创建全国首批市域社会治理现代化试点合格城市为统揽,不断推进基层治理体系和治理能力现代化建设,取得了积极进展和良好成效。南京被评为全国首批"法治政府建设典范城市",获得第五届"中国法治政府奖",确认了全国社区治理和服务创新实验区 9 个,位居全国第一,被中央政法委确定为"全国市域社会治理现代化试点合格城市"。

(五) 生态持续力

自然生态是人类文明持续发展的基本条件,党的二十大报告强调,"尊重自然、顺应自然、保护自然,是全面建设社会主义现代化国家的内在要求"。城市是人们利用自然条件建设起来的地理空间形态,既体现人对大自然赋予的资源条件和环境生态的选择与适应,又体现人的知识发现和技术创造所赋能的生产能力和生活追求。城市与自然的和谐共生,是实现城市文明持续发展的根本要求。生态持续力是城市在自然环境保护、绿色生态修复、资源节约利用等方面的技术能力和管理能力,体现了城市的生态文明建设力和可持续发展力。城市作为人与自然相互影响巨大的社会文明场域,需要不断增强生态持续力,站在人与自然和谐共生的高度谋划和开展现代化建设实践,推进生态优先、节约集约、绿色低碳发展,协同推进降碳、减污、扩绿、增长。一方面,要加强城市自然生态保护,落实山水林田湖草沙一体化保护和系统治理,打造绿水青山、蓝天白云、花团锦簇的美丽风景线,通过实施重点区域生态修复工程,恢复生态系统功能和服务功能,提高城市的生态安全和韧性;另一方面,要秉持新发展理念,构建资源节约型、环境友好型的产业体系和消费模式,提高经济绿色化程度,同时主动顺应资源环境约束趋紧的要求,将城市建设从增量扩张逐步转向存量优化,在规模、布局、形态上与生态、资源、环境更加适应匹配,空间治理更趋集约、高效、精细。在城市现代化建设进程中,要大力推进先进绿色技术的广泛应用和低碳生产生活方式的加快普及,全面构建城市生态文明体系,让城市成为率先践行碳达峰、碳中和战略目标的强劲引擎,成为美丽中国的现代化示范。

中国式现代化一个很鲜明的中国特色就是人与自然和谐共生的现代化。党的十八大以来,习近平总书记四次主持召开座谈会,为推动长江经济带高质量发展掌舵领航、谋篇布局,强调"生态优先、绿色发展",坚持"创新、协调、绿色、开放、共享",推动"加快实现高水平科技自立自强",提出要"牢牢把握高质量发展这个首要任务"。其中,特别强调"江苏有能力也有责任在推进中国式现代化中走在前、做示范"。2023年3月,习近平总书记参加江苏代表团审议时,强调必须"始终以创新、协调、绿色、开放、共享的内在统一来把握发展、衡量发展、推动发展"。7月,习近平总书记在全国生态环境保护大会上提出加快推进人与自然和谐共生的现代化,全面推进美丽中国建设的明确要求,这也是推进中国式现代化南京新实践的重要内容之一。这一系列讲话都体现了习近平总书记对长江生态环境保护和长江经济带高质量发展的要求。

南京依江而生、向江而兴、与江共生、拥江发展,是长江下游唯一跨江布局的特大城市,也是长江江苏段最上游城市,在推进中国式现代化中探索保护长江母亲河的新实践,是落实推动南京在人与自然和谐共生的现代化上走在前、做示范,建设美丽南京的必经之路。

二、 中国式现代化南京实践的典型经验

南京,作为中国历史文化名城,不仅有着深厚的历史底蕴,更在国家现代化进程中扮演着举足轻重的角色。在中国式现代化城市实践中,南京以其独特的城市定位和发展战略,正在走出一条符合自身特点的发展道路。其雄厚的经济基础、深厚的文化底蕴、和谐的社会生活、优美的生态环境,为南京现代化实践奠定了坚实的基础。

在经济基础方面,南京坚持以高质量发展为核心,全力打造现代产业体系。近年来,南京的经济发展取得了显著成效,地区生产总值持续攀升。2023年全市地区生产总值达1.74万亿元,较2014年翻了近一番,位居全国十强,人均GDP居省会城市第一,地均GDP居14个特大城市之首;高新技术企业增长近十倍(突破1万家),"自然指数-科研城市"全球排名升至第6位,国家创新型城市创新能力评价居全国第4位;软件和信息服务、智能电网产业入选首批国家先进制造业集群,数字经济核心产业增加值占GDP比重居全省第一。这得益于南京深入实施创新驱动发展战略,加快构建以先进制造业和现代

服务业为主导的现代化产业体系。南京在电子信息、生物医药、新材料等战略性新兴产业领域取得了重要突破,培育了一批具有国际竞争力的企业和产业集群。同时,南京还积极推动传统产业转型升级,提高产业附加值和竞争力。

在文化基础方面,南京作为历史文化名城,拥有丰富的文化遗产和深厚的文化底蕴,国际和平城市、世界文学之都品牌影响力不断增强,历史文化和现代文明交相辉映。一方面,南京注重挖掘和传承历史文化,通过举办各种文化活动、建设文化设施等方式,推动文化的繁荣发展。另一方面,南京积极推动文化创意、文化旅游等产业的融合发展,培育了一批具有地方特色的文化企业和品牌,为城市的文化繁荣注入了新的活力。

在社会发展方面,南京注重加强社会建设和管理,努力构建和谐社会。积极推动教育、医疗、社保等领域的改革和发展,提高公共服务水平和质量。同时,南京还注重加强社会治理创新,推动社会治理体系和治理能力现代化,加快社区建设和发展,完善社区服务功能,提高居民的生活质量和幸福感。南京居民人均可支配收入从 2014 年的 3.7 万元提高到 7.2 万元,年均增长7.6%;每年城镇新增就业超过 20 万人,占全省 1/6;基本公共服务水平连续 6年居全省第一,14 次获评“中国最具幸福感城市”。此外,南京还注重加强社会文明建设,推动形成文明、和谐、友善的社会风尚。南京博物馆建设成效获习近平总书记点赞“很有看头”,仙林街道获评全国新时代“枫桥经验”先进典型,涌现出钱七虎等一批全国道德模范。

在生态环境方面,南京坚持生态优先、绿色发展的理念,致力于构建人与自然和谐共生的现代化城市。注重加强生态环境保护和治理,推动生态文明建设取得显著成效。积极推动绿色低碳发展,加强节能减排和循环经济等工作,推动经济发展与环境保护相协调。同时,南京还注重加强城市绿化和景观建设,提高城市的生态环境质量和宜居性。2014 年以来,全市空气质量优良率从 52.1% 提高至 81.9%,地表水水质优良断面比例连续五年保持 100%(稳居全省首位);长江生态岸线占比由 66.2% 提高到 80.3%,江豚逐浪成为亮丽风景;新建成过江通道 5 条,新增建成区面积 167 平方公里,新开通轨道交通 294 公里,"南北田园、中部都市、拥江发展、城乡融合"的发展格局加快形成,山水城林的城市魅力更加彰显。

可以说,在中国式现代化的进程中,南京牢牢把握高质量发展这个首要任务,始终坚持以产业支撑力、发展驱动力、文化引领力、社会协同力和生态持续力"五力"为指引,不断提升城市现代化水平,形成了独特的城市现代化经验,展现出独特的城市魅力和文明风貌。这些经验不仅为南京自身的发展提供了有力支撑,也为其他城市提供了可借鉴的范例和启示。

(一)聚焦产业支撑力,争创区域科技创新中心

1. **加快建设国家创新高地,科学定位城市创新坐标。** 积极谋划并强力推进以科技创新为核心的城市全面创新,在"自然指数-科研城市"排名中连续 3 年位于全球第 8,2022 年国家创新型城市最新排名提升到全国第 2 位,2023 年全球创新指数"科技集群"排名位列全球第 11 位,在中国上榜集群中位列第 4 位。2021 年 6 月,科技部复函江苏省人民政府,支持南京市建设引领性国家创新型城市,并在南京召开工作推进会。在提升城市创新能级的同时,主动对接国家创新高地体系,注重发挥南京承东启西、联通南北的区位优势,把南京的城市创新融入"一带一路"倡议以及长三角一体化发展等国家战略中,在国家部委的有力指导和省委省政府的全力支持下,奋力在国家创新高地布局中找准南京定位、发挥南京作用。江苏省委第十四次党代表大会明确"支持南京创建综合性国家科学中心"。2022 年 2 月,省政府正式函请科技部支持南京创建区域科技创新中心。2023 年 3 月,省委省政府专门印发《关于支持南京创建区域科技创新中心推动高质量发展的意见》,从教育、人才、科技、产业等 6 个方面提出了 22 条具体举措。2023 年,习近平总书记要求江苏"加快建设产业科技创新中心",南京正按照省委部署要求,全力建设科技创新中心主承载区。

2. **加快锻造战略科技力量,全面提升创新策源能力。** 着力培育国家战略科技力量,梯次布局建设国家实验室、全国重点实验室、国家技术创新中心,培育领军型企业,加快推动原始创新"0—1""1—10"的突破。紫金山实验室发布了 10 多项全球首个重大原始创新成果。钟山实验室克隆水稻籼粳亚种关键基因。前两批次 18 家全国重点实验室重组全部通过,占全省 75%。国家集成电路设计自动化技术创新中心揭牌运行。国家第三代半导体技术创新中心(南京)研发生产的碳化硅高压电力电子器件水平达到国际先进水平。南京高华科技、南京英田光学在神舟十六号载人火箭发射、嫦娥五号探月工程等重大国家项目中承担了重要任务,展现了科技自立自强的南京作为。

3. 加快技术攻关突破,实现关键核心自主可控。 连续 3 年组织实施市级科技重大专项,围绕集成电路、新材料等技术领域立项 17 个,投入资金 1.4 亿元,在国产高端存储芯片先进封装技术等方面有望取得突破。积极对接国家、省"双碳"目标,争取专项 18 个,总经费达 1.54 亿元,居全省第一。开展绿色技术攻关,在节能环保、新能源汽车等领域立项 46 个。持续实施生命健康专项,从临床前技术突破、医工结合和多中心临床 3 个方向对 108 个项目给予近亿元资金扶持。南京驯鹿生物医药研发的伊基奥仑赛注射液获批上市,成为全球首个全人源靶向 CAR－T 细胞治疗产品。2023 年,新获批药品 94 个品规,其中一类创新药 3 种,居全省第一。

4. 加快培育创新主体,激发科创产业发展活力。 深入实施"筑基""强基""链基""固基"四基工程,按照科小、高企、规上高企、领军型企业创新矩阵梯次进行培育,高企总数达 10062 家,5 年增长了三倍。2022 年企业享受研发费用加计扣除 179.24 亿元,较 2021 年增长 28.3%。2023 年,高新技术产业产值占全市规模以上工业总产值比重达到 57.1%,科技型中小企业入库超 2.36 万家,总量居全省第一,新增 6 家上市公司中,4 家登陆科创板,数量仅次于上海,与北京并列第二。探索推动新型研发机构建设,梳理形成重点高校、新型研发机构可转化成果清单、省成果转化项目承担单位成果(技术)供需清单,加快研究制定体系化支持成果转化专项政策措施。创新主体培育推动了成果转化和产业发展,2023 年"2＋6＋6"创新型产业业务收入同比增长 10% 以上,6 个未来产业整体增速近 30%。软件和信息服务、智能电网入选首批国家先进制造业集群,生物药品制品制造获批国家创新型产业集群,未来网络产业科技园成为国家首批 10 家未来产业园试点之一。

5. 加快推进体制机制改革,释放创新发展动能。 坚持落地国家科技体制机制改革试点任务,着力打通科技创新发展的堵点难点。牵头起草《南京打造全省具有全球影响力的产业科技创新中心主承载区行动方案》,从 8 个方面谋划 27 项具体任务和 20 个建设目标。协同南京大学、南京工业大学、省产业技术研究院深化赋权改革试点,总结归纳出"低收费长赋权""先试用后转让"等赋权改革典型举措,探索职务科技成果单列管理。研究制定《南京市科技人才评价改革实施方案》,建立起科学的人才分类评价体系,激发科技人才活力。稳步推进《南京科技创新促进条例》立法。持续优化高新园区运行机制,加快推进创新积分制试点,累计奖励企业 1055 家。推进国家级科创金融改革试验区建设,建立首批 6 家科创金融服务驿站,开展"价值发现""陪伴成长""助力腾飞"三大行动,构建"宁科贷""宁科投""宁科债"三位一体的多元化金融赋能机制。

6. 加快高效配置资源要素,优化创新创业生态。 精准有效制定支持措施,形成涵盖创新主体培育、科技成果转化、关键技术攻关等创新链条各环节的政策 27 个,通过"宁企通"推进政策事项精准送达,即申即办、免申即享。出台外国人来华工作许可、工作类居留许可"并联办理",形成受理点"1＋4"市区联动模式。大力推进玄武、秦淮、鼓楼三个中心区城市硅巷建设,探索出"城市＋高校＋校友"的硅巷创新创业特色之路。多措并举做好人才引进服务,新入选国家、省级重点人才工程总人数突破 800 人,海外引才数量占全省36％。积极融入国际创新网络,在全球 22 个国家布局建设了 33 家海外协同创新中心,58 家世界 500 强企业在南京设立研发机构。常态化开展"科技金融双周汇"活动,市级科创基金累计投资近 600 家企业,投资额超 52 亿元。宁科贷 2023 年累计发放贷款 354.47 亿元,贷款余额 562.98 亿元。全市科创板上市企业达 16 家,上市高新技术企业数达 90 家。

（二）聚焦发展驱动力，打造高水平开放新高地

1. 加强协同发展顶层设计。 一是完善工作机制。围绕"一带一路"、长江经济带发展、长三角区域一体化发展，对照国家要求成立相关领导小组或办公室，强化统筹协调、组织协同力度，确保要求传达到位，工作落实到位。积极建设统一市场，设立破除各地产业保护壁垒的"负面清单"，打造跨区域性要素资源市场，如数据要素市场、知识产权交易市场等。聚焦关键领域建立相关市场基础制度，如产权保护等。积极建立跨国产业合作机制，形成以"内循环"产业体系带动高水平"外循环"产业格局。二是坚持规划引领。对照国家和省相关规划、实施意见、年度任务等政策文件，结合南京自身的实际情况，先后制定出台南京市《"十四五""一带一路"交汇点重要枢纽城市建设规划》《推动长江经济带发展实施方案》《〈长江三角洲区域一体化发展规划纲要〉南京实施方案》等重要文件，同时还编制实施年度工作要点，明确任务书、时间表、路线图，确保年年有动作，逐年见成效。三是推动平台建设。聚焦南京优势产业领域搭建国际化产业合作平台，如软件信息服务、生物医药。支持南京具有产业整合能力的龙头企业开展对外合作和投资，尤其是为其在发达国家设立机构创造好的条件。不断加深人才交流合作程度，依托中国留学人员南京国际交流与合作大会平台，设立人才交流对接专区，为南京引进国际中高端人才提供平台。深化人力资源服务产业战略合作伙伴关系，组建南京人力资源服务协会联盟，积极举办南京国际人力资源信息化创新创业大赛、南京人力资源产业协同发展交流研讨会。四是强化区域联动。加强与区域内相关城市的对接联系，与 49 个共建"一带一路"国家和地区的城市成为友好城市和友好合作城市。重点加强与上海、杭州等城市的往来沟通，打造沿沪宁产业创新带南京先导区、全国同城化发展样板区。特别是南京都市圈作为长三角城市群的重要组成部分，已成为联通东部中部两大板块、衔接长江淮河两大流域的枢纽区域。《南京都市圈发展规划》是全国第一个获批的都市圈规划，南京都市圈的建设发展，有望成为国内区域一体化发展的实践

范本。

2. 加快推进"一带一路"对外合作发展。 一是交通设施能级不断提升。航空枢纽建设加速推进,国家级临空经济示范区顺利获批。12.5 米深水航道通达南京,形成直达国内主要港口的集装箱干线网络,集装箱通过能力达 360 万标准箱。稳定开行中亚、俄罗斯、远欧、老挝等 8 条国际班列线路,覆盖 15 个国家,通达 70 多个城市。截至 2023 年底,南京中欧班列累计发行 1660 列、6.8 万车。二是"创新丝路"建设不断加强。推进引领性国家创新型城市建设,累计在 20 多个国家和地区布局建设 30 余家海外协同创新中心,建成中日、中芬南京创新合作园区,实体化运作中俄南京创新合作服务中心等载体平台。三是经贸合作层次不断深化。成立长三角区域稳定产业链供应链服务联盟,国内首推国际贸易 FTA(自由贸易协定)惠企"一键通"平台。自 2013 年至今,南京企业累计共建"一带一路"国家对外投资备案项目超 200 个,对外承包工程营业额连续多年位居全省第一。组建代表团赴阿联酋拜访阿布扎比投资办公室,服务支持中阿(联酋)产能合作示范园建设,组织示范园企业合作交流推进会,推动部分企业与示范园签署项目合作协议,目前南京嘉翼精密机器制造有限公司已落户示范园。四是文明互鉴发展不断推动。在习近平总书记见证下,与文莱斯里巴加湾市续签友好城市协议,与尼泊尔加德满都市签署两市友好城市关系协议书。连续举办"一带一路"青年创意与遗产论坛,2018 年习近平总书记给参加论坛的青年代表回信。南京成为国内首个获得世界"文学之都"以及"国际和平城市"称号的城市。

3. 加快推进长江经济带发展。 一是空间布局显著优化。确立"南北田园、中部都市、拥江发展、城乡融合"的空间格局,全市 72 公里滨江绿道基本贯通,沿江绿色廊道全面联网成片,沿江 70 处历史文保单位得到有效保护利用。二是环境质量显著改善。深入开展岸线清理整治和规范提升专项行动,完成 150 个干流岸线项目清理,累计退出生产岸线 37.6 公里,生态岸线占比由 66.2％提高到 80.3％,水环境质量保持全省第一。三是法治体系初步确立。强化法治引领,严格落实《中华人民共和国长江保护法》及负面清单管控要求,在全国率先出台地方性法规《南京市长江岸线保护条例》。四是生态文明深入人心。积极稳妥腾退化解旧动能、破除无效供给,严格落实长江"十年禁渔",持续开展长江江豚等珍贵濒危物种拯救行动,南京成为唯一在市中心江段能观察到野生江豚活动的沿江城市。

4. 加快推进长三角一体化发展。 一是区域协调发展成效显现。积极融入长三角一体化,沿沪宁产业创新带、长三角科创共同体建设不断深化,与长三角城市群分工协作、整体联动的产业集群初具雏形,科创产业、规划协同、公共服务等领域重大合作成果不断涌现。二是开放枢纽功能持续提升。中国(江苏)自由贸易试验区南京片区 90 余项首创性制度成果复制推广,区域性航运物流中心加快建设,成为国家规划建设的国际性综合交通枢纽城市,获批国家级服务业扩大开放综合试点城市。三是南京都市圈建设取得实质性进展。南京都市圈建设办公室正式组建,党政联席会议每年召开、各部门专委会定期会商、办公室负责日常联络的工作机制运行良好,积极加强与淮安、滁州的帮扶合作,为跨省域合作提供了较好示范。

(三)聚焦文化引领力,建设社会主义文化强市

1. 坚持"保护第一",以活化利用传承城市历史文脉。 始终把保护放在第一位,积极参与"中华文明探源工程"和"考古中国——长江下游区域文明模式研究"等重大项目,开展薛城遗址、西街遗址、湖熟文化遗址等主动性考古项目,深化古都文化研究工作。建立最严格的保护制度,颁布实施了《南京市历史文化名城保护条例》《南京城墙保护条例》等地方性法规,编制公布了 30 处国家级、省级重点文保单位保护规划,在全国率先实施"先考古、后出让"的基建考古模式、历史建筑保护告知书制度。

2. 下足"绣花功夫",坚持在城市发展中留下记忆、记住乡愁。 妥善处理好保护和发展的关系,建立优化"新城反哺老城"机制,通过调整土地出让金支出结构,十年来筹集 150 亿元用于老城保护更新项目。针对历史文化街区、历史建筑保护,由大拆大建到小规模、渐进式有机更新,由保护单体到保护街区格局和街巷肌理,由保护文化到注重街区功能的转换和导入,实现街区的复兴和建筑的活化利用。其中,小西湖更新项目被评为全国优秀案例,获得联合国教科文组织"亚太遗产奖"创新设计项目大奖。

3. **推动文化"融入日常",让市民在接受公共文化服务中增强精神力量。** 始终把文化作为城市发展的根与魂,推动优秀传统文化融入当代生活日常。深化"博物馆之城"建设,截至目前全市备案博物馆数量达 70 座,举办主题展览 200 多个,组织社教活动超 3000 场次,接待参观人次超 3000 万。推出金陵寻梦·夜瞻园、甘宅雅韵等新型沉浸式演艺项目,各式研学、市集、夜游让游客流连忘返,"到博物馆去"成为一种生活方式。丰富传统节庆体验,打造南京国际梅花节、森林音乐节、秦淮灯会等活动,"遇见夜金陵"入选游客喜爱的十大夜间演艺项目。强化非遗活态传承,开展数字化记录工程和市级非遗资料库建设项目,推进"十竹斋"品牌复兴计划,推动非遗进景区、进街区、进园区,培育了市非遗文创展示中心等一批非物质文化创意基地、非遗创意体验馆,推动了传统手工艺在当代生活中延续、发展和振兴。

4. **深挖长江文化时代价值,让长江文化焕发时代光彩。** 河流对文明的发展具有至关重要的作用。南京这座历史文化名城,依江而建、因江而兴,古今文明融贯于一城。2020 年 11 月 14 日,习近平总书记在南京主持召开全面推动长江经济带发展座谈会,强调要把长江文化保护好、传承好、弘扬好,延续历史文脉,坚定文化自信。2023 年 7 月,习近平总书记在江苏考察时强调,要积极参与建设长江和大运河两大国家文化公园。10 月 12 日,习近平总书记在长江国家文化公园九江城区段考察时强调要"深入发掘长江文化的时代价值,推出更多体现新时代长江文化的文艺精品"。南京坚决扛起保护传承弘扬长江文化首先提出地的政治责任,立足中国式现代化南京新实践,谋划推动南京段长江文化高质量发展,充分发挥长江文化在价值引领、惠民育民、推动发展等方面的重要作用,广泛传播弘扬长江文化精神内涵和时代价值。

（四）聚焦社会协同力，健全特大城市治理体系

1. 建立善统筹、强引领的规范化工作体系。 充分发挥平安南京建设领导小组办公室、市域社会治理现代化工作领导小组工作专班职能作用，把加强基层社会治理、推进市域社会治理现代化纳入平安南京建设总体布局。健全了横向"党委领导、政府负责、部门联动"、纵向"市级统筹协调、区级组织实施、街镇强基固本"的社会治理格局，完善了"吹哨报到"工作机制，协调多方力量向基层延伸，解决基层现实困难和群众身边堵点难点。坚持把加强基层社会治理有关工作纳入综合考核涉平安建设重点内容，持续完善统计分析、量化考核机制，压紧压实板块责任、部门责任、领导责任。

2. 建立覆盖广、触角深的网格化治理体系。 在全省率先制定《南京市社会治理网格划分规范》，全面实施"精网微格"工程，深化"网格＋"治理体系建设，全市共划分微网格 41149 个，配备微网格员 44688 名，建设综合网格微信群 13175 个，微网格覆盖率、微网格员配备率达到"两个 100％"。在全省率先实现社工、网格员队伍一体建设、一体管理，广泛吸纳志愿者等各方力量进网入格，定期开展专业素质和履职能力培训，为基层赋能、提质、减负、增效。全市一体化大数据中心体系持续完善，南京市域社会治理现代化指挥中心与南京市城市数字治理中心一体运行，城市运行"一网统管"，实现职能部门信息系统互联互通，基层数据"一次采集、多方应用"。

3. 建立化解快、效率高的多元化调解体系。 市、区两级制定矛盾纠纷多元化解机制的实施意见等一系列文件，持续健全人民调解、行政调解、司法调解对接机制，完善协商、中立评估、第三方调处等制度建设，全面强化政策依据和体制保障。扎实开展"信访突出问题攻坚化解年"行动，重点信访矛盾化解率达 95.67％，位居全省前列。创新推进"一站式"多元解纷体系建设，设立各类人民调解委员会近 1500 个，家事调解社区工作室 936 家、个人调解工作室 400 余家，人民调解员 8400 余名，行业性专业性调解组织 500 余个，全市 145 个户籍派出所全部设立驻所调解工作室。2022 年以来，各类调解组织化

解矛盾纠纷 20 余万件,95% 矛盾纠纷案件在街镇、村(社区)化解。

4. **建立责任明、防范严的常态化防控体系。** 建立统筹发展和安全"大走访、大排查、大攻坚"行动机制,完善"宁稳通"风险管控平台,健全市、区、街(镇)三级维稳工作体系,实现在线调度和闭环管控。深入开展常态化扫黑除恶斗争,严打黄赌毒、盗抢骗、枪爆拐等违法犯罪,每年挂牌整治治安重点地区和方面性突出治安问题,深化"雪亮工程"建设,推动全市 3000 余家重点单位、学校和商务楼宇实现全覆盖。健全群防群治力量,形成 50 余万人的平安志愿者队伍,参与巡逻防范、信息收集、群众求助帮助、突发事件互助工作。2023 年以来,共计出动平安志愿者 300 余万人次,开展反诈防诈社区宣传活动 2000 余场。2023 年群众安全感达 99.3%,创历史新高,并被中央政法委确定为"全国市域社会治理现代化试点合格城市"。

(五) 聚焦生态持续力,创建生态文明示范城市

1. **坚持生态文明法规和机制建设协同创新的治理体系。** 党的十八大以来,南京市深入贯彻习近平生态文明思想,牢固树立"绿水青山就是金山银山"理念,系统谋划生态文明体制改革,加强生态文明制度体系的建立。南京市委、市政府出台了《关于建设以人民为中心的美丽古都的实施意见》,坚决扛起生态文明建设政治责任,推动"美丽中国"战略和"美丽江苏"建设决策部署在南京落地生根。在全国率先出台《南京市长江岸线保护办法》,印发《关于全面加强生态环境保护坚决打好污染防治攻坚战的实施意见》,修订《南京市水环境保护条例》《南京市大气污染防治条例》和《南京市环境噪声污染防治条例》等系列法规。制定生态文明建设目标评价考核体系和责任追究、生态补偿、河湖长制、林长制、环境保护等改革举措全面实施,覆盖各类环境要素的法律法规体系基本建立。创新性、开创性地出台《南京市长江岸线保护条例》《关于加强长江江豚保护的决定》等全国长江大保护相关领域首部地方性法规。坚持"一把手"管环保的责任机制,压紧压实"大气点位达标负责人制""河长制"等工作机制,生态环保"党政同责、一岗双责"得到坚决落实。

2. **坚持山水林田湖草协同治理的保护路径。** 治水上水资源、水环境、水生态"三水统筹",长江南京段干流水质总体保持为优,集中式饮用水水源地水质和国省考断面优Ⅲ比例保持100%;治气上减污和降碳协同、颗粒物与臭氧治理协调,环境空气质量在省内率先达到国家二级标准,PM$_{2.5}$年均浓度创有监测记录以来最优水平。岸线上清理整治与生态修复协同,幕燕风光带与十里造船带的整治修复成为全国的样板范例、新济洲创成我国第一家独具特色的洲滩型国家湿地公园。以南京市的母亲河秦淮河为例,作为主要的入江河道之一,在治理的技术方面依靠先进、高效、智能、绿色的环境治理工艺与技术,采取"集中式+分散式"治理方式相结合,实现管网精准把控、污水高效治理、尾水生态净化,并且结合后期的治理技术创新和管理模式创新"双轮驱动",使秦淮河从"病体缠身"成为"流动的河、美丽的河、繁华的河"。在工业废水处理方面,以江北新材料科技园为例,从标准和技术出发首先针对不同性质的废水建立了差异化的接管标准,推进企业化工废水分类收集、分质处理,显著降低了园区废水的处理成本与处理难度。

3. **坚持高质量发展和高水平保护协同并进的发展模式。** 坚持不断调轻调优产业结构,优化产业布局,聚焦传统产业持续优化结构调整,累计关闭退出化工企业158家,整治"散乱污"企业1811家,江北新材料科技园在"2022高质量发展化工园区30强榜单"中跃居全国第二;全市围绕优势产业、战略性新兴产业和未来产业,构建了"2+6+6"创新型产业集群。在环境质量明显改善的同时,经济总量成功迈进全国前十。研发并推广应用了一系列绿色低碳的水处理技术,实现了难降解化工废水能源化、资源化与无毒排放。这一系列"政策+技术+标准"的创新举措都支撑了整个南京市的水环境质量的提升。

三、 中国式现代化南京实践的战略路径

中国式现代化城市实践是一个深远而重要的议题,它不仅是对习近平新时代中国特色社会主义思想的生动实践,更是对城市发展理念的深刻革新。

在南京这座历史文化名城,更要深刻领会和把握这一思想的精髓要义,以科学的方法论体系为指导,不断探索和拓宽城市现代化的发展路径。

南京作为省会城市,肩负着引领和带动区域发展的重任。2024 年全国两会,习近平总书记参加江苏代表团审议时的重要讲话,着眼现代化建设全局,提出了"四个必须"的明确要求,赋予了江苏"在高质量发展上继续走在前列"的总目标和"四个走在前"的重大任务,也为南京全面贯彻党的二十大精神、全面推进中国式现代化南京新实践指明了前进方向、提供了根本遵循、注入了强大动力。在江苏打造"中国式现代化标志性窗口"的奋斗图景中,南京肩负着特殊的使命和责任。南京明确提出"全面建设人民满意的社会主义现代化典范城市"和打造具有全球影响力的产业科技创新中心承载区的奋斗目标,同时提出"以科技创新引领产业创新,努力成为发展新质生产力的重要阵地"。这是南京面向未来、面向更高质量发展的关键所在,也是南京进一步提高省会城市首位度和城市竞争实力,为全省全国社会主义现代化建设探路的核心路径。

中国式现代化南京实践是一个系统工程,需要从多个方面入手、协同推进。要着眼新的坐标和使命,从南京实践的具体内涵要求出发,未来要重点围绕培育和发展新质生产力、人才创造力、文化影响力、社会和谐力与环境吸引力五个方面,深化实践路径的技术再造和方法创新,不断推进中国式现代化南京实践走深走实,为社会主义现代化强国建设打牢坚实的城市基础。

(一)突出科技引领,发展新质生产力

科学技术是第一生产力,是城市经济发展的核心动能。推进中国式现代化南京实践,必须始终坚持以科技创新为引领,培育和发展新质生产力,提升城市竞争力和创造力。一是集聚创新资源,加快构建贯通式科技成果转化体系。集聚优质科技资源,构建以企业为主体、市场为导向、产学研用深度融合的科技创新体系。强化应用牵引、突破瓶颈的导向,面向世界科学研究发展前沿以及未来可能发生变革性技术的重点领域,深入实施前沿引领技术基础研究专项,统筹优势科研队伍、重大科技基础设施和重要科研基地平台,探索前沿性原创性科学问题发现和提出机制,完善以原始创新和系统布局为特点的大科学研究组织模式,支持顶尖科学家牵头实施一批周期长、风险大、难度高、前景好的重大基础研究项目,加快解决一批战略性、前瞻性重大科学问题。二是加快数字经济与实体经济深度融合发展,打造智慧南京。加大数字新基建投入,完善信息基础设施网络布局,提升数字化水平。充分发挥南京在软件和信息服务、智能电网等国家级先进制造业集群方面的数字化优势,聚焦优势领域持续发力,打造全国领先的数字经济和实体经济融合策源地。着重打造软件和信息服务的数字经济创新应用产业生态体系,提升软件产业竞争优势、发挥软件产业带动效应,提升南京软件名城的显示度,建成全国第一、世界领先的"软件名城"。强化依托工业基础的互联网应用场景,特别是依托智能电网集群等一批具有国际竞争力的优势数字产业,创建国家级人工智能创新应用先导区,促进数字经济与实体经济的深度融合。继续巩固数字经济基础设施领先地位,依托新型数字基础设施升级工程,聚焦工业互联网平台、人工智能算力中心、工业互联网标识解析体系等,高质量创建国家新型互联网交换中心。加强数字场景融合与安全,鼓励企业寻找覆盖多个技术领域的综合解决方案,促进数字技术与制造工艺的深度结合,打破行业技术壁垒,构建数字化制造价值链。如海尔智家通过用户数据倒挤制造品牌的柔性生产,实现对"家庭生活"的场景化定制。构建数字化安全体系,实施工业互联网企业网络安全分级分类管理制度,建立健全平台及应用上线前安全监测机制,引导企业建立完善技术防护体系和安全管理制度,推动企业实施自评估和安全改造,保障制造业企业"安全上云"。三是加强区域协同创新和开放创新合作,打造创新型城市群。着力培育重点产业领域的龙头企业,发挥点位扩散效应形成核心动力源,以点布线、以线织面、以面成体,形成点线面体联合共进的发展格局,壮大数字经济和实体经济融合的产业集群体系。紧扣现代产业体系,聚力打造集成电路、生物医药、智能网联汽车、智能电网、航空航天等十大地标产业,加快建设 G312 等产业创新走廊,打造具有国际水平的产业创新高地,实现与沿线城市和园区的协作共赢,形成南京市区域产业创新中心。深入推进长三角一体化发展,在区域内实现科技资源共享、项目联合攻关、成果转化应用等。积极参与"一带一路"建设和国际科技合作,在全球范围内拓展科技交流、人才引进、产业对接等渠道。

(二)厚植教育基础,汇聚人才创造力

人才是城市发展的第一资源,也是中国式现代化的骨干支撑力量。要坚持以人民为中心,加快建设教育强市,提高全民受教育水平和素质水平,培养造就一支高素质专业化的人才队伍,为城市高质量发展提供强大的智力支持和人力保障。一是发挥科教资源丰富优势,培育基础科学研究人才。发挥南京科教资源丰富优势,聚集"三张牌",突破"卡脖子",聚集顶尖人才、科研机构、优质企业,在"卡脖子"领域拿出突破性成果,扩大创新辐射半径,提高科技影响力,提升科技创新和进口替代力度,增强核心控制力。建设一批高水平研究型大学和基础学科研究中心,集中力量建设一批国际先进、国内领先的优势学科。加强数学、物理、化学等基础学科领域研究,统筹支持基础学科、应用学科、新兴学科、交叉学科发展,培育一批基础科学研究人才。二是坚持创新驱动发展,培养创新创造型人才。加强科技创新和人才培养相结合,推动科技与教育、科技与经济、科技与社会协同发展。加强创新文化建设,营造尊重知识、尊重人才、尊重创造的良好氛围。适应产业发展新趋势,推动产业融合化发展,组建创新型人才队伍,促进以平台企业为主导的新业态加快形成,催生平台化设计、智能化制造、网络化组织、个性化定制、数字化管理等新模式。聚焦乡村振兴战略,加快引进和培育现代生物农业、农产品后加工等高附加值特色产业人才,建立乡村振兴科技引领产业示范点。鼓励引导高校毕业生到农村就业和发展,加强基层农技推广机构和队伍建设,稳定和用好农村现有人才。三是坚持以需求为导向,培养具有国际视野和竞争力的高层次人才。优化学科专业结构,加强基础学科和前沿学科建设,推进新工科、新医科、新农科、新文科等新型学科体系建设。加强高层次人才队伍建设,实施海外高层次人才引进计划等重大工程,吸引集聚一大批素质优良、学术造诣高深、科研成果突出的各领域龙头高层次创新创业人才。及时厘清人才难引入、难留住的关键点,建立高层次人才创新小镇、社区、街区等,解除人才在教育、医疗、安居等方面的后顾之忧。加强国际人才交流与合作,打造国际人才合作共同体。搭建交流合作平台,鼓励优势学科和科技平台发起、参与国际科技合作计划,积极参与国际学术规则制订,加大学术国际传播力度,全面促进国际学术和人文交流。

(三)培育主体精神,增强文化影响力

文化自信是一个国家、一个民族的精神支柱,也是城市主体现代化实践的根本力量所在。在人的现代化过程中,培育主体的文化自信和现代精神是发挥人们实践能动性的关键。要持续增强城市文化的凝聚力和向心力,把马克思主义基本原理同中华优秀传统文化结合起来,以社会主义核心价值观为引领,以中华优秀传统文化为根基,培育造就具有国际视野和民族情怀、敢于担当和创新进取的时代新人,增强中华文明在世界文化激荡中的传播力和影响力。一是加强主流思想舆论建设。加强党员干部和青少年学生的理想信念教育,用党的创新理论指导实践。加强爱国主义教育和民族团结教育,激发全体人民对祖国、对民族、对人民的深厚感情。加强社会主义荣辱观教育和法治观教育,培养全体人民的社会责任感和法治意识,培育中国特色社会主义事业的建设者和接班人。健全学习实践习近平新时代中国特色社会主义思想的制度体系,组织实施党的创新理论学习教育计划,完善党委(党组)理论学习中心组等各层级学习制度,建立重大决策前专题学习制度。创新高校思政课内容和方式,统筹推进大中小学思政课一体化建设和"大思政课"建设。二是加强理论宣讲与教育普及。建好用好江苏省习近平新时代中国特色社会主义思想研究中心实践调研基地,推动以南京为样本开展专题研究,在阐释中国道路、解读中国实践、构建中国理论中贡献南京经验。建立健全党员领导干部理论宣讲体系、媒体理论宣传体系、基层理论宣传宣讲工作体系,分层次组建以领导干部、专家学者、百姓名嘴为主体的理论宣讲队伍,扩面提优行业特色宣讲团,健全完善媒体理论宣传长效机制,推出一批理论联系实际、通俗易懂的重点文章和普及读物。加强社科普及基地和社科新媒体平台建设,推出社科普及品牌活动、原创社科普及作品和读物。搭建市区联动传播矩阵,加强线上线下一体传播,强化境内外协同传播能力建设,联动政务新媒体和社会自媒体形成传播合力,构建市域全媒体传播格局。三是推动优秀传统文化保护传承和创新发展。参与中华文明探源工程,开展以薛城遗址、西街遗址、六朝建康都城遗址为重点的考古项目,深化北阴阳营文化、湖熟文化等考古和研究工作,争取一批重要遗址纳入"中华文明起源与早期发展综合研究"等重大项目。融入历史文化名城保护发展,优化提升基建考古前置"南京模式",为全国探索新经验。加强考古成果展示弘扬,开展考古工地开放日活动,在遗址现场举办公共考古活动,策划推出一批文物主题游径。实施博物馆"双百"计划,推进长江文化博物馆、市博物馆新馆、科举博物馆(二期)、海上丝绸之路博物馆建设,探索打造博物馆集群聚落,搭建博物馆资源共享服务平台,系统实施讲解内容持续更新、讲解系统不断优化、讲解人员定期培训、社会讲解规范管理等计划。健全重点文艺创作全流程保障机制,加强各门类文艺创作,推出一批反映新时代新气象,具有传播度、辨识度、认可度的精品力作。探索建立重大文艺创作项目"揭榜挂帅"机制,以及签约创作、招标创作、跨地跨界联手创作和联合攻关创作等机制。建立创作生产体系,健全题材发布推介、立项评估论证、创作跟踪推进、作品传播推广机制。推动市属国有文艺院团改革发展,建立区级文艺院团建设机制和发展路径,打造"一团一精品",出台支持民间文艺院团可持续发展政策措施。四是积极参与长江、大运河国家文化公园建设。把握南京在长江国家文化公园、大运河国家文化公园建设总体格局中的功能价值和独特内涵,着力打造长江国家文化公园江苏段核心示范区和长江流域璀璨明珠、省大运河文化带特色展示区。组织专家学者持续跟进长江文化的保护、传承、弘扬,加大对南京长江流域文物和文化遗产资源的调查研究力度,建立长江文化资源数据库。建好用好南京长江文化研究院,推出长江文化发展蓝皮书、中国·长江文化发展城市指数报告等成果。深化长江文化研究学术共同体建设,研究南京在中华文明时空坐标上的独特地位,阐释挖掘长江文化、海上丝绸之路文化的内涵与价值。加强大河流域文明比较研究。提升南京长江文化国际影响力。深入挖掘长江文化在新时代的符号和内涵,注重提炼具有南京特质的文化精髓和时代价值,开发易于被国际社会理解和接受的文化 IP 和产品。坚持国家站位、全球视野,借助名城会、"一带一路"青年创意与遗产论坛、南京和平论坛、中国南京周等文化交流品牌活动,精准生动传播新时代长江故事。

(四) 完善基层治理,提升社会和谐力

社会和谐是国家治理的重要目标,也是中国式现代化城市实践的重要内涵。要坚持以人民为中心,加强基层治理体系和治理能力现代化建设,构建共建共治共享的社会治理格局,促进社会公平正义,维护社会稳定有序,增进人民群众福祉。一是以共同体建设打造共建共治共享新格局。社会治理现代化要充分发挥人民群众的主体作用,构建共建共治共享的社会治理新格局。南京作为首批市域社会治理现代化试点城市,要以共同体建设推进社会治理创新,即要把市域内各类社会主体作为共同体的系统要素,形成利益共享、责任共担、合作共赢的社会契约,增强社会凝聚力和向心力。坚持以人民为中心,尊重人民首创精神,充分调动各方面积极性,激发社会活力。坚持以法治为基础,完善法律法规和制度规范,保障人民合法权益,维护社会公平正义。坚持以德治为纽带,弘扬社会主义核心价值观和中华优秀传统文化,培育良好社会风尚,提升道德素养。坚持以共治为路径,坚定党委领导核心作用,加强政府主导作用,发挥市场配置资源作用,激发社会组织协同服务作用。二是以智能化技术提升精准高效新体验。智能化是社会治理现代化的重要手段和标志之一,运用大数据、云计算、人工智能等现代信息技术,提高社会治理的精准性、高效性和便捷性。南京在推进市域社会治理现代化过程中,要以智能化提升社会治理能力,即利用智能技术和平台,实现对市域内各

类社会问题和风险的及时发现、预警、应对和解决。构建市域大数据中心，整合各部门、各层级、各领域的数据资源，形成全面、动态、开放的数据共享机制。构建市域网格化平台，实现对市域内各类基础设施、公共服务、突发事件等的全覆盖、全时段、全方位的监测和管理。构建市域智慧决策系统，运用人工智能等先进技术，对市域内各类复杂问题进行深度分析和模拟演练，提供科学合理的决策方案。构建市域便民服务平台，打造"一网通办""一键通达""一码通行"等智慧服务功能，提升市民的获得感和满意度。三是以机制完善拓宽协同联动新路径。机制完善是社会治理现代化的重要保障和推动力，优化社会治理的体制机制和运行机制，形成党委领导、政府负责、社会协同、公众参与、法治保障、科技支撑的社会治理体系。南京在推进市域社会治理现代化过程中，要以机制性完善促进社会治理手段革新，即要通过制度设计和机制创新，实现市域内各类社会主体有效协调和有序互动。完善市域社会治理法规，加快地方性法规的立法进程，为市域社会治理提供法律依据和规范指引。完善市域社会治理组织体系，推进"街镇集成改革"，整合审批、服务、执法等力量，提高基层治理的效能和水平。完善市域社会治理协商机制，建立健全多层次、广覆盖、有实效的协商议事平台，增强各方面的参与度和共识度。完善市域社会治理激励机制，建立健全评价考核、奖惩约束、信息公开等制度，激发各方面的责任感和主动性。四是以整体和谐提升治理有效新境界。整体和谐是社会治理现代化的最终目标和评价标准，以此实现人与自然、人与社会、人与人之间的和谐共生，构建安全稳定、文明有序、公平正义、富裕美丽的现代化城市。南京在推进市域社会治理现代化过程中，要以整体上和谐来检验社会治理成效，对市域内各类社会问题和风险进行评估和监督，不断提升市民的幸福感和获得感。保障人民安全，坚决防范和打击各类违法犯罪活动，加强突发事件应急处置能力，维护国家安全和社会稳定。维护人民权益，坚持以人民为中心的发展思想，完善基本公共服务体系，促进教育公平、医疗公平、就业公平等。增进人民福祉，坚持生态文明建设理念，加强生态环境保护和修复，提高城市品质和宜居水平。

（五）保护自然生态，凸显环境吸引力

自然生态是人类赖以生存和发展的基础，人与自然和谐共生是中国式现代化的内在要求。要加大自然生态保护力度，推动绿色发展，实现人与自然和谐共生，保护好我们共同的地球家园，提升城市的宜居品质和环境吸引力。一是加强自然资源保护和修复，提高生态系统服务功能。加强国土空间规划和生态保护红线划定，严格控制开发强度和规模，优化城市布局和结构。加强森林、草原、湿地、沙漠等重要生态系统保护和恢复，提高植被覆盖率和碳汇能力。要强化财税、金融、价格等政策支持，深入推进生态环境导向的开发模式。要加快推进碳排放、用能权、用水权、排污权等市场化交易，深化污染物排放总量管理改革，创新生态产品价值实现机制。完善生态环境机构监测监察执法垂直管理制度改革，提升基层生态环境部门履职能力。二是加强污染防治和环境治理，推动城市绿色转型。加强城市垃圾分类和资源化处理，推进垃圾无害化、减量化、资源化处理。加强城市绿化美化和园林绿地建设，提高城市绿地覆盖率和公园绿地供给水平。加强交通结构优化和公共交通发展，推广新能源汽车和智能网联汽车，降低交通运输碳排放。加强建筑节能改造和绿色建筑推广，提高建筑节能标准和能效水平。重视生态生产力的发展和布局，加强与世界知名研发机构合作，聚焦生态生产力创新前沿，推动重大绿色共性技术研发项目落户南京，让绿色发展成为国家产业竞争的制高点，成为中国式现代化的一张亮丽名片。要继续保持力度、延伸深度、拓宽广度，以改善生态环境质量为核心，持续深入打好"蓝天、碧水、净土"保卫战。要坚持把修复长江生态环境摆在压倒性位置，在长江经济带高水平保护上下更大功夫，以高水平保护支撑高质量发展。要落实好碳达峰、碳中和"1＋N"政策体系，有计划分步骤实施碳达峰行动。三是加强生态文明教育和宣传引导，培育绿色生活方式。从文化价值观入手，加强对生态文化的培育，是南京中国式现代化城市实践的现实要求。加强生态文明理念的普及教育，增强全民生态意识和环保意识。加强社会监督和舆论引导，形成全社会共同参与、

共同监督、共同享有的良好氛围。倡导绿色消费、绿色出行、绿色办公等低碳节约的生活方式,让绿色生活成为时尚。具体而言,加强对领导干部的宣传教育。各级党政领导干部是宣传的重点,要将领导干部作为生态文明意识教育的首要培训对象,提高他们落实生态文明建设的自觉性。加强对企业的宣传教育。企业是社会财富的主要生产者,也是自然资源最大的消费者和各种污染排放的重要制造者。对企业管理者进行生态文化培训,是一项必不可少的基础工作。加强对广大群众的宣传教育。要大力宣传生态文明法律法规,增强全民的节约意识、环保意识和生态意识,进一步推动生态文明理念深入人心。

课题负责人:曹劲松　南京市社会科学院院长
承担单位:南京市社会科学院
课题组主要成员:周蜀秦、郑琼洁、任克强、何淼

无 锡

争当中国式现代化建设城市范例

习近平总书记在江苏考察时强调,江苏有能力也有责任在推进中国式现代化中走在前、做示范,并先后赋予江苏"四个走在前""四个新"重大任务。迈入新时代,省委对无锡提出了"争当全省高质量发展领跑者"的目标,要求无锡树立更高标杆、展现更强担当,更有底气地喊出"高质量发展看无锡",在全省推进高质量发展上贡献无锡力量、在国家强起来的历史进程中烙下太湖印记。

无锡通江达海、枢纽发达,"一带一路"倡议以及长江经济带建设、长三角一体化等国家战略在这片包孕吴越、崇文尊教的土地上密集叠加。无锡紧抓国家战略机遇和平台,始终以率先发展造就区域竞争优势,不断迭代升级发展势能,争当中国式现代化建设的城市范例。2020年,无锡江阴市被列入江苏省级现代化建设试点,积极开展探索性、引领性、创新性实践,有力促进无锡加快推进新时代高质量发展,统筹推进"六个现代化",率先开启新征程。

"中国式现代化江苏新实践市域样本研究·无锡篇"紧紧围绕中国式现代化无锡实践这一示范性样本,系统分析无锡现代化建设的发展基础、鲜明特色和中国式现代化无锡实践的探索进程,概括判断中国式现代化无锡样本的"6+1"经验体系,按照"定3年、谋8年、展望13年"的思路为无锡进入更高层次的现代化阶段谋篇布局,提出以高密度创新强化现代化建设的战略支撑、以高质型产业夯实现代化建设的物质基础、以高品质生活实现现代化建设的成果普惠、以高颜值生态绘就现代化建设的绿色图景、以高融合区域拓展现代化建设的空间载体、以高效能治理筑牢现代化建设的安全底座,为推进中国式现代化建设提供更多的无锡探索和无锡经验。

党的二十大报告提出,从现在起,中国共产党的中心任务就是团结带领全国各族人民全面建成社会主义现代化强国、实现第二个百年奋斗目标,以中国式现代化全面推进中华民族伟大复兴。习近平总书记强调,江苏有能力也有责任在推进中国式现代化中走在前、做示范。作为苏南核心城市,无锡是全国最有条件率先实现中国式现代化的城市之一,理应走在现代化建设最前列。2022年12月10日,无锡召开市委十四届四次全会,制定出台了《中共无锡市委关于深入学习贯彻党的二十大精神在新征程上全面推进中国式现代化无锡新实践的决定》,对全面推进中国式现代化无锡新实践作出部署,提出争当中国式现代化建设的城市范例的奋斗目标,按照"定3年、谋8年、展望13年"的思路,一笔一画、工工整整地把习近平总书记描绘的美好蓝图、省委明确的施工图变成无锡大地上的生动实景。

一、 无锡现代化实践的样本价值

党的十八大报告明确提出,"鼓励有条件的地方在现代化建设中继续走在前列,为全国改革发展作出更大贡献"。2023年2月,省委书记信长星在无锡调研时强调,要深入贯彻党的二十大和习近平总书记重要指示精神,树立更高标杆、展现更强担当,以"干部敢为、地方敢闯、企业敢干、群众敢首创"的实际行动,在现代化建设新征程上交出让党和人民满意的新答卷。以无锡为代表的苏南地区率先开展现代化实践,对其他地区具有极强的典型意义和示范作用,可以为全国其他地区的现代化探索路径、积累经验、作出示范。

(一) 无锡样本的代表性

一是城市的代表性。城市是中国式现代化的主要空间载体。就城市级别来看,无锡只是中国众多地级市的普通一员,在没有明显的政策优势背景下取得了举世瞩目的成绩,GDP、工业总产值等经济社会发展指标常年位居地级市前列,无锡的发展经验对广大普通地级市具有较强的示范性和引领性。二是载体的多样性。中国式现代化涉及不同尺度的空间实践单元,无锡样本覆盖城镇、乡村、开发区、社区等不同空间尺度的现代化载体,且不同空间载体均探索出典型的现代化建设经验,如江阴新桥镇的新型城镇化建设,宜兴白塔村、锡山山联村的乡村振兴探索以及无锡新加坡工业园的园区建设经验,均具有较强的示范引领价值。三是发展的典型性。中国式现代化追求发展的协调性、包容性和平衡性。其一,作为苏南模式的主要发祥地,无锡破解城乡二元结构的过程具有较为突出的协调性,主要体现在无锡改革开放40年来的现代化发展中,呈现出了工业化、城镇化、信息化、农业现代化"四化"协同的复合式现代化典型特征,尤其是在统筹实体经济、城乡融合、共同富裕等方面探索出了自己的发展特色,积累了宝贵的发展经验,亦体现了发展的包容性。其二,从所有制经济结构来看,不同于沿海城市的外资主导发展导向和内陆城市的国有经济主导发展导向,无锡经过乡镇企业产权结构调整以及大力引进外资,推动多种所有制经济协同发展,逐步形成了外资企业、国有企业、民营企业均衡融合发展格局,体现了经济发展的均衡性。

(二) 无锡样本的示范性

一是创新发展的示范性。创新是建设中国式现代化的第一动力。作为中国式现代化的先行城市,无锡早于其他城市遇到发展中的烦恼和问题,率先走上经济转型、创新发展之路。近年来,无锡坚定不移实施创新驱动发展战略,强化企业科技创新主体地位,加快推进科技自立自强,为全市经济社会高质量发展提供强劲科技支撑。尤其在破解科创资源制约、激发创新活力等方面,无锡通过域内招引科创载体(如共建华中科技大学无锡研究院)、域外共建科创飞地(如成立无锡深港协同创新中心)、加强战略科技力量布局(如成立无锡先进技术研究院)、推动科技体制改革(如成立无锡市产业创新研究院)等举措,科技实力持续增强,创新能力大幅提升。2023年,无锡全社会研发投入占GDP比重达3.38%,科技进步贡献率超69%,连续十一年位居全省第一。二是实体经济的示范性。实体经济是中国式现代化坚实的物质技术基础。纵观无锡百年的现代化发展历程,始终把实体经济作为自己的立身之本、核心根基。产业强市是全国众多城市的共同战略,无锡的特殊性在于,实体经济一直是无锡最厚的"家底子"。无锡实体发展起步早、基础优,也较早遇到转型挑战、较早开启转型探索。2015年提出坚定不移走产业强市发展道路,重振实体经济雄风以来,无锡在产业政策的迭代进化、系统集成,在地标产业打造、优势产业壮大、未来产业前瞻布局等现代产业集群的构建上,其率先、系统、持续、深入的探索,不仅影响到无锡自身发展,且在客观上对全国各地实施产业强市战略也产生了重要的示范价值。2023年,无锡规上工业总产值突破2.5万亿元,规上工业增加值6000亿,培育壮大6个营收超2000亿元产业集群,产业强市已然成为无锡经济的最大共识和无锡城市的最亮名片。三是共同富裕的示范性。共同富裕是中国式现代化的本质要求,也是中国式现代化无锡新实践的核心内涵和显著特点。无锡促进共同富裕具有从下到上的自发性与从上到下的自觉性相结合的特点,从下到上的自发性主要体现在居民的勤劳工作和乡镇企业、民营企业的共同富裕基因,从上到下的自觉性主要体现在政府的公共服务高质均衡提供和企业家群体的主动回馈。2012年以来,无锡居民收入水平翻番,城乡收入差距苏南地区最小,获评全国健康城市建设样板市,荣膺平安中国建设示范市、蝉联"长安杯",交出成色十足、百姓认可的高水平全面小康优异答卷。四是绿色发展的示范性。人与自然和谐共生是中国式现代化的重要内容之一。太湖水危机是我国环境保护、绿色发展的标志性事件,使得无锡成为最早意识到生态环境重要性的城市之一,因此,无锡绿色低碳循环发展的成效就具有标志性的示范价值。近年来,无锡始终坚持以资源节约型、环境友好型"两型社会"建设为目标,在绿色低碳产业体系和能源体系构建、节能管理和循环经济发展、低碳发展试点示范、低碳社会建设等方面取得了较为显著的成效。2023年,无锡成为$PM_{2.5}$和优良天数比率全省唯一"双达标"城市,同时也是全省唯一监测到国省考断面Ⅰ类水质的城市;太湖治理实现了"三个首次",2007年以来,太湖首次被生态环境部评为"良好"湖泊、贡膺湾首次未出现蓝藻水华、湖心区水质首次达到全年Ⅲ类,在生态保护和经济发展间走出了一条平衡互补、良性互动的道路,形成了具有无锡特色的先行探索和生动实践。

(三) 无锡样本的引领性

一是模式引领。作为民族工商业的发祥地,苏南模式的主要发源地,无锡始终以率先发展造就区域竞争优势,先后通过率先发展工业经济、市场经济、开放型经济、创新型经济,不断迭代升级发展势能,形成区域竞争优势,在"一包三改"为主要代表的乡镇企业改革、"三集中"为主要特点的城乡融合发展、"河长制"为创新举措的生态文明建设等方面,探索出具有示范效应和推广价值的模式体系。二是水平引领。一直以来,无锡都是把标杆与样板作为自身发展的目标和要求,提出中国式现代化城市范例的建设目标,通过高质量发展,展现更高水平的绩效,尤其是在经济社会发展的关键指标(如 2023 年无锡 GDP 位居全国前 15 名,规模以上工业总产值迈上两万亿新台阶,达到 2.5 万亿元,位居全国城市前列)、占比指标(如 2023 年无锡高新技术产业产值占规模以上工业总产值比重达 52.3%,均位居全国同类城市前列)和人均指标(2023 年无锡人均 GDP 达到 20.63 万元,连续四年荣登全国大中城市第一)上体现领先,以高水平的发展质量展现中国式现代化道路的优越性。三是价值引领。坚持以人民为中心的发展思想是推进中国式现代化的重大原则。无锡争当中国式现代化建设的城市范例,始终坚持人民至上的价值论,践行"人民城市人民建、人民城市为人民"理念,把"让群众生活得更舒适"的价值取向融入城市发展各环节,促进全体人民全面发展。党的十八大以来,无锡持续实施城乡发展一体化战略和民生共建共享战略,成为首个国家健康城市建设示范市全覆盖的地级市,城乡居民收入比在苏南 5 市最优,义务教育优质均衡监测全省第一,公共服务质量满意度、消费者满意度监测全国第一;全市各级财政用于基本民生领域支出占比连续多年保持在近 80%,走出一条经济现代化、社会现代化和人的现代化融合推进之路。

二、 中国式现代化无锡实践的发展基础

(一) 先行探索是无锡一以贯之的行动定位

2014 年,习近平总书记在视察江苏重要讲话中明确提出,"为全国发展探路是中央对江苏的一贯要求"。2023 年 7 月,习近平总书记在江苏考察时强调,江苏要在"推进中国式现代化中走在前做示范","谱写'强富美高'新江苏

现代化建设新篇章"①。作为苏南核心城市,改革开放以来,无锡先后在乡镇企业、开放型经济、生态文明、城乡一体化等重大领域开展探索,不仅锻造了支撑推动自身发展的强大引擎,也为全国发展贡献了无锡经验和无锡智慧。例如,无锡在改革开放初期从传统的社队工业起步,通过一包三改等创新改革举措,实现了乡镇企业的异军突起,并带动了苏南等地的全面发展,为我国形成小康社会构想提供了宝贵的实践素材。这些富有前瞻性的改革实践成就了无锡发达的乡镇经济,成为无锡现代化建设的鲜明标志。

(二)无锡在全国现代化大局中具有鲜明特色优势

无锡现代化在全国现代化中具有鲜明特色优势,为全国开展基本现代化先行探索创造了条件。一是具备多重国家战略叠加优势,"一带一路"、长江经济带建设、长三角一体化等国家战略在无锡密集叠加,有利于在国家平台上集聚更多资源,不断增强无锡发展的高度、厚度与韧性,在为国家战略做出无锡贡献的同时也大大拓展了无锡的发展空间;二是具备创新能力全国领先、实体经济发达、现代产业体系健全、工匠精神深厚等综合优势,有条件培育一批世界级、现代化的创新集群、产业集群、企业集群,厚植现代化建设的经济基础;三是具备突出的开放优势,开发区实力雄厚,开放型经济全国领先,拥有一批战略性开放平台,已形成更好赋能现代化建设的先发态势;四是具备突出的区位优势,通江达海,枢纽发达,处在以上海为核心的长三角核心区,在长三角共建世界级城市群中占据重要地位,是综合发展水平与现代化标准最为接近、最有条件率先实现现代化的地区之一;五是具备包孕吴越,崇文尊教的深厚人文底蕴,有条件在改革开放上继续引领时代风气之先,为中国式现代化探索提供富有魅力的软实力支撑。

(三)无锡现代化进程阶段处于全国前列

人均GDP是分析一个地区宏观经济发展状况的常用和重要工具,是经济

---

① 《习近平在江苏考察时强调 在推进中国式现代化中走在前做示范 谱写"强富美高"新江苏现代化建设新篇章》,《人民日报》2023年7月8日。

学中衡量经济发展状况的最重要的宏观经济指标之一。按照国际标准来说，如果一个城市或者一个国家的人均GDP在2万美元以上，就具备初等发达国家水平；人均GDP在3万美元以上的，就达到了中等发达国家水平。2023年无锡人均GDP突破20万元大关，达到20.63万元，远高于全省、全国平均水平，位居全省第一、全国大中城市首位。2023年人民币平均汇率为1美元兑7.0467元人民币，按照平均汇率计算，2023年无锡人均GDP达到2.92万美元，已经初步达到中等发达国家标准。此外，三次产业结构显示无锡已处于工业化后期阶段，第二产业占GDP的比重自1991年达68.8%的最高峰值后，便整体进入下降通道，并在2014年后处于相对稳定状态。2016年无锡第三产业占比（51.0%）便超越第二产业占比（47.6%）；2023年，无锡第三产业占比稳定在51.4%，第二产业占比稳定在47.7%。2023年，无锡常住人口城镇化率已高达83.31%，户籍人口城镇化率为87.56%，城镇化水平在全国处于领先水平，正处于由注重增量到存量提质的关键转型节点。

（四）无锡的中国式现代化先行探索取得初步进展

现代化标准体现的国际领先性的高标准，需要集聚经济、社会、文化、制度等相关领域的高级要素特别是创新要素，形成具有高度竞争力的发达状态。以无锡为代表的苏南地区是我国唯一以现代化命名的国家级示范区，综合优势突出，肩负为全国实现基本现代化先行探索的光荣使命。自2013年经国务院同意、国家发展和改革委员会公布《苏南现代化建设示范区规划》以来，无锡积极推进苏南现代化先行探索，已取得阶段性成效。2020年，无锡江阴市被列入江苏省级现代化建设试点，在经济发展、民主法治、文化发展、社会发展、生态文明、人的现代化等六个方面积极开展探索性、引领性、创新性实践，着力在体制机制创新上下功夫，形成一批可复制可推广经验，有力促进无锡加快推进新时代高质量发展，统筹推进"六个现代化"，率先开启新征程。

三、中国式现代化无锡实践存在的问题和不足

2013年发布的《苏南现代化建设示范区规划》提出，努力把以无锡为代表

的苏南地区建成自主创新先导区、现代产业集聚区、城乡发展一体化先行区、开放合作引领区、富裕文明宜居区。截至2022年底,规划提出的"基本实现区域现代化"的41个三级指标中,无锡已有人均地区生产总值、科技进步贡献率、研发经费支出占地区生产总值比重、每万人发明专利拥有量、城镇化率等35个指标达到目标值,达标指标数量超过指标总数的85%。

无锡现代化建设存在的问题与不足主要表现在:

(一)产业结构优化亟待发力,科技创新有待突破

长期以来,无锡制造业大而不强,产业链两头在外现象突出,核心技术缺失,生产的多数是中间产品,高附加值的本土终端产品和高溢价的品牌比较少。纺织服装、石油化工、特色冶金、装备制造、电子信息等传统产业主导能力有待提升。新兴产业"有高原缺尖峰"(物联网、集成电路、软件)或"有高峰缺高原"(生物医药)。在科创创新方面,虽然无锡研发经费投入在规模、强度上都实现较快提升,但是仍然存在高端人才支撑不足、高端技术"卡脖子"等问题,核心技术、关键设备仍受制于人。

(二)人均收入仍为短板,居民财富积累需持续增进

无锡人均GDP在"万亿俱乐部"中排名第1位,但人均可支配收入排名仅为第9位,甚至在江苏省的排名中也仅为第3位。从人均可支配收入占人均GDP的比重来看,无锡在全国"万亿俱乐部"城市中排在靠后的位置,说明虽然无锡人均生产效率较高,但人民群众从中分享的经济发展成果相对较少。因此,加快推进共同富裕,持续提高居民收入将是无锡现代化进程中最为紧迫的任务之一。

(三)人口老龄化形势严峻,人口发展问题需要破解

数据显示,无锡近年来人口年龄结构上主要呈现以下两点。一是低年龄段人口占比增加,但仍处于"超少子化"状态。受"二孩"政策效应的影响,无锡常住人口中0—14岁儿童数量和占比从2010年的65.64万人(占10.3%)增长至2020年的96.71万人(占12.96%),虽然十年内增长了31.07万人,占比增长了2.66%,但仍处于人口比例标准中的"超少子化"状态(小于

15%)。二是劳动年龄人口占比持续下降。无锡15—64岁劳动年龄人口占比持续下降,从2010年的511.35万人(占比80.22%)下降到2020年的540.15万人(占比72.38%)。三是老龄人口占比不断提高,已达"深度老龄化"标准。无锡65岁以上老龄人口从60.45万人(占比9.48%)增长到109.36万人(占比14.66%),较高于全国13.5%的平均水平,已达到联合国划定的"深度老龄化"标准。从未来十年来看,无锡将迎来人口堆积效应消退、超少子状态持续和劳动年龄人口减少的三大问题。

(四)面临节能、降耗、减排和发展模式转换挑战

在全球气候变化形势日趋紧张和中国碳达峰、碳中和双承诺背景下,无锡面临节能、降耗、减排和发展模式转换压力,主要表现为无锡能源资源禀赋较差,非化石能源比重偏低,作为工业和用能大市,无锡化石能源消费比重相对较高,煤炭消费量占能源消费总量的47.6%,非化石能源消费占比仅约8.5%,低于全省11%的平均水平,而在美国、德国等发达国家的能耗使用结构中,可再生能源及清洁能源使用占比基本维持在45%—60%。[1] 由于无锡自身能源资源有限,水电、风电、核电等非化石能源发展条件不足,外调电力不断增加;加之全球能源市场不稳定因素较多,能源供应安全和保供稳价成为能源工作的首要任务,这些都制约着无锡能源消费结构的调整和转型。同时,随着无锡"产业强市"战略逐步深化以及能耗"双控"向碳排放"双控"转变带来的新挑战,使得无锡在统筹推动经济发展和能源消耗、碳排放间面临更大的压力。

四、 中国式现代化无锡样本的主要特征和基本经验

(一)无锡样本的主要特征

我国现代化同西方发达国家有很大不同。西方发达国家是一个"串联式"的发展过程,工业化、城镇化、农业现代化、信息化顺序发展,发展到目前

---

[1] 付朋霞:《我国实现"双碳"目标面临的机遇与挑战》,《通信世界》2021年第8期。

水平用了二百多年时间。[①] 对比来看,中国式现代化无锡新实践则是一个典型的"复合式"过程,即工业化、信息化、城镇化、农业现代化是复合叠加发展的,这是中国式现代化无锡实践最为明显的特征。

1. 无锡"四化"协调发展水平评价

工业化、信息化、城镇化、农业现代化的协调发展是一个相互统筹的过程。基于科学性、可比性及数据准确性完整性等原则,本报告构建了两层级、四个子系统,共 20 项指标的"四化"协调发展评价指标体系。基于此,报告整理了 2005 年、2010 年、2015 年、2020 年以及 2021 年无锡市"四化"协调发展水平指标体系中各项指标数据并进行测算,得到的"四化"子系统发展水平和综合发展水平如表 2 - 1 所示。

表 2 - 1　无锡"四化"子系统发展水平及综合发展水平

年份	2005	2010	2015	2020	2021
工业化	0.434	0.635	0.729	0.843	0.959
信息化	0.235	0.444	0.612	0.835	0.999
城镇化	0.453	0.612	0.797	0.959	0.932
农业现代化	0.450	0.584	0.756	0.921	0.998
综合发展水平	0.365	0.545	0.703	0.881	0.979

结合表 2 - 1 可知,十多年来,无锡"四化"综合发展度呈不断上升态势,2021 年,综合发展度已超过 0.9。细分来看,各子系统发展水平也不断提升,发展趋势呈同向变动。

表 2 - 2　无锡"四化"协调发展度及协调级别

年份	2005	2010	2015	2020	2021
协调发展度	0.546	0.726	0.834	0.937	0.984
协调级别	勉强协调	中级协调	良好协调	优质协调	优质协调

---

①《习近平关于城市工作论述摘编》,中央文献出版社 2023 年版,第 19 页。

从表2-2可以看出,2005年以来,无锡"四化"协调发展度稳步提升,"四化"融合发展程度不断加深,协调度实现了质的突破,至2020年已达到优质协调级别。

2. 无锡"四化"协调发展主要特征

(1)推进工业化与信息化融合发展,走新型工业化道路

数字经济是反映信息化的现代化,新时期推进工业化与信息化融合的主要抓手就是数字化转型,开辟高质量发展新赛道。近年来,无锡坚持把智能制造作为制造业转型升级的主攻方向,系统推进、协同发展,加快提升全市智能制造整体水平,全力打造"数实融合"体系。聚焦企业、项目、园区、平台、生态,坚持集群化链式发展、市场化主导方向、融合化创新驱动、精准化分类培育,高质量推进"3+5+X"数字产业体系。支持行业骨干企业基于技术和产业优势,发展专业化服务,提供行业数字化转型系统解决方案。加快建设综合型、行业型、企业型数字化转型促进中心,为企业数字化转型提供成熟可靠的解决方案和技术支持。

表2-3 无锡发展数字经济的重要政策(2015—2023)

年份	文件名称
2015	关于以智能化绿色化服务化高端化为引领,全力打造无锡现代产业发展新高地的意见
2017	无锡市智能制造三年(2017—2019年)行动计划
2017	无锡市加快发展以物联网为龙头的新一代信息技术产业三年(2017—2019年)行动计划
2018	关于进一步支持以物联网为龙头的新一代信息技术产业发展的政策意见
2018	无锡市推进新型智慧城市建设三年行动计划(2018—2020年)
2019	关于加快推进数字经济高质量发展的实施意见
2019	关于大力发展工业互联网深入推进智能制造的政策意见
2020	无锡市加快推进数字经济高质量发展三年行动计划(2020—2022年)
2020	无锡市加快发展以物联网为龙头的新一代信息技术产业打造世界级产业集群三年行动计划(2020—2022年)

年份	文件名称
2020	无锡市工业互联网和智能制造发展三年行动计划(2020—2022 年)
2020	无锡市促进软件产业高质量发展的若干政策
2021	实施"十百千万"工程推进企业智能化改造数字化转型三年行动计划(2021—2023 年)
2023	无锡市数字化转型促进条例

(2) 推进工业化与城镇化协调发展,走新型城镇化道路

工业化是现代化的根本动力,城市化是工业化的重要载体。无锡在土地、户籍等方面积极探索破解城镇进一步发展的制度瓶颈,推动制度创新,走以人为核心的新型城镇化道路。一是自下而上推动城镇化发展。改革开放以后,从中央到地方各级政府制定了扶持乡镇工业发展的贷款和税收优惠政策,为乡镇企业提供了宽松的发展环境,乡镇企业异军突起,并带动无锡小城镇的发展,从下而上推动形成了"离土不离乡、进厂不进城"的城镇化进程。二是内外资多元驱动城镇化发展。外资的大举进入和乡镇企业改制使苏南模式在变迁中发展,成为经济和城镇发展的新驱动力,形成了内外资多元驱动的城镇化格局。三是以人为本推动新型城镇化发展。党的十八大以来,无锡大力推进以人为核心、以提高质量为导向的新型城镇化战略,深化户籍制度改革,加快农业转移人口市民化;完善城市服务功能,提高城市建设与治理水平;缩小城乡发展差距,优化城乡融合发展格局。到 2023 年,无锡常住人口城镇化率、户籍人口城镇化率分别达到 83.31%、87.56%,达到经济合作与发展组织(OCED)国家平均水平。

(3) 推动城镇化与农业现代化融合发展,走城乡一体化道路

党的二十大报告指出:"全面建设社会主义现代化国家,最艰巨最繁重的任务仍然在农村。"乡村振兴是中国式现代化应有之义。无锡作为江苏省整体推进率先基本实现农业农村现代化试点的三个设区市之一,率先在全省开启农村现代化试点,扎实推进"三大合作""三个集中""两置换一转化""城乡

六个一体化"和"三园一区一居"等改革创新实践,努力在农业农村现代化征程中担起新使命、走在最前列、谱写新篇章,①农业现代化发展水平位居全省前列,城乡协调发展成为无锡一大特色优势。

(二) 无锡样本的判断概括和基本经验

中国式现代化无锡样本具有广泛的代表性、发展的典型性、经验的示范性和水平的引领性等特点,其现代化实践的主要经验可以概括为"6+1"经验体系。

1. 坚持把科技创新作为发展第一动力

创新是现代化的源泉和动力,也是中国式现代化的第一动力,无锡始终矢志不渝、坚定不移走科技创新发展道路。其一,加强战略科技力量布局,诞生品牌大国重器。无锡相继布局建设了国家超级计算无锡中心、深海技术科学太湖实验室、长三角太阳能光伏技术创新中心、无锡先进技术研究院等一大批战略科技力量,诞生了"神威·太湖之光"超级计算机、"奋斗者"号万米载人潜水器等大国重器。其二,构建梯度靶向培育机制,壮大创新型企业集群。紧扣企业从初创期、成长期到成熟期的成长规律及不同需求,无锡于2018年率先在国内构建分层、靶向、梯度的创新型企业培育机制,从雏鹰、瞪羚以及准独角兽企业三个层面进行精准扶持、靶向施策,推动全市创新型企业集群规模持续壮大。其三,深化产学研合作,推动创新成果落地转化。瞄准产业创新发展需求,无锡持续深化与北京大学、清华大学、中国科学院等高校院所的战略合作,特别是2021年抢抓国家设立高校未来技术学院的先机,率先与首批12家高校实现合作全覆盖。其四,引育创新人才队伍,助推产业创新发展。无锡持续升级"太湖人才计划",在省内设区市率先兑现1亿元顶格支持政策,累计认定创新创业人才(团队)项目近3000个,孕育产生了药明康德、远景能源、卓胜微、日联科技等创新型领军企业,为全市创新发展提供强劲支撑。其五,健全科技攻关体系,提升自主可控水平。围绕攻克"卡脖子"技术瓶颈等问题,无锡构建形成"一类科研资金、九大专项、十八个类别"

---

① 吴立刚:《加快探索农业农村现代化"无锡路径"》,《江苏农村经济》2022年第5期。

市级"太湖之光"科技攻关计划体系,不断深化"揭榜挂帅""赛马制"等项目组织形式,持续突破技术瓶颈。其六,强化科技金融支撑,破解科创企业发展难题。聚焦科技型企业融资难、融资贵问题,无锡于 2014 年在全国较早设立科技风险补偿贷款,于 2021 年设立了 15 亿元规模的天使投资引导基金,按照"子基金+直投"运作模式,持续为企业创新发展保驾护航。

2. 坚持把实体经济作为发展核心根基

实体经济是经济现代化的根基,也是满足人民对美好生活需要的主要依靠,"紧紧咬住实体经济发展不放松"也成了"无锡经验"最为鲜明的特色。改革开放以来,无锡将加快产业结构调整作为促进经济转型发展的方向,引领推动无锡工业经济向集约化、现代化、科学化、国际化发展方向,工业经济实力不断增强。无锡人多地少,土地后备资源匮乏,人地矛盾十分突出,针对原来乡镇工业"村村点火,处处冒烟"、土地利用结构不合理的状况,无锡在全国率先推行"三集中"战略,即工业向园区集中、农民向城镇集中、农地向规模集中,积极推进土地利用方式的转变,积极引导工业项目向园区集中。2021 年,无锡出台了《关于加快推动开发区高质量发展服务无锡打造新发展理念实践示范区的实施意见》,强化规划引领,探索建立开发区高质量发展"1+6+N"政策体系。此外,回顾无锡百年工商实业奋斗历程,民营经济始终是无锡经济发展的主体力量和优势所在。2022 年,无锡民营经济实现增加值 9831.24 亿元,占 GDP 的比重为 66.2%。无锡民营经济创造了全市 58.3% 的规上工业增加值、67.1% 的税收、66.2% 的地区生产总值、80% 左右的城镇就业。无锡拥有 A 股上市公司 120 家,其中民营上市公司 100 家,占比 83.3%。"2023 中国民营企业 500 强"榜单中,无锡有 26 家民营企业入围,入围数连续四年位列全省第一。民营经济已成为无锡经济发展的主力军、转型升级的主引擎、创新创业的主动力。

3. 坚持把共同富裕作为发展价值取向

实现全体人民共同富裕是中国式现代化的重要特征,也是中国式现代化的本质要求。作为苏南模式的主要发祥地,无锡始终以共同富裕为发展价值取向。一是发挥市场初次分配作用促进共同富裕。从历史发展的角度看,以无锡为代表的"苏南模式",其本质就是"以集体经济为主、以乡镇企业为主"的共同富裕模式,其以工业带动农业、城市带动农村的发展方式,率先打破城乡二元结构,从机制上就存在着推进共同富裕的先天优势。[①] 二是发挥政府引导调节作用促进共同富裕。促进共同富裕,二次分配的平衡作用十分关键,以无锡为代表的苏南模式较好地兼顾了"强市场"与"强政府"的协同作用,政府在提供公共服务方面主动作为,推动均衡发展,促进共同富裕。2023年,无锡农村居民人均可支配收入44617元,收入水平位居全省第二。城乡居民收入比进一步缩小为1.72∶1,低于江苏(2.07∶1)和浙江(1.86∶1)全省平均水平,且为苏南五市最低。三是发挥慈善事业第三次分配作用促进共同富裕。慈善事业是助力共同富裕、促进社会和谐的重要力量。早在民族工商业时期,无锡慈善就探索了义庄、族益会等标志性实践,由此催生的家族性慈善、企业式慈善成为无锡在中国慈善文化的历史谱系中的闪亮品牌,无锡也因而成为历史上全国慈善的"模范城"。近年来,无锡高度重视慈善事业,研究制定在第三次分配中发挥慈善力量积极作用的专项政策意见与行动方案,为慈善事业发展提供政策支持,打造内涵化、高质量的现代慈善文化。

4. 坚持把改革创新作为发展根本动力

改革创新是发展的根本动力,无锡始终以改革创新打破制度藩篱,不断释放发展活力、破解发展难题,依托改革夯实经济发展内生动力,为经济高质量发展提供坚实的体制机制保障。一是通过改革创新,夯实经济发展内生动力。改革开放后,无锡堰桥乡借鉴农业联产承包责任制,率先在所属企业中实行"一包三改"政策,极大激发了乡镇企业的内在动力和发展活力。1997年起,无锡通过股份化和民营化方式对乡镇企业进行大规模改制,通过建立现代企业制度,大力推进企业上市,无锡成为全国上市企业高地,夯实了经济发展内生动力。二是通过改革创新,有效破解资源环境制约。改革创新是无锡破解发展空间有限、资源环境制约等问题的有效手段。2018年,无锡全面开展工

---

① 范从来、巩师恩:《苏南共同富裕的示范及其推进策略》,《江海学刊》2014年第6期。

业企业资源利用绩效评价,建立以亩均税收、亩均销售、单位能耗税收为核心的"5＋1＋X"工业企业资源利用绩效综合评价体系,并进行综合评价赋分,进而把企业分为"4＋T"类,通过资源要素差别化配置,倒逼企业绿色转型。2021年,无锡在全省率先开展自然资源领域综合性改革,通过17项创新举措,如探索实施规划空间统一布局、规模"市控＋区配"的分级管控模式,以及建立产业项目"快、好、高"门槛、分地区分行业门槛、基础准入门槛三级评价体系等,用好增量、盘活存量,努力走出一条以资源高效利用保障经济高质量发展的新路。

5. 坚持以绿色生态作为发展蓝图底色

生态文明是新时代经济社会发展的新要求,是实现现代化的基本前提。无锡始终坚持以资源节约型、环境友好型"两型社会"建设为目标,大力推进经济社会的全面转型和高质量发展,形成了具有无锡特色的先行探索和生动实践。一是突出以生态文明统领经济社会绿色转型发展。太湖水危机给无锡连续多年的高速发展敲响了警钟,显示出无锡资源环境承载能力已达到或接近上限,传统生产方式难以为继,必须走出重经济发展、轻生态保护的路径依赖,探索建立起一整套用生态环保倒逼发展转型的责任机制,能源、产业结构和空间布局持续向绿。二是突出聚焦太湖治理,系统探索生态文明建设经验。太湖是其流域水资源调配中心、洪水集散地和区域水环境"晴雨表",对无锡水资源供应、水安全保障具有决定性影响。无锡坚守太湖治理主阵地,充分发挥太湖治理主力军作用,为太湖连续十五年实现安全度夏度汛和"两个确保"作出了积极贡献。蹚出蓝藻湖泛防控新路子,创造性建立了"科学化监测、专业化队伍、机械化打捞、管网化输送、工厂化处理、资源化利用、信息化管理"的蓝藻打捞处置利用"无锡模式"。开启太湖生态清淤新阶段,建立了阶段性大规模清淤和常态化应急清淤相结合的生态清淤体系,有效控制和减轻太湖内源污染,达到了改善水质、降低蓝藻湖泛隐患的效果。形成引江济太调水新常态,科学实施望虞河"引江济太",保持太湖合理生态水位,对控制蓝藻湖泛发生起到了关键作用。构建治太骨干水网新格局,构建了畅引畅排、调度精准的治太骨干水网格局。以河湖长制为统领,全面落实"一河一策""一断面一策""一水功能区一策",实现入湖河道水质新提升。

6. 坚持以人文精神凝聚发展内生动力

将人文要素转化为经济转型发展的推动力是新时代激发中国式现代化建设全新动能的关键之一。实践表明,时代精神和区域文化对经济社会发展有显著的推动作用,一个城市或者一个区域的发展要有所成就,有所突破,无一例外需要人文精神的支撑和推动。无锡现代化实践经验也揭示了无锡社会文化蕴含着丰富的现代化主体性,进而通过其蕴含的人文精神激发凝聚整个城市的内生发展动力。一是传统文化催生发展动能,敢为天下先的吴文化内核推动无锡的近代崛起。吴文化作为一种区域文化,蕴含着务实进取、开放兼容、开拓创新、崇文重教、尚德向善、精巧雅致等精神特质,是推动无锡近代以来率先崛起的强大动力。吴文化催生了近代民族工商业的发祥,推动无锡较早进入城市工业化、现代化进程,实现了一个小城向全国经济中心城市的惊人跃迁。吴文化为近现代无锡工商企业家的发展提供了精神支撑。吴文化及其在近现代的嬗变造就了将牟取利润、实现自我、造福家乡、实业救国等义利情理融为一体的工商理念,激励着无锡各阶层人士投身近现代工商业,投资设厂。① 二是精神力量驱动经济发展,"四千四万"精神为无锡经济社会发展提供强大动力。改革开放以来,无锡乡镇企业"异军突起",诞生了红豆集团、海澜集团等一大批优秀企业,并凭借着"四千四万"(即踏尽千山万水、吃尽千辛万苦、说尽千言万语、历经千难万险)精神创造了举世瞩目的"苏南模式"和锡商企业家群体。

7. 坚持以率先发展造就区域竞争优势

发展经验表明,当无锡在国内享有比较优势时,无锡的经济发展就走在了全国的前列。近现代以来,无锡就是通过率先发展不断塑造发展比较优势,通过构建升维发展模式不断形成发展"势差",进而造就对其他地区的降维竞争优势。一是民族工商业时期,无锡率先发展工业经济形成区域竞争优

---

① 许冠亭:《论吴文化与近现代苏南工商企业家的相互依存和双向开发》,《苏州大学学报》(哲学社会科学版)2010年第2期。

势。相较于国内大多数城市,无锡较早进入工业化进程,通过工业化的机器规模化生产这一升维模式对其他地区手工业小农经济模式产生了区域竞争优势。二是苏南模式时期,无锡率先发展市场经济形成区域竞争优势。以无锡为代表的苏南模式是在计划经济条件下形成的,改革开放初期,无锡牢牢把握发展机遇,在由计划经济体制向社会主义市场经济体制转变的过程中,实践一系列具有开创性意义的体制机制创新。相较于国内大多数城市,无锡较早进入市场化进程,率先发展市场经济进而形成区域竞争优势。三是全球化浪潮时期,无锡率先发展开放型经济形成区域竞争优势。20 世纪 80 年代中后期,我国实行了沿海开放战略,作为我国对外开放先行区之一,无锡主动作为,利用自身区位优势,通过招商引资大力发展开放型经济。相对于大多数内陆城市,无锡又一次率先形成开放型经济的区域竞争优势,引领了全国区域经济发展。四是新时代新时期,无锡率先发展创新型经济初步形成区域竞争优势。党的十八大以来,无锡坚持创新在现代化建设全局中的核心地位,其经济发展已率先进入了创新引领加速、质量全面提升的新阶段,初步形成创新型经济对传统要素经济的区域竞争优势。

五、 中国式现代化无锡新实践的未来战略目标和探索路径

(一) 基本原则

深入贯彻党的二十大和习近平总书记重要指示精神,树立更高标杆、展现更强担当,以"干部敢为、地方敢闯、企业敢干、群众敢首创"的实际行动,在现代化建设新征程上交出让党和人民满意的新答卷。

一是坚持创新引领。 坚持"一盘棋"和"先手棋"思维,把无锡现代化建设作为一个子系统放到全省、全国的大系统中谋划,先行探索现代化建设的现实路径。要把创新引领作为无锡在现代化建设中应有的职责担当,推动科技与产业、金融深度融合,加大力度打造区域创新策源地,坚定不移地走创新驱动、内生增长的发展道路。

二是坚持对标一流。 以对标找差为抓手,充分学习借鉴国内外现代化建设成果,以世界主要发达国家、国内一线城市为标杆,凝练现代化建设的共性特点和先进做法,结合自身实际,更加注重把握现代化建设的规律性,与时俱进对标参照系、找准突破口,高标准、高起点推进现代化建设,确保现代化建设水平达到国际标准。

三是坚持以人为本。 坚持以人民为中心发展理念,把推进人的现代化贯穿现代化建设全过程。以人民群众对美好生活的向往为根本目标,以人民群众的获得感和满意度来衡量现代化建设的实际成效,聚焦群众关心的教育、医疗、文化等公共服务领域用智用力,创造更多惠及于民的发展成果。

四是坚持无锡特色。 现代化建设要结合自身基础条件、历史文化和特色优势,逐渐形成具有无锡特色的发展道路,塑造无锡现代化建设的发展样板和特色品牌。同时,注重经验的总结和积累,及时提炼具有普适性的发展规律,并加强宣传和推广,让无锡现代化建设的探索实践成为可复制、可推广的发展经验。

(二) 中国式现代化无锡新实践的探索目标

1. 战略目标

从实际情况看,包括无锡在内的苏南地区已完成以工业化和城镇化为特征的经典(传统)现代化,即将进入以知识化、信息化、生态化为特征的更高层次的现代化阶段,应以 2020 年(高质量建成小康社会,全面开启现代化建设新征程)作为起点,高站位对标中等发达国家(世界现代化第 30 位左右水平)。具体分阶段目标如下:

第一个台阶是低目标,到 2025 年,基本达到世界中等发达国家水平,力争科创、经济等领域取得突破,完成第二次现代化起步期阶段,现代化水平对标世界现代化国家第 25 位左右水平,成为全国社会主义现代化建设先行市。

第二个台阶是中目标,到 2030 年,初步达到发达国家水平,完成第二次现代化发展阶段,现代化水平对标世界现代化国家第 20 位左右水平,成为全国社会主义现代化建设示范市。

第三个台阶是高目标,到 2035 年,全面达到发达国家水平,率先实现现代化,进入第二次现代化成熟期阶段,现代化水平对标世界现代化国家第 15 位左右水平,成为竞争力、创新力、影响力显著的社会主义现代化强市。

表 2-4   国家现代化水平的分类标准

水平分类	国家水平的分类标准	排名标准
发达水平 (发达国家)	国家现代化指数达到或超过高收入国家平均值的 80%;60%的现代化指标水平达到发达水平,关键现代化指标的平均水平达到发达水平	排名进入世界前 20 位
中等发达水平 (中等发达国家)	国家现代化指数达到或超过高收入国家平均值的 50%和世界平均值,但低于高收入国家平均值的 80%;60%的现代化指标水平达到中等发达水平,关键现代化指标的平均水平达到中等发达水平	排名进入世界第 21—40 位
初等发达水平 (初等发达国家)	国家现代化指数达到或超过高收入国家平均值的 30%和世界平均值的 60%,但低于高收入国家平均值的 50%和世界平均值;60%的现代化指标水平和关键现代化指标的平均水平达到初等发达水平	排名进入世界第 41—80 名
欠发达水平 (欠发达国家)	国家现代化指数低于高收入国家平均值的 30%和世界平均值的 60%;60%的现代化指标水平和关键现代化指标的平均水平低于初等发达水平	排名进入世界第 81—131 位

资料来源:何传启《中国现代化报告 2020:世界现代化的度量衡》,北京大学出版社 2020 年版。

2. 具体目标

要持续推动无锡高质量发展走在前列,争当中国式现代化建设的城市范例,必须促进现代化建设各方面相协调,确保经济发展、共同富裕、人与自然和谐共生、社会文明、社会治理体系和治理能力等方面实现全面发展,政治文明、物质文明、精神文明和生态文明协调发展,力争到 2035 年实现现代化建设目标。

一是经济发展水平显著提升。经济发展方式转变,现代化产业体系基本形成,科技创新动能明显增强,服务新发展格局能力明显提升,经济实现更高质量发展。到 2035 年,全市人均 GDP 达到 4.8 万美元,比"十三五"末翻一番,年均增速达到 3.3%。产业结构更趋优化,三次产业协同拉动,到 2035 年,第三产业增加值占 GDP 比重达 63%以上,现代服务业增加值占服务业增加值比重达 70%以上。科技创新能力显著提高,科技进步对经济增长贡献率明显增强,经济现代化水平进一步提高。到 2035 年,战略性新兴产业产值占规上工业总产值比重达 50%左右,研发投入占地区生产总值比重达 4%以上,科技进步率达 75%以上。

二是共同富裕稳步推进。社会就业更加充分,居民收入显著提高,城乡发展更为协调,中等收入人群明显扩大,社会保障水平明显提升,共同富裕进一步落到实处。到 2035 年,居民人均可支配收入达 115000 元以上,实现翻一番,城乡居民收入倍差小于 1.6,常住人口城镇化率达 85%以上,居民平均预期寿命达 83.5 岁以上,护理型床位数占养老机构床位数比重达 85%以上。

三是人与自然实现和谐共生。碳达峰、碳中和工作获得实质性进展,能源结构优化调整,能源利用效率明显提升,生态环境明显改善,人与自然实现和谐相处。到 2035 年,实现碳达峰、碳中和阶段目标,空气质量优良天数比率达 90%以上,地表水达到或好于Ⅲ类水体比例达 96%以上,蓝绿空间占比达 50%以上。

四是社会文明水平大幅提升。社会文明程度明显提高,全民文化素质显著增强,文化产业蓬勃发展,精神文明与物质文明协同发展。到 2035 年,社会文明测评指数达 95%以上,居民综合阅读率高于 98%,劳动年龄人口平均受教育年限达 13 年以上,文化产业增加值占 GDP 比重达 8%以上。

五是社会治理体系不断完善。民主法治进程深入推进,法治政府建设水平明显提高,基层治理水平显著提升,安全生产能力进一步增强,群众安全感进一步提高。到 2035 年,法治建设满意度达 95%以上,规范化网格覆盖率达 95%以上,单位地区生产总值生产安全事故死亡率小于 0.002,食品安全水平达 99%以上,群众安全感达 99%以上。

表 2-5 无锡中国式现代化指标评价体系及目标参考值

序号	类别	指标名称	单位	2022年实际值	2035目标值	目标值参考依据
1	经济发展现代化	人均地区生产总值★	万元	2.95	4.8	无锡市"十四五"规划纲要:2035年实现人均GDP比"十三五"末翻一番,约为4.8万美元
2		数字经济增加值占地区生产总值比重	%	11.5	20	《江苏率先实现现代化监测评价体系》苏南目标值
3		高新技术产品出口额占外贸出口比重	%	37.6	50	高新技术产品出口额占货物出口比重:昆山2020年目标值50%,2035年目标值60%
4		第三产业增加值占GDP比重★	%	50.8	63	国际上用"两个70%"来衡量经济发达水平:生产性服务业占比重达到70%,考虑无锡市是制造业强市,需保持至少35%的工业红线比重,故设为63%
5		现代服务业增加值占服务业增加值比重	%	54.5	70	国际上用"两个70%"来衡量经济发达水平:生产性服务业占服务业增加值比重达到70%
6		战略性新兴产业产值占规模以上工业总产值比重	%	41.5	50左右	昆山2035目标55%,2022年昆山占比为55.5%;无锡制造业现代化2025年目标为42%
7		研发投入占地区生产总值比重★	%	3.3	4	《江苏率先实现现代化监测评价体系》苏南目标值
8		科技进步贡献率	%	68	75	2022—2025年增长2%,参考3年增长2%,考虑到后期存在瓶颈效应,故制定在75%左右,无锡科技创新规划2025年目标值为70%

续表

序号	类别	指标名称	单位	2022年实际值	2035目标值	目标值参考依据
9		居民人均可支配收入★	元	65823	>115000	无锡市"十四五"规划纲要实现翻一番以上
10		基尼系数	/	——	<0.45	《江苏率先实现现代化监测评价体系》苏南目标值
11		中等收入群体占比★	%	——	70	《江苏率先实现现代化监测评价体系》苏南目标值
12		调查失业率	%	<5	<4.5	《江苏率先实现现代化监测评价体系》苏南目标值
13	共同富裕	城乡居民收入倍差	倍	1.75	<1.6	《江苏率先实现现代化监测评价体系》苏南目标值为1.8。考虑无锡目前已小于1.8，而长沙2022年在万亿城市中的城乡居民收入倍差最低为1.6，故设为<1.6
14		常住人口城镇化率★	%	83.09	85	《江苏率先实现现代化监测评价体系》苏南目标值
15		农业农村现代化水平	/	——	95	《江苏率先实现现代化监测评价体系》苏南目标值
16		平均预期寿命★	岁	80.68	83.5	《江苏率先实现现代化监测评价体系》苏南目标值为80，无锡"十四五"规划2025年为83.5
17		每千人口拥有执业（助理）医师数	人	3.45	5	昆山2035目标；无锡人口规划2025年为3.87
18		护理型床位数占养老机构床位数比重	%	65（2020）	85	昆山2035目标；无锡养老规划2025年为70

序号	类别	指标名称	单位	2022年实际值	2035目标值	目标值参考依据
19		碳达峰水平	—	完成目标	完成目标	《江苏率先实现现代化监测评价体系》苏南目标值
20		非化石能源占一次能源消费占比★	%	完成目标	完成目标	无锡市"十四五"规划纲要
21		单位地区生产总值能源消耗下降率	%	完成目标	完成目标	无锡市"十四五"规划纲要
22	人与自然和谐共生	空气质量优良天数比率★	%	78.9	85	《江苏率先实现现代化监测评价体系》苏南目标值
23		地表水达到或好于Ⅲ类水体比例	%	94.4	96	《江苏率先实现现代化监测评价体系》苏南目标值为90，考虑无锡目前目标已达94.4，故设为96
24		蓝绿空间占比	%	46.1	50	《江苏率先实现现代化监测评价体系》苏南目标值
25		社会文明测评指数★	—	91.8	95	《江苏率先实现现代化监测评价体系》苏南目标值为90，考虑无锡目前目标超过90，故设为95
26	社会文明现代化	居民综合阅读率	%	96.34	>98	《江苏率先实现现代化监测评价体系》苏南目标值为90%，考虑无锡2022年已达到96.43%，故设为98%
27		劳动年龄人口人均受教育年限	年	11.66	13	《江苏教育现代化2035》目标值为12.9年
28		文化产业增加值占地区生产总值比重★	%	4.4	8	《江苏率先实现现代化监测评价体系》苏南目标值
29		人均接受公共文化场馆服务次数	次	4.95	15	无锡市"十四五"规划2025目标为8.5、苏州市"十四五"规划2025目标为15

续表

序号	类别	指标名称	单位	2022年实际值	2035目标值	目标值参考依据
30		法治建设满意度★	%	92.22	>95	徐州市鼓楼区"十四五"规划纲要 2025目标值大于95%
31		规范化网格覆盖率	%	—	95	《江苏率先实现现代化监测评价体系》苏南目标值
32	社会治理体系和治理能力现代化	单位地区生产总值生产安全事故死亡率★	人/亿元	0.003	<0.002	无锡市"十四五"安全生产规划
33		群众安全感	%	99.29	≥95	无锡市"十四五"规划纲要
34		食品安全水平	%	98.62(2020)	99	《江苏率先实现现代化监测评价体系》苏南目标值为95%,考虑无锡目前已达98%以上,故设为99%

注:带★为核心指标,缺少部分数据。

（三）中国式现代化无锡新实践的探索路径

1. 推动高密度创新，强化现代化建设的战略支撑

习近平总书记指出，中国式现代化关键在科技现代化。无锡要坚定实施创新驱动核心战略，加快构建以市场效益为导向，集融合创新、源头创新、开放创新、体制创新为一体的产业科技创新体系，全力打造国内一流、具有国际影响力的产业科技创新高地。

一是建立企业主导、产学研融合的产业创新体系。瞄准物联网、集成电路、人工智能等重点领域，引进一批行业领军企业，挖掘培育一批具有"独角兽"潜质的本土企业，大幅增加高新技术企业数量。按照自主可控的总体目标，鼓励和引导企业开展技术创新，支持企业建立技术创新中心和研发中心，主动承担国家"卡脖子"技术攻关任务。建设开放的工业实验室体系和开放的企业制度，完善科技金融生态链，增强科技中介服务，持续推动应用技术转移转化。

二是集聚高校、科研院所和顶尖人才等源头创新主体。大力引进与无锡产业发展方向相契合的高校和科研院所，支持新型研发机构发展，吸引国际国内顶尖人才汇聚无锡，引进一批诺奖级、院士级科学家和行业领军人才，引进若干所国内外顶尖的技术型人才院校，培养适应新时代需求的高端科研技术人才，提升无锡的源头创新能力。

三是融入以区域创新共同体为核心的开放创新体系。充分发挥制造资源优势，全面融入长三角、粤港澳大湾区协同创新网络，主动对接上海、南京、深圳等科学策源能力强的城市，建立创新资源共享机制、重大科研专项合作机制、人才交流合作机制和科创成果转移转化机制，举办重点企业与高校、科研院所产学研合作对接会，引进品牌科创载体资源，建立科技中介跨区域服务机制，推动实现资源共享和科技成果在无锡落地转化。

2. 发展高质型产业，夯实现代化建设的物质基础

习近平总书记要求，江苏要把坚守实体经济、构建现代化产业体系作为

强省之要。无锡要坚持产业强市主导战略,按照建设自主可控的现代产业体系要求,坚持新兴产业培育和传统优势产业升级"双轮驱动"、先进制造业和现代服务业"并驾齐驱",打造形成以物联和人工智能为双内核、战略性新兴产业为主驱动、先进制造和现代服务相协同的现代产业体系。

一是聚焦特色领域做大做强若干新兴产业集群。瞄准国内外新兴产业发展趋势和应用市场,培育引进一批独角兽企业、隐形冠军,重点打造物联网、集成电路、生物医药、软件与信息技术服务等一批千亿级产业集群;聚焦人工智能和元宇宙、量子科技、第三代半导体、氢能和储能、深海装备等新兴产业,加快引进领军企业和技术团队,打造未来新动能。

二是以智能制造带动传统产业升级。推动电子信息、纺织服装、机械制造等传统优势产业转型升级,在中间品和零部件等产业链优势环节,培育一批隐形冠军和专精特新企业。引进培育一批工业互联网平台、智能制造整体解决方案服务商,形成一批智能制造龙头骨干企业,率先打造一批在全省处于领先地位的示范性智能工厂、智能车间。

三是以需求为导向推动服务业高质量发展。加快发展创业孵化、检验检测认证、工业设计、知识产权、技术转移等科技服务业,吸引高水平的咨询公司、会计师事务所、律师事务所,更好地服务制造业转型升级需求。探索发展夜间经济、网红经济、首店经济等商贸新业态,提升文旅服务业品质,做大健康管理、康养医疗产业,将生态绿色优势进一步转化为产业优势,带动消费增长。

3. 创造高品质生活,实现现代化建设的成果普惠

习近平总书记要求,江苏必须在保障和改善民生上走在前列。结合无锡的发展基础,无锡要不断完善公共服务体系、提升公共服务能力,提升城市文化软实力,创造高品质生活,建设人民满意的共同富裕幸福美好城市,实现现代化建设的成果普惠。

一是建设共同富裕幸福美好城市。以建设人民满意的共同富裕幸福美好城市为目标,统筹做好"大、小、多、少"四篇文章。推动高质量发展,做"大"

共富"蛋糕"。巩固壮大实体经济根基,夯实共同富裕的产业基础。推动有效市场和有为政府更好结合,培育更加活跃更有创造力的市场主体,壮大共同富裕根基。坚持以人为本,缩"小"分配差距。以收入分配体制和要素市场化改革为突破口,构建有利于不断扩大中等收入群体的分配制度,不断缩小"三大差距"。聚焦改革引领,增"多"创富渠道。加大税收、社保、转移支付等调节力度并提高精准性,扩大中等收入群体比重,增加低收入群体收入,合理调节高收入,取缔非法收入,形成中间大、两头小的橄榄型分配结构,促进社会公平正义,促进人的发展机会增多、收入渠道增多。兜牢民生保障,减"少"脱富概率。探索形成一套分层分类的健全的社会救助和帮扶体系,各类弱势群体均能过上既体面又有尊严的生活。织密扎牢社会保障网,城乡社会养老保险、医疗保障、失业保险制度性全覆盖,城乡低保标准稳步提高。

二是增强多层次、高品质公共服务供给。加强基础教育水平,持续推进集团化办学,创建一批高水平的幼儿园、中小学校;统筹考虑城乡,努力实现城乡教育一体化和均衡化。加大资源供给,进一步完善高等教育结构。加强职业教育建设,围绕重点产业优化职业教育资源布局。加强基本医疗建设,继续深化实施名院、名科、名医"三名"战略,完善基层医疗卫生服务体系。加强基本养老建设,科学合理布局区县(市)、街道、社区三级养老服务设施,增加护理型床位数。做好医养服务衔接,在医疗机构与养老机构之间形成合作共同体。强化人才市场建设,进一步加强对重点群体的就业帮扶,强化分类施策,实现高质量就业。

三是提升城市公共文化水平和文化软实力。推动更高层次、更宽领域的文化建设,着力提升城市公共文化水平和文化软实力,努力满足人民群众日益增长的精神文化需求。建设一批标志性文化旅游项目,举办一批具有国际影响力的文化活动,激活无锡的历史文化品牌,提高公共文化的品质和吸引力,推进城乡公共文化服务均衡化发展,推动公共文化服务社会化、专业化发展,多渠道宣传无锡的城市品牌。

4. 厚植高颜值生态，绘就现代化建设的绿色图景

中国式现代化是人与自然和谐共生的现代化，以美丽无锡建设为引领，无锡要打造独特的生态环境品牌，着力减少源头排放，强化生态空间保护与修复，促进生态产品价值实现，积极稳妥推进碳达峰、碳中和，绘就现代化建设的绿色图景。

一是强化生态空间保护与修复。发挥国土空间规划的约束管制作用，深化推进国土空间全域综合整治，开展山体生态修复，加强湿地保护工作，拓展自然保护地范围，提高蓝绿空间生态功能，构筑绿色生态屏障，统筹推进太湖生态保护圈、江阴长江生态安全示范区和宜兴生态保护引领区"一圈两区"建设，构建"北滨长江、南抱太湖、河荡纵横、城绿相融"的生态格局。

二是促进生态产品价值实现。建立生态产品价值核算闭环体系，开展生态产品信息普查，建立开放共享的无锡生态产品信息云平台，建立生态产品价值评价体系，搭建生态产品价值核算结果应用场景。

健全生态产品保护补偿机制，完善重点生态功能区转移支付资金分配机制。大力发展生态产业化经营，推进生态产品供需精准对接，拓展生态产品价值实现模式，促进生态产品价值增值。推动生态资源权益交易，构建无锡生态券生态资源权益交易机制；发展绿色金融产品，创新绿色金融工具，加大绿色信贷业务、绿色金融债券和绿色保险业务对生态产业项目的支持力度。

三是积极稳妥推进碳达峰、碳中和。以创建国家碳达峰试点城市为引领，紧紧抓住严格控制化石能源消费、强化非化石能源供给根本要点，加快推动能源结构转型，提高清洁低碳的能源生产消费占比。以能源消费的重点领域为关键，倒排深挖重点行业节能降碳潜力。实施传统产业节能降碳改造升级，加强低碳工艺革新，大力开展清洁生产。加快发展战略性新兴产业，建设绿色制造体系，推动互联网等新兴技术与各行业的深度融合，发展壮大绿色低碳产业。

5. 构建高融合区域，拓展现代化建设的空间载体

围绕"一体两翼"的城市总体空间布局，协同推进新型城镇化和农业现代

化建设,在更高水平统筹协调各区(市、开发区)发展,进一步形成发展合力,积极融入长三角一体化发展国家战略,提升无锡在长三角的城市功能站位和核心竞争力。

一是协同推进新型城镇化和农业现代化建设。深入践行以人为核心的新型城镇化,积极创建国家新型城镇化高质量发展示范区,以城乡产业融合发展为核心,以深化农村人居环境整治为基础,以宜兴国家试验区建设为突破,推动土地、资本、技术、人才等城乡要素双向自由流动的制度性通道取得重要突破,城乡统一的基础设施规划建设管护体系、统一制度标准的基本公共服务体系加快形成,引领带动无锡城乡融合高质量发展。

二是优化各区(市)功能布局。打造现代化国际化区域中心城市,构建"一城两核、四片六组团"市区空间格局。加快梁溪区、经开区等核心城区发展,提升文化、金融、创新等城市核心功能,促进城市形态建设、城市更新与功能开发相协调。加快推进锡山、惠山、滨湖、新吴四区发展,推动城区产城融合和综合服务功能。加强江阴、宜兴均衡发展,充分发挥江阴临江优势,积极融入长江经济带发展,加快打造现代化滨江城市;充分发挥宜兴京杭高铁节点优势,打造成为苏浙皖交界地区的区域性中心城市。

三是深入推进锡澄锡宜一体化。强化市域一体化,构建"一轴一环三带、一体两翼两区"的国土空间开发格局。聚焦集成电路、物联网、生命健康等重点产业,加强中心城区与江阴、宜兴的产业链分工协作,打造具有全球竞争力的先进制造产业集群。沿锡澄宜发展轴打造产业创新走廊,引导企业研发中心、科技孵化器、共性技术研发平台等布局。加强教育和医疗一体化,支持名校名院在江阴、宜兴开展合作办学办医、联建共建。

四是全面融入长三角一体化。全面融入长三角"一极三区一高地"建设和江苏省"1+3"功能区建设,持续推动东向接轨融入上海大都市圈、北向引领辐射锡常泰跨江发展、南向协同联动宁杭生态经济带建设、西向推动湖湾一体化系统性发展格局,加快推动综合交通、科技、产业、信息、生态、信用、社会事业、能源等领域的互联互通,承担起长三角区域高质量一体化发展的战略使命。

五是实施全面开放战略，提升开放广度。高质量推进"一带一路"交汇点建设。以开发开放为主线，以产业科技合作、贸易创新发展、基础设施互通、人文领域交流为重点，加快建设国际产能合作示范城市，延伸对外产能合作链条，加大产能合作金融和财税支持，推动优势产能"走出去"；打造更高水平的开放平台，深度推进西港特区建设，打造"一带一路"共赢样本间，主动对接中欧班列，争取尽早开设始发班列，确保无锡参与"一带一路"建设走在全省前列，不断提高无锡发展的全球竞争力和世界影响力。

6. 推进高效能治理，筑牢现代化建设的安全底座

习近平总书记要求，江苏必须在推进社会治理现代化上走在前列。无锡是全国首批市域社会治理现代化试点城市，要在治理理念、模式和手段上全面创新，积极探索具有中国特色、时代特征、无锡特点的社会治理新模式，推进高效能治理，筑牢现代化建设的安全底座。

一是在治理理念上，重点在"统"，核心在于打破部门分割、领域划分，打通经济治理、社会治理、城市治理、生态治理和政府治理，形成统筹推进和有机衔接的治理格局，形成基于真实社会场景的一体治理和智慧治理。进一步推动管理和服务力量下沉，引导基层把工作重心转移到社会治理、公共服务、发展保障等职能方面。着力推进"家门口"服务体系建设，打造资源整合、功能集成、机制有效、群众参与的"家门口"服务站，提供政务服务、生活服务、社区管理服务等基本服务。

二是在治理方式上，重点在"智"，深化和优化"一网通办""一网统管""一网协同"建设，持续推动智慧赋能，以技术倒逼和牵引体制机制改进。实施"互联网＋社区"行动计划。着力打造"社区＋"平台，加强资源整合，改进服务方式，不断健全社区服务体系。加快互联网与社区治理和服务体系的深度融合，引导社区居民密切日常交往、参与公共事务、开展协商活动、组织邻里互助，探索网络化社区治理和服务新模式。

三是在治理主体上，重点在"民"，把群众作为城市软实力的根基，引导群

众参与治理、激发群众责任智慧,实现人民城市共建共治共享。加大专业化
社会组织培育力度,壮大社会组织发展规模,逐步扩大向社会组织购买服务
的规模和范围。提升社会服务专业化供给能力,完善以政府为主、多渠道经
费保障、分部门购买社会工作服务的机制。大力培育社工、养老、康复等领域
专业化志愿者团队,加快培育一支参与广、功能多、作用强的志愿者队伍。

课题负责人:曹建标　无锡市发展改革研究中心副主任

承担单位:无锡市发展改革研究中心

课题组成员:李明新、陆敏敏、孟菲、周天捷、晏清、杨丽玲、朱屹林、唐峰、浦徐
进、程进、陈清泉、刘勇、刘新宇、陈浦秋杭

苏 州

人文经济绣出现代化『姑苏繁华图』

　　苏州既有自然之美、人文之美，也是经济重镇、产业高地，是江苏高质量发展走在前列的生动缩影。2023年，习近平总书记在全国两会参加江苏代表团审议时指出："上有天堂下有苏杭，苏杭都是在经济发展上走在前列的城市。文化很发达的地方，经济照样走在前面。可以研究一下这里面的人文经济学。"2023年7月，习近平总书记在苏州考察时指出，"苏州在传统与现代的结合上做得很好，不仅有历史文化传承，而且有高科技创新和高质量发展，代表未来的发展方向"。习近平总书记对苏州工作的亲切勉励与殷殷嘱托，为苏州现代化建设指明了前进方向、提供了根本遵循、注入了强大动力。

　　苏州是国家历史文化名城、国家先进制造业基地和产业科技创新中心，是长三角世界级城市群重要中心城市。近年来，瞄准建设创新之城、开放之城、人文之城、生态之城、宜居之城、善治之城目标，苏州持续推动转型升级，创新发展，不断提升城市综合竞争力与可持续发展能力，力求2025年高质量经济迈出更大步伐、高品质生活实现更优提升、高颜值城市展现更美形态、高效能治理取得更新突破；2035年高水平建成充分展现"强富美高"新图景的社会主义现代化强市、世界历史文化名城，打造长三角重要中心城市。

　　"中国式现代化江苏新实践市域样本研究·苏州篇"以人文经济学为视角，系统阐述中国式现代化苏州样本的研究背景、历史基础与重大意义，对苏州样本的特色与精髓进行分析，构建了中国式现代化自主发展指标体系，提出以人文经济学为引领、推进"四新"取得新作为和推进"五位一体"总体布局的主要战略，推动苏州全面高质量发展，塑造中国式现代化苏州样本，为全国其他地区的发展起到积极示范作用。

党的二十大报告庄严宣示了新时代新征程中国共产党肩负以中国式现代化全面推进中华民族伟大复兴的伟大使命任务。在党的二十大精神指引下,作为中国式现代化江苏新实践"排头兵"和"先行军",苏州坚决贯彻落实习近平总书记在全国两会期间参加江苏代表团审议时发表的重要讲话精神,牢记习近平总书记"勾画现代化目标"的嘱托,自觉肩负苏州在全国全省现代化建设中的重大责任,扛起"排头兵"担当,展现"探路者"姿态,以坚强的历史自信谱写苏州样本,以全面高质量发展带动现代化建设事业,始终走在全国全省的最前列,努力交出不负习近平总书记和党中央重托、不负人民期待的时代答卷。人文经济学是习近平文化思想"明体达用、体用贯通"的具体体现,是马克思主义中国化时代化的当代表达,是中国式现代化发展的鲜明主题。苏州是新时代人文经济发展的开拓地,是中国式现代化最具特色的发展样本。苏州市委十三届五次全会将"深化'人文经济学'研究与阐释"确立为"在建设中华民族现代文明中贡献更多苏州经验"的一项重要举措,以习近平总书记关于人文经济学的重要论述为指导,坚持解放思想,勇于实践创新,以先行者的担当和奋斗者的自觉,积极拓展人文经济发展新优势,走出了一条坚持以人民至上为引领,打造"历史与传统、经济与文化"构成的人文经济学为支撑的全面高质量发展之路。苏州聚焦"强国建设、民族复兴"战略目标,大力弘扬以"自主创先的发展共同体主义价值观"为精髓的新时代苏州精神,全面贯彻新发展理念,全力打造新发展格局,全速推进高质量发展,"争当表率、争做示范、走在前列",用苏州人文经济的生动实践与指标体系为全国探路,成为走在中国式现代化新道路前列的标杆城市,奋力把习近平总书记为江苏现代化发展擘画的"强富美高"美好蓝图变为生动现实。

一、"苏州样本"的时代背景、历史基础与重大意义

(一)"苏州样本"的时代背景

党的二十大报告系统阐明了中国式现代化的中国特色、本质要求、战略

安排和重大原则,规划到 2035 年基本实现社会主义现代化,到 2050 年全面建成社会主义现代化强国。

唯物辩证法认为,"一般只能在个别中存在,只能通过个别而存在。任何个别(不论怎样)都是一般。任何一般都是个别的(一部分,或一方面,或本质)"。中国式现代化不是抽象的而是具体的,它鲜活地体现在一个个具体的案例和样本之中。基于此,习近平总书记长期关注的一个重大课题就是如何在微观层面选好在推进中国式现代化中"走在前、做示范"的地区样本"为全国探路",引领全国各地更好更快更高质量地走中国式现代化之路。苏州,就是习近平总书记持续关注的一个示范样本。

在 2009 年考察江苏昆山时,习近平同志就明确指出:"像昆山这样的地方,包括苏州,现代化应该是一个可以去勾画的目标。"①2023 年,习近平总书记两次对江苏特别是苏州发表重要讲话,明确要求江苏发挥好优势特色,在推进中国式现代化中"走在前、做示范",谱写"强富美高"新江苏现代化建设新篇章。多年来通过一系列重要论述,习近平总书记明确了江苏苏州在推进中国式现代化进程中要承担的神圣使命,这成为"苏州样本"研究的指导思想和根本遵循。

人文经济学是习近平总书记审视苏州杭州等地区中国式现代化发展状况的一种重要理论视野。2023 年 3 月,习近平总书记在全国两会参加江苏代表团审议时提出了人文经济学的重大命题。早在浙江工作期间,习近平同志就围绕人文经济和人文经济学作出了系列重要论述,如文化是经济发展的"助推器"②,"所谓文化经济是对文化经济化和经济文化化的统称,其实质是文化与经济的交融互动、融合发展","'文化经济'的本质在于文化与经济的融合发展,说到底要突出一个'人'字"③,等等。2023 年,习近平总书记创造性地提出"人文经济学",是对文化与经济在总体上相互交融、共进互动的发展

---

① 中共江苏省委宣传部:《我们的"十四五"》,江苏人民出版社 2021 年版,第 151 页。

② 习近平:《之江新语》,浙江人民出版社 2007 年版,第 149 页。

③ 习近平:《之江新语》,浙江人民出版社 2007 年版,第 232 页。

方式和文化经济化、经济文化化双向贯通、融合发展的经济状态的理论表达，是马克思主义中国化时代化理论创新的最新主题。以这种创新性知识体系为核心和灵魂来表征中国式现代化江苏新实践的苏州样本，不仅具有理论逻辑和历史逻辑层面的高度契合性，而且能够发挥实践逻辑层面的强大引领性。

因此，深入研究以人文经济学为灵魂的"苏州样本"，扎实推进中国式现代化江苏新实践，是践行习近平总书记的殷殷嘱托与新时代新征程使命的战略选择，具有极其重大的理论创新价值和实践意义。

（二）"苏州样本"的历史基础

苏州是中国式现代化道路的发源地之一，是中国式现代化发展的历史开拓者。今日苏州是拥有 2500 年历史的苏州的延续，透过这座古城可以观察整个中国的现代化进程。中国式现代化的出场具有底蕴深厚、基础坚实的"魂脉"与"根脉"，当中华大地其他城乡还醉心于农耕文明甚至游牧文明的时候，以苏州为标志，以工商业为主干走向现代化的探索已历经了波澜壮阔、风雨漫漫、伟大而漫长的千年史。以大历史观审察苏州样本，我们对中国式现代化历史根基与演化图景的理解和认识，将发生多重意义的深刻改变，苏州样本表明：当代中国式现代化进程是历史的中国现代化探索的伟大继续。南宋以降，在从农耕文明向工业文明、从传统社会向现代社会的转变中，苏州曾先后发起五次冲击，一直是中国推进现代化的发源地。第一次在南宋时期，苏州成为在工场制造业上开中国现代化先河的城市；第二次为元末明初，苏州一大批具有大规模国际贸易和工场手工业业态、农工商一体化的工商业巨子纷纷崛起；第三次是明朝中叶万历年间，苏州工商业在稳定发展中再次崛起，成为丝织业、刺绣业、古建业、制茶业等的全国中心，工业产品销售额达到"世界之最"，成为中国第一个以工场手工业产业形态为主导的工业化城市；第四次则是在鸦片战争之后至 20 世纪 30 年代，在西方经济霸权刺激下，苏南民族工业崛起、乡村工业化迅速发展，上海许多大企业家均来自当时的苏州辖区；

第五次冲击是新中国成立以来特别是改革开放 40 多年来,在中国共产党领导下,苏州成为"中国式现代化新道路"的探路先锋,取得了令人刮目相看的辉煌成就。今日苏州创造的现代化发展奇迹,表明苏州只有在中国共产党领导下,坚定走中国特色社会主义道路,才能成功当好"为全国现代化探路"的先锋;历史同样表明,具有近千年沧桑奋斗史的苏州最有资格成为率先开拓中国现代化之路的先锋城市,最具有中国式现代化道路自信。苏州样本将完整的千年现代化奋斗历史经验作为"根脉"与中国式现代化当代创新史对接,完全有历史自信走在前、做示范。①

苏州现代化之路的快速展开伴随着改革开放的大潮,苏州是中国农村改革发祥地之一,也是当年邓小平同志"小康社会"构想起航的地方。1983 年 2 月,邓小平同志带着建设小康社会的愿景来到苏州视察,对苏州探索"小康社会试验田"的新鲜经验作了充分肯定。被邓小平同志赞誉为"异军突起"的苏州乡镇企业全面拉开了苏州早期工业化大幕,为苏州之路领跑全国奠定了第一块基石。1984 年 10 月,邓小平同志在中顾委推介苏州发展经验时明确提出:"把经济搞上去才是真正治本的途径。"②苏州勇立时代潮头,在改革开放和社会主义市场经济中,始终坚持以党的创新理论为引领,坚持把发展作为第一要务,推动物质文明和精神文明协调发展,不仅创造了名满天下的苏南模式、开放型经济领先全国等成功范例,而且创造了全国经济总量最强地级市、享誉全球智造名城的佳绩,走出了一条举世瞩目的苏州之路。

改革开放以来形成的"张家港精神""昆山之路"和"园区经验",对于探索中国式现代化起到了积极示范作用。在苏州改革开放以来的各个发展阶段,不管是乡镇企业异军突起,还是抢抓浦东开发开放、中国加入 WTO 等重大历史机遇,苏州人历来敢想敢干、领风气之先,敢于争第一、善于创唯一,创造了"团结拼搏、负重奋进、自加压力、敢于争先"的张家港精神,"敢闯敢试、唯实

---

① 任平:《以大历史观谱写中国式现代化苏州样本新篇章》,《江苏社会科学》2023 年 5 期。
②《邓小平文选》(第 3 卷),人民出版社 1993 年版,第 89 页。

唯干、奋斗奋进、创新创优"的昆山之路,"借鉴、创新、圆融、共赢"的园区经验。苏州的"三大法宝"是苏州人民在改革开放和社会主义现代化建设中创新实践的宝贵财富。在"世界走向中国"时代成为领头羊的苏州,在"中国走向世界"新时代又吹响了"思想再解放、开放再出发"的新号角。苏州样本的历史表明,苏州应该是世界现代化历史文明中不可或缺的有机构成之一,应该成为新时代中国式现代化守正创新的宝贵历史资源,更应成为苏州充满历史自信,有能力有责任以更安全、更稳步行进方式推进中国式现代化江苏新实践的坚实历史根基。

(三)"苏州样本"的重大意义

苏州样本肩负着在新时代新征程以全面高质量发展谱写中国式现代化新篇章的历史使命。以"苏州样本"推进中国式现代化江苏新实践,是牢记和践行习近平总书记的殷殷嘱托与党的二十大报告提出的时代使命的战略选择,具有重大的理论创新和实践创新意义。

(1)用苏州的生动实践为全国探路

新时代苏州高质量发展的丰富实践,正是"两个结合"特别是"第二个结合"的时代注脚。新时代人文经济学,是科技现代化和中华民族现代文明有机融合的发展观。习近平总书记提出的有关人文经济学的重要命题,点明了苏州样本的精髓,也指明了中国式现代化未来发展的方向。苏州的发展特色体现在以"走在前、做示范、当标杆"的使命担当,在努力为中国式现代化探索人文经济发展新经验上走在前列、行动更早,堪称人文经济发展的示范样本。2023 年 4 月,苏州召开数字建设工作推进大会,以"探路者"姿态,拥抱数字浪潮,聚合数字力量,全面实施数字化改革,激发数字经济活力、优化数字社会环境、增强数字政府效能,重点实施在线新经济发展促进工程、大数据产业发展工程、文化数字化精品工程和"数字苏州驾驶舱"升级工程等数字苏州"八大工程"建设,在推动企业智改、数转、网联上下更大功夫。苏州不仅在科技创新上取得新突破,在强链补链延链上展现新作为，开辟发展新领域新赛道，塑造发展新动能新优势，而且由古老而现代的文明去强力撬动未来的发展动能，激活地区现代化发展更深层、更持久、更稳健的文化力量，打造出中国版的人文经济发展现代文明样板，用现代化发展的生动实践、人文经济的丰硕成果与指标体系为全国探路。

（2）努力交出新征程上当好排头兵的优异答卷

习近平总书记在苏州考察时指出："苏州在传统与现代的结合上做得很好，不仅有历史文化传承，而且有高科技创新和高质量发展，代表未来的发展方向。"①苏州的发展亮点体现在推进人文经济发展上进程更快、实现程度更高，始终保持勇立潮头、先行示范的责任感紧迫感，以新时代苏州精神激活高质量发展新动能，根据人文经济发展新使命新要求，重新选择发展目标、重新制定发展战略、重新构建发展格局，绘制出一幅新时代人文经济发展的新图谱。富有历史主动精神的苏州人民，深度把握现代文明是对传统文化的继承和创新，深入践行人文经济学，使具有千年追求现代化历史的苏州在新全球化与中国现代化的激烈碰撞中，找到了属于自己现代化的价值、本质与实现路径，积极打造创新之城、开放之城、人文之城、生态之城、宜居之城、善治之城，在建设中华民族现代文明上探索新经验，奋力谱写"强富美高"现代化建设新篇章。

（3）向世界展示中国式现代化光明前景的标志性窗口

苏州的发展经验体现在展示中国式现代化美好图景更为全面、更具典型意义，不仅注重推动经济发展，更要促进现代化建设各个环节、各个方面相协调。对历史最好的继承，就是创造新的历史；对人类文明最大的礼敬，就是创造人类文明新形态。2023 年，习近平总书记在苏州考察平江历史文化街区苏绣商铺，当得知有的苏绣作品需要耗时一年完成时，他感慨道："中华优秀传

---

① 《习近平在江苏考察时强调 在推进中国式现代化中走在前做示范 谱写"强富美高"新江苏现代化建设新篇章》，《人民日报》2023 年 7 月 8 日。

统文化代代相传,表现出的韧性、耐心和定力,是中华民族精神的一部分。"①
苏州样本以传统与现代、经济与人文的创新结合,以广阔胸怀接纳外来文化
的精华,并将之融入自身,推进"苏流"强势"出圈",为文化产业打开了广阔的
发展空间,使人文经济释放出无穷效应,协同打造世界级创新平台和增长极,
打响新时代"苏州创造"品牌,打造更有福气的"人间天堂",为世界提供人文
经济发展的苏州方案、苏州经验,让苏州样本更加可观可感可学,成为向世界
展示中国式现代化光明前景的标志性窗口。

二、"苏州样本"的特色精髓与现实支撑

(一)人文经济与中国式现代化苏州样本的关系

人文经济作为苏州现代化样本的最重要特色与精髓,其发展贯穿苏州现
代化的始终。苏州现代化实践是一个长期的历史过程,人文经济融入了
现代化过程的始终,构成一个魂与体的关系。我们认为苏州现代化的实
践与人文经济深度融合,赋予了现代化最强大的动力,具体可以概括为以
下几组关系:

第一,开放性和包容性。 苏州文化植根于吴地区域文化(简称吴文化),
吴文化以先秦吴国文化为基础,经过不断发展,到明清时期达到高峰。近代
以来,随着中国封建社会的衰落,吴文化开始从传统文化向现代文化方向转
变。植根于吴文化的苏州文化较其他地方文化有更强的开放性,更易于吸收
和融汇外部优秀文化。这种开放性、融汇性的文化基因赋予中国式现代化苏
州样本的实践以强大的内生动力,使得苏州能够更好地把控未来趋势变化,
整合社会资源,探索新发展道路,推动经济社会的可持续发展。开放型经济
使得苏州在制度和文化上更具包容性,更具有人文的特点。开放型经济与包
容性制度和文化是相辅相成的,是一个问题的两个方面。包容性制度和文化

---

① 《习近平在江苏考察时强调 在推进中国式现代化中走在前做示范 谱写"强富美高"新江苏现代化
建设新篇章》,《人民日报》2023 年 7 月 8 日。

的发展是开放型经济取得大发展的前提,开放型经济的发展和升级又会推动包容性制度和规则的建立和不断演变,二者形成良性互动的关系。苏州的包容性文化并非先天的,而是与苏州历史上特别是明清以来的"以人为本"的开放发展有密切关系。开放性和包容性是一个问题的两个方面,是苏州现代化实践的重要特质。

第二,均衡性和内生性。 苏南文化中包含着发展共同体的文化基因,这是中国式现代化苏州样本的文化内核,体现在苏州发展的各个层面。苏州城市和区域空间的均衡性、协调性较好,城乡融合度较高,城乡二元结构不突出。空间是社会的表达,空间反映和承载了苏州文化基因。无论是在产业、空间方面,还是在社会方面,协调均衡都是苏州最重要的特点,这与中国式现代化共同富裕的本质要求是高度一致的。这种发展共同体既不同于西方原子式发展模式下的共同体,又不同于计划经济体制下缺乏活力的共同体。这个共同体是一个开放的共同体,是一个富有活力的共同体,是一个实现个体与群体价值统一的共同体。因此,对于苏州现代化实践需要从更久远的历史、更广阔的空间和更具活力的社会的三元辩证法去认识和思考,才能揭示出中国式现代化苏州样本的文化基因,也才能更加深刻地认识到这种将个体与群体价值相统一的发展共同体的内涵。

第三,主体性和规则性。 苏州现代化实践包含着一种主体性和规则性,要从"行动—规则"的视角看待苏州的现代化。主体性应该伴随苏州现代化实践的始终,现代化应该指向人的现代化,即人的主体性和创造性发展。从早期乡镇企业发展到外向型经济发展,再到数字经济时代产业创新集群的发展,都离不开人的主体性和创造性。苏州在发展过程中形成的"三大法宝",集中体现了主体为了改变命运所表现出的伟大创造力。苏州"三大法宝"就是一种打破旧规则、创造新规则的制度型企业家探索精神。改革开放以来,这种制度型企业家探索精神在区域经济发展中起到极其重要的作用。这种探索和冒险精神在过去所创造的苏南模式、新苏南模式中都得到了集中体现,今后仍将发挥重大的作用。着眼于未来,只有发扬制度型企业家探索精神,才能更好地应对各种风险和挑战,发挥市场中的企业家作用,发挥市场中每个个体的创造力,促进苏州制造业创新集群的快速发展,开创全新的区域经济发展新境界和新格局。制度型企业家探索精神是中国式现代化苏州样本的重要精神财富。当前,奋力推进中国式现代化苏州新实践,必须发扬制度型企业家探索精神,把有为政府和有效市场有效地结合起来,建立立足于市场的全新规则体系,创建更好的营商环境和创新环境。

第四,特殊性和普适性。 中国式现代化苏州样本的实践是动态的历史过程,只有在动态的历史演进过程中才能揭示中国式现代化苏州样本的实践特质及支撑苏州现代化实践的深层文化基因。开放性和包容性、均衡性和内生性、主体性和规则性等等,这些苏州现代化的实践特质不是彼此割裂的,而是在本质上具有内在的逻辑关联和统一性,具有相互渗透性和相互支撑性,是苏州现代化实践的本质特征。它们之间的相互渗透和良性互动是实现个体与群体价值统一的共同体的重要基础,也是苏州率先实现现代化的重要基础和保障。但在这个现代化过程中所揭示的人文的特点,可以为其他地区的现代化实践提供借鉴。

(二)特色与精髓

物质文明与精神文明协调发展,以人文与经济的高度融合,超越西方现代化社会撕裂、文明撕裂的根本弊端,创造现代文明新形态,是苏州样本的特色。传统与现代、文化与经济交融互动、融合发展的人文经济是苏州样本的精髓。苏州样本充分揭示了高质量发展、科技现代化和中华民族现代文明的紧密融合、彼此互动推进中国式现代化江苏新实践的时代进路,全力打造人文与经济交融互兴、双重领先的高质量发展新形态。

具体而言,苏州样本的特色和精髓展开为:构建以人文经济为灵魂,物质文明与精神文明协调发展的新篇章;以创第一、争唯一作为高品质发展的道路探索;以坚持胸怀天下的高水平开放构建发展共同体,形成辐射长三角、引领全国、面向世界的多级样本体系。突出产城人三者中人文的中心主体地位，古城中心位置保护与开发新城相得益彰，构建传统与创新的双城记；制造业主体产业＋数字化提升、崇文尚德的文化追求支配下的科技创新体系与产业创新体系对接、传统园林艺术拓展现代经济的版图、以"双面绣"的绝活打造开放的国内国际双向枢纽格局。总之，人文（以人为中心）表现为历史逻辑、现实逻辑：苏州的精密雅致高端的制造业布展（工业化）＋城市化双城记＋科技文化结合＋两个文明一起抓（文化文明体系和苏州精神）＋生态＋社会和谐治理＋党的领导，构成当代中国高质量发展的一个鲜活样本。

1. 苏州样本的实现形态

一是在实现"两个结合"上走在前。苏州以发展理念创新引领发展方式转变，创制人文经济创新之路的苏州表达，推动文化与经济的交融互动、融合发展，更高水平释放人文与经济相融共生的样本效应，总结人文经济推动高质量发展的实践规律。二是在传承历史文化上干在先。苏州深入挖掘历史文化资源和价值，打造千年文韵和现代经济共生的美好图景，推动传统文化创造性转化、创新性发展走向现代化。苏州深度把握经济样态的文化基因图谱，实施以"文化＋创意""文化＋科技""文化＋人才"为特征的文化产业转型升级行动，坚持文化赋能经济，以形成强大的自主创新体系与自主创先的开放体系，把文化软实力转化为高质量发展硬支撑。三是在高科技上创新势头猛。苏州坚持把创新驱动作为城市发展的核心战略，积极融入全球创新网络，打造科技与产业、产业与资本深度融合的创新高地，制造业规模位居全国最前列。四是苏州样本的辐射型现代化凝聚力强。苏州全力落实好长三角生态绿色一体化发展示范区、虹桥国际开放枢纽北向拓展带、G60科创走廊、环太湖科创圈建设等任务，主动服务和支持上海发挥龙头带动作用，加强对周边区域的协调联动和辐射带动，提升促进资源要素畅通流动、高效配置的能力。

2. 新时代"苏州样本"的实践效应

一是高质量发展。苏州以精致高雅的人文品格提升经济境界,不断塑造高质量发展的新动能、新优势,塑造符合高质量发展要求的未来产业形态。2023 年,先进制造业和现代服务业"两业融合"经验在全国推广。二是高效能治理。苏州围绕人、房、地、事、物等社会治理要素,充分运用数字化、智慧化治理手段,汇集全市城市治理 15 个专题、共计 4 亿多条数据,多维度打造基层社会治理"最强大脑"。苏州积极创新"居民议事会""小区治理面对面""有事好商量"等群众参与基层治理的组织形式,有机整合矛盾调解、来访接待、法律咨询等多元化职能。三是高品质生活。苏州人口已超过 1600 万、机动车保有量已突破 500 万辆(列全国第四),全市居民人均可支配收入达到 74076 元(列全国第五);苏州一般公共预算支出中民生支出占比已超过 80%。苏州以公共服务均衡化为着力点,促进公共服务整体水平与经济发展水平同步提升,经济发展与民生改善统筹,倾心倾情倾力解决好群众急难愁盼问题。四是高和谐生态。苏州聚焦"人·城·自然"浑然一体的和谐生态建设,在污染防治上保持定力、在保护修复上精准发力、在绿色低碳上持续用力,完善城市多功能生态体系,生态环境质量创新世纪有监测记录以来最好水平。苏州打响水韵生态品牌,唱响新时代"太湖美",建成全国首个"国家生态园林城市群、节水型城市群"。五是高水平开放。苏州善用"双面绣"的绝活连接东西方,建立"链长制"产业链开放平台。2023 年,全市实际运营外资企业上万家,实际使用外资 69 亿美元;全年实现货物进出口总额 24514.1 亿元,进出口总额占全省近一半、占全国接近 6%。2023 年末,175 家世界 500 强跨国公司在苏州投资设立了 486 个项目。省认定跨国公司地区总部和功能性机构累计达210 个,占全省的 53.2%。苏州工业园区被联合国贸易和发展会议评为全国唯一的"全球杰出投资促进机构"。① 六是高水准党建。围绕"美美与共·海棠花红"党建品牌,全面推动美美乡村、美美社区建设。组织触角向一线扎

---

① 苏州市统计局:《2023 年苏州市国民经济和社会发展统计公报》,2024 年 3 月 13 日。

根,积极推进党建联盟建设,建立小区(自然村)党组织,工作力量在一线整合,村(社区)工作者下沉到一线,着力推动基层党建强基础、重创新、增实效。

(三) 现实与支撑

苏州自觉以习近平总书记关于人文经济学的重要思想为指导,坚持解放思想,勇于实践创新,积极拓展现代化创新发展优势,走出了一条坚持以人民至上为引领,由"历史与传统、经济与文化"构成的人文经济学为支撑的全面高质量发展之路。可以说,新时代人文经济学是马克思主义中国化时代化的最新成果,是中国式现代化发展的鲜明主题,也是苏州奇迹、苏州之路、苏州经验、苏州精神的行动指南与强大动力,而苏州奇迹、苏州之路、苏州经验、苏州精神则是人文经济学在当代中国发展的具体实践成果。从苏州创造的实践样本看,苏州样本是中国式现代化最具特色的发展样本,也是中国版的人文经济发展现代文明的鲜活样本。人文经济学是苏州样本的灵魂与精髓,苏州样本是人文经济学的生动实践与集中呈现。

1. 苏州奇迹,作为中国式现代化道路的成功证明

苏州奇迹是苏州样本在经济现代化层面的最直观表现,即苏州成为全国地级市经济发展的龙头。一是勇创经济奇迹的先锋城市。作为最强地级市的苏州,经济总量位列全国大中城市"第一方阵"、全球城市前 20 位,创造了令世人刮目相看的"苏州奇迹"。2023 年,苏州地区生产总值 24653.4 亿元,约占全国总量的 2%,全年规模以上工业总产值超 4.4 万亿元,①在全国名列前茅。苏州所辖 10 个县区市屡创奇迹,经济发展、创价能力、文化与经济融合能力始终保持全国领先地位,苏州在全国地级强市、昆山在全国百强县、苏州工业园区在全国经开区、昆山玉山镇在全国千强镇排名中多年保持"四冠",为高质量发展厚植物质基础,构建起多级复合的样本体系。二是形成创新优势的标志城市。近年来,苏州创新资源加速集聚,推动创新链、产业链、人才链、资金链深度融合。2023 年全年研究与试验发展(R&D)经费支出占地区生产

---

① 苏州市统计局:《2023 年苏州市国民经济和社会发展统计公报》,2024 年 3 月 13 日。

总值比重约 4.1%。苏州全力下好创新"先手棋",布局人工智能、数字经济、生命健康、纳米技术等战略性新兴产业,培育了一批具有自主知识产权的创新型"领头羊"企业。2023 年末,各类人才总量 390 万人,其中高层次人才 42 万人,万人发明专利拥有量 100.25 件,获评首批国家知识产权保护示范区建设城市。三是打造产业高地的标杆城市。积极推动产业集群式创新、数字化转型、融合式发展,加快构建以先进制造业为骨干、现代服务业为支撑的现代化产业体系。2023 年,全年规模以上工业总产值达到 44343.9 亿元,高新技术产业产值占规模以上工业总产值的比重达 52.7%。生物医药在首批国家战略性新兴产业集群考评中获得优秀,先进材料入选首批省级战略性新兴产业融合集群试点示范,电子氟材料、多肽类生物药入选国家级中小企业特色产业集群。①

2. 苏州之路,成为中国式现代化道路的先锋示范

苏州之路是苏州样本探索和砥砺中国式现代化道路的综合表现形式。中国式现代化之所以被称为"中国式"而不是照抄照搬西方模式,首先就在于中华民族早于西方用千年历史自主独立地探索属于自己的内生型现代化道路,这绝不是美国费正清研究中心所描绘的那样:中国现代化走的是外源型"挑战—应战"道路。其次,改革开放以来,苏州自觉扛起"排头兵"重责,在奔向现代化道路上谱写了中国式现代化江苏实践史册上的华丽篇章。2022 年末,苏州 GDP 首次超过香港,且连续 18 年居全国地级市榜首;科技综合实力连续 13 年位居全省首位,位居全国前列。与此同时,昆山、苏州工业园区多年来探索并创造了具有巨大影响力的现代化实践典范,创造了诸多"第一"和"唯一",发展成就举世瞩目。从千年历史经验到"三大法宝"厚积着向现代化冲刺、为全国全省探路最完整、最全面、最丰厚的历史经验,证明了一条真理:只有中国共产党带领中国人民团结奋斗,在马克思主义中国化时代化先进思想指导下,才能实现中国式现代化。

---

① 苏州市统计局:《2023 年苏州市国民经济和社会发展统计公报》,2024 年 3 月 13 日。

3. 苏州经验，已经成为"中国经验"的重要构成

苏州经验是对苏州样本一系列现代化实践的概括总结。苏州在创造中国式现代化许多中国特色和重要原则上，一直扛起重责、走在前列，为全国探路、创造经验、形成特色。苏州开创的走城乡小康共同富裕道路的苏南模式，成为邓小平同志关于"小康社会"的全国首要验证地。2014 年在视察江苏时，习近平总书记亲自擘画了建设"经济强、百姓富、环境美、社会文明程度高"新江苏的宏伟蓝图。如今的苏州，创新转型赋能发展，改革开放纵深推进，人民生活持续改善，可持续发展能力进一步提升。迈入新征程，习近平总书记更赋予我们"在改革创新、推动高质量发展上争当表率，在服务全国构建新发展格局上争做示范，在率先实现社会主义现代化上走在前列"的光荣使命。

4. 苏州精神，是中国现代文化、中华民族现代文明的鲜明体现

苏州精神是苏州样本在文化现代化层面的凝练和表征。苏州激情燃烧的奋斗之火创造出以张家港精神、昆山之路、园区经验"三大法宝"为核心的苏州精神成为中国精神、中国价值的重要范例，充分展示了苏州作为中国式现代化样本的厚重基础支撑。新时代苏州精神是历史上苏州精神的新的继续，她根植于中国特色社会主义伟大实践。"传承'三大法宝'、弘扬新时代苏州精神"是贯彻落实习近平新时代中国特色社会主义思想和党的二十大精神的重要举措，是再创一个艰苦奋斗、干事创业火红年代的发展需要。当年，以"三大法宝"为核心的苏州精神，成为中国精神、中国价值的重要范例。今天，新时代苏州精神正是要重燃激情奋斗之火，在推进中国式现代化中走在前、做示范，肩负为全国探路的光荣而神圣的使命。"为全国探路"意为在没有路的地方率先开辟出、闯出一条中国道路。中华民族现代文明需要自主精神，中国式现代化需要自主创造。自主、创先、融合、致远的新时代苏州精神，就是城市现代文明的灵魂，就是中华民族现代文明的先锋。

三、"苏州样本"面向未来：目标、体系与挑战

（一）目标与体系

党的二十大报告指出,中国式现代化是人口规模巨大的现代化,全体人民共同富裕的现代化,人与自然和谐共生的现代化,物质文明与精神文明相互协调的现代化,走和平发展道路的现代化。在推进中国式现代化的进程中,苏州的实践作为注重传统与现代的结合,实现文化传承与经济高质量发展的同步,使其具有样本意义和窗口示范作用,展现出以人为本,代表未来的发展方向。谱写苏州样本新篇章,以高质量发展推进现代化建设的重大使命,必须发挥苏州精细雅致的匠心风格,制定清晰明确的目标、细致科学的规划和精准完整的战略,关键在于要制定好现代化苏州样本的指标体系和评价体系。这就需要把握新发展阶段、贯彻新发展理念、构建新发展格局、推动高质量发展,明晰解答江苏发展面临的对接新时代科技—产业创新体系、构建高端人才培育保障体系、强链补链延链、打造具有世界聚合力的开放枢纽、构建中华民族现代文明和现代社会治理体系等瓶颈难题,要为全省、全国现代化发展探索路径,要做出示范、走在前列,进而有助于为解答世界发展中国家的现代化发展之问提供中国方案。

针对已有的现代化评价指标体系,国外衡量现代化发展具有代表性的如布莱克现代化指标体系、英格尔斯现代化指标体系、联合国人类发展指数等;国内研究机构从多维度构建起现代化指标体系,如中国社科院从经济发展、社会进步、人口素质和生活水平四个维度提出现代化指标体系,中国科学院可持续发展战略组从现代化推动力、现代化质量和社会公平三个方面提出现代化指标体系。

对于苏州而言,中国式现代化指标体系的构建有其基础性与延续性。在此之前,对照省政府发布的《江苏全面建成小康社会指标体系（试行）》（五大类 22 项 36 个指标）,苏州在全省率先实现全面建成小康社会;对标省政府发

布的《江苏基本实现现代化指标体系（试行）》（五大类 30 项 53 个指标），苏州的现代化指标完成程度最高。在习近平总书记关于中国式现代化的一系列重要论述指引之下，基于中国式现代化内涵、基本逻辑和典型地方实践经验，结合苏州"十四五"规划和 2035 年现代化的远景目标，我们尝试建构了包括创新发展、协调运行、开放互动、"绿色"发展、共享共富、社会治理在内的中国式现代化指标体系（六大类 17 项 36 个主要指标）。一是创新发展维度。创新是引领发展的第一动力，社会生产力的发展最终取决于创新特别是科技创新。针对创新发展维度，从创新投入、创新产出出发，引出各自的具体指标。二是协调运行维度。协调运行是持续健康发展的内在要求，在我国现代化发展进程中存在不平衡、不协调、不可持续的问题，亟须在补齐短板上下功夫。围绕协调运行维度，从市域协调发展、城乡协调发展、人文经济交融发展等指标展开。三是开放互动维度。开放注重内外联动，它是繁荣发展的必由之路。保持经济持续健康发展，必须树立全球化视野和一体化思维，主动谋划全方位对外开放格局。开放互动维度，可从吸引外资、对外投资贸易、（省内省际）挂钩合作等指标入手。四是"绿色"发展维度。"绿色"是永续发展的必要条件。面对环境保护与经济发展的取舍困境，需要地方政府推进"两山"理念落地生根、推动生态优先绿色发展等等。关于绿色发展维度，可从绿色建设、环境保护和节能减排等指标体现。五是共享共富维度。中国式现代化在坚持把经济"蛋糕"做大，为人民共享奠定物质基础的同时，要把"蛋糕"合理分配，实现经济发展和民生福祉改善互促，体现逐步达到共同富裕的要求。围绕共享共富维度，可从公共服务共享、社会救助保障、公益慈善发展等指标入手。六是社会治理维度。社会治理事关民众安居乐业、社会安定有序。在现代化进程中，地方政府不断夯实社会治理的基础，创新设立党建引领凝心工程、矛盾化解顺心工程、公共服务舒心工程等。针对社会治理维度，可从党建引领、政府效能、平安建设等指标加以细化。

中国式现代化指标体系（六大类 17 项 36 个主要指标）具体如表 3-1 所示：

表 3-1 中国式现代化指标体系

	一级指标	二级指标	三级指标	指标性质	赋值（到 2035 年）
中国式现代化指标体系	创新发展	创新投入	每万名就业人员拥有研发人员数量（人）	正 & 客观指标	≥360
			研发经费支出占比	正 & 客观指标	≥5%
		创新产出	人均地区生产总值（万美元）	正 & 客观指标	≥3
			每万人拥有有效发明专利（件）	正 & 客观指标	≥150
			高新技术产业产值占规上工业总产值比重	正 & 客观指标	≥60%
	协调运行	市域协调发展	市域人均地区生产总值比	逆 & 客观指标	<3
		城乡协调发展	城乡居民人均可支配收入比	逆 & 客观指标	<1.5
			城乡基本公共服务均等化水平	正 & 客观指标	>80%
		人文经济交融发展	15 岁及以上人口平均受教育年限（年）	正 & 客观指标	>12
			每万人拥有公共文化设施面积（平方米）	正 & 客观指标	≥1500
			（成年）居民综合阅读率	正 & 客观指标	≥95%
			文化产业增加值占地区生产总值比重	正 & 客观指标	≥20%

续表

	一级指标	二级指标	三级指标	指标性质	赋值 （到 2035 年）
中国式现代化指标体系	开放互动	吸引外资	外资实际利用金额（亿美元）	正 & 客观指标	≥80
			省级外资研发中心、跨国总部数量(家)	正 & 客观指标	≥300
		对外投资贸易	境外投资额(亿美元)	正 & 客观指标	≥50
			外贸依存度	逆 & 客观指标	<105％
		(省内省际)挂钩合作	省内合作共建园区综合考评成效达标率	正 & 客观指标	≥90％
			对口支援协作合作工作荣获省部级表彰数量(项)	正 & 客观指标	≥1
	"绿色"发展	"绿色"建设	节能环保支出占一般公共预算支出比重	正 & 客观指标	≥10％
			省级以上生态文明建设示范区覆盖率	正 & 客观指标	≥90％
		环境保护	地表水达到或好于Ⅲ类水体的比例	正 & 客观指标	100％
			人均城市绿地面积（平方米）	正 & 客观指标	≥20
		节能减排	空气质量达到及好于二级的天数占全年比重	正 & 客观指标	≥90％
			单位地区生产总值二氧化碳排放量	逆 & 客观指标	省标
			单位地区生产总值能耗	逆 & 客观指标	省标

	一级指标	二级指标	三级指标	指标性质	赋值 (到 2035 年)
中国式现代化指标体系	共享共富	社会救助体系	针对困境程度不同的救助条例完善程度	正 & 客观指标	≥90
			"老""幼"友好社区普及率	正 & 客观指标	≥60%
		公共服务共享	教育支出占财政支出比重	正 & 客观指标	≥20%
			医疗卫生支出占财政支出比重	正 & 客观指标	≥10%
		公益慈善发展	慈善捐赠金额占地区生产总值比重	正 & 客观指标	≥3%
			志愿者人均参加志愿服务活动时长(小时)	正 & 客观指标	≥30
	社会治理	党建引领	自然村、小区党组织覆盖比例	正 & 客观指标	100%
			每万人拥有社会组织数量(个)	正 & 客观指标	≥50
		政府效能	一网通办率/一站式办理率	正 & 客观指标	100%
		平安建设	刑事案件破案率	正 & 客观指标	≥90
			民众安全感	正 & 主观指标	≥98

对应到苏州城乡发展实际情况,上表中的 36 项具体指标及其赋值如下:

① 创新发展维度。在引领发展的第一动力上,苏州已由江南水乡蝶变为开放包容的创新创业名城,拥有电子信息和装备制造两大破万亿的产业集群、16 万家工业企业、200 余家境内 A 股上市公司。就科技创新方面而言,苏州科创板企业 50 余家,高新技术企业万余家,科技综合实力连续多年居江苏省首位。在创新发展维度上,主要包括每万名就业人员拥有研发人员数量、

研发经费支出占比、人均地区生产总值、每万人拥有有效发明专利等具体指标。

2023年,苏州市研发经费支出占比4.1%,人均地区生产总值2.70万美元,每万人拥有有效发明专利100.3件,高新技术产业产值占规上工业总产值比重为52.7%。预计到2035年,每万名就业人员拥有研发人员数量不低于360人,研发经费占比设置不低于5%,人均生产总值设置不低于3万美元,每万人拥有有效发明专利数不低于150件,高新技术产业产值占规上工业总产值比重不低于60%。

② 协调运行维度。苏州着力推进市域统筹发展,常住人口城镇化率达到80%以上,率先实现城乡养老、医疗和居民最低生活保障的并轨,城乡收入比为全国城乡收入差距最小的地区之一。在物质文明飞速发展的同时,苏州也在精神文明建设层面发力,努力促进城乡人文品质提升。在协调运行维度上,涉及市域人均地区生产总值比、城乡居民人均可支配收入比、15岁及以上人口平均受教育年限、每万人拥有公共文化设施面积、成年居民综合阅读率等具体指标。

2023年,苏州市域人均地区生产总值比在3以上,城乡居民人均可支配收入之比为1.79,15岁及以上人口平均受教育年限11.81年。预计到2035年,苏州市域人均地区生产总值比小于3,城乡居民人均可支配收入之比小于1.5,城乡基本公共服务均等化水平大于80%,15岁及以上人口平均受教育年限大于12年,每万人拥有公共文化设施面积不低于1500平方米,成年居民综合阅读率不低于95%,文化产业增加值占地区生产总值比重不低于20%。

③ 开放互动维度。开放型经济是苏州的城市名片,苏州深化改革,坚持有效市场有为政府同向发力,对外贸易量质齐升,对外开放的广度深度得到拓展,逐步形成充满竞争活力的开放合作高地。在开放互动维度上,具体包括外资实际利用金额、境外投资额、外贸依存度、省内合作共建园区综合考评成效达标率、对口支援协作合作工作荣获省部级表彰数量等指标。

2023年,苏州外资实际利用金额69亿,省级外资研发中心、跨国总部数量 210 家,境外投资额 27 亿美元,外贸依存度 99.4%(2022 年 108%)。预计到 2035 年,苏州外资实际利用金额不少于 80 亿美元,省级外资研发中心、跨国总部数量不低于 300 家,境外投资额不低于 50 亿美元,外贸依存度小于 105%,省内合作园区综合考评成效达标率不低于 90%,对口支援协作合作工作获得一项及以上省部级表彰。

④ "绿色"发展维度。面对环境保护与经济发展的困境,苏州近十年来不断推进"两山"理念落地生根,积极落实大气、水等环境污染防治计划,推动生态优先绿色发展,抓好太湖生态保护、长江大保护等,推动绿色低碳产业发展。在"绿色"发展维度上,主要有节能环保支出占一般公共预算支出比重、单位地区生产总值二氧化碳排放量、省级以上生态文明建设示范区覆盖率、地表水达到或好于Ⅲ类水体的比例、人均城市绿地面积、空气质量达到及好于二级的天数占全年比重、单位地区生产总值二氧化碳排放量、单位地区生产总值能耗等指标。

2023 年,苏州节能环保支出占一般公共预算支出比重为 1.69%,地表水达到或好于Ⅲ类水体的比例为 95%,人均城市绿地面积 15.03 平方米,空气质量达到及好于二级的天数占全年比重为 80.8%。预计到 2035 年,苏州节能环保支出占一般公共预算支出比重不低于 10%,省级以上生态文明建设示范区覆盖率设置不低于 90%,地表水达到或好于Ⅲ类水体的比例达到 100%,人均城市绿地面积不低于 20 平方米,空气质量达到及好于二级的天数占全年比重不低于 90%,单位地区生产总值二氧化碳排放量、单位地区生产总值能耗以省下达目标为准。

⑤ 共享共富维度。共享是中国特色社会主义的本质要求,苏州立足千万人口大市实际,更高标准做优公共服务,更实举措加强社会保障,用心用情解决民众急难愁盼问题,多措并举探索公益慈善之路,绘就共同富裕美好图景。在共享共富维度上,涵盖了针对困境程度不同的救助条例完善程度、"老""幼"友好社区普及率、教育支出占财政支出比重、医疗卫生支出占财政支出比重、慈善捐赠金额占地区生产总值比重、志愿者人均参加志愿服务活动时长等具体指标。

2023 年,苏州教育支出占财政支出比重为 17.93%,医疗卫生支出占财政支出比重为 7.62%。预计到 2035 年,苏州针对困境程度不同的救助条例完善程度比例不低于 90%,"老""幼"友好社区普及率设置为不低于 60%,教育支出占一般公共预算的比例不低于 20%,医疗卫生支出占财政支出比重不低于 10%,慈善捐赠金额占地区生产总值比重不低于 3‰,志愿者人均参加志愿服务活动时长不少于 30 小时。

⑥ 社会治理维度。社会治理主要是围绕民众生存发展和保障权益需要而开展的社会建设,近些年来,苏州夯实市域社会治理的基础,创新设立党建引领凝心工程、风险防范安心工程、矛盾化解顺心工程、公共服务舒心工程、网格治理聚心工程、心理健康暖心工程等"八心工程",项目的落地架起与民众之间同心同向的"桥梁",提升了城乡社会治理水平。在社会治理维度上,主要指向自然村、小区党组织覆盖比例,每万人拥有社会组织数量,"一网通办"率/一站式办理率,刑事案件破案率,民众安全感等具体指标。

2023 年苏州市每万人拥有社会组织数量 6 个,"一网通办"率/一站式办理率 96%。预计到 2035 年,苏州市自然村、小区党组织覆盖比例达到 100%,每万人拥有社会组织数量不小于 50 个,"一网通办"率/一站式办理率实现 100%全覆盖,刑事案件破案率不低于 90%,民众安全感数值达到 100%。

(二)问题与挑战

基于上述分析,苏州样本需要全面对标对表党的二十大精神,持续丰富实践内涵、提升实践水平,加快建设展现"强富美高"新图景的社会主义现代化强市,在 2035 年高水平建成令人向往的创新之城、开放之城、人文之城、生态之城、宜居之城、善治之城。①

其一,要把人文经济学作为中国式现代化苏州样本的精髓。 必须把"人"作为高质量发展的衡量尺度与检验指标。中国式现代化的苏州样本,就是要以人文与经济的高度融合,超越西方现代化社会撕裂、文明割裂的根本弊端,创造以"人的自由全面发展"为根本目标的人类文明新形态。习近平总书记将

---

① 苏州市政府发布的《苏州市国土空间总体规划(2021—2035)》公示稿。

人文经济学的研究交给苏州，就是要求我们把握人文经济学的三条指向：一是要把握人文经济的内涵，它是经济和文化总体关系相互交融、相互渗透、相互转化的总体关系；二是要把握它的特点，也就是经济要文化化，文化要经济化；三是要把握它本身的功能，通过人文价值来引领经济，通过人文的导向，来为经济的发展树立新的方向，推动经济发展更稳更实更符合人民群众的需要。

其二，要在苏州产业体系强链、补链、延链上展现新作为。 苏州科技创新链的发展还要重点解决几个关键问题：一是自主、安全、可靠的科技创新主体选择。创新企业无疑是集聚创新要素的主体，但是，外向型经济和民营企业占优势，使苏州在选择安全、自主、可控的科技创新主体方面难度不小。二是中小科技创新企业多，但缺乏千亿级以上具有科技创新战略带动力的规上龙头企业。三是科技创新的世界级品牌还未出现重大突破，以企业为主导的产学研深度融合体系建设还需要强化。面对新形势，苏州要主动以效率变革、动力变革促进质量变革，不断深化"四链"融合，更好统筹质的有效提升和量的合理增长；要坚守实体经济不动摇，一手抓传统产业改造提升，一手抓新兴产业培育壮大，加快数字经济与先进制造业、现代服务业深度融合，向产业链价值链高端攀升；要对接以国家实验室为支撑的科技创新链与创新产业链，大力推进产业的数字化提升工程，着力推进高端数字化、智能化产业提档升级改造工程。

其三，要以高质量生态文明建设为苏州样本的辩证法则。 进入新时代以来，苏州在经济快速发展的同时，突出新发展理念的引领作用，需要把实现好、维护好、发展好人民群众的生态环境权益作为重要任务，不断用古典园林式的精巧布局出现代经济的版图，用"双面绣"的绝活实现东方和西方的对接，奋力争当中国式现代化的先行军和排头兵，打造向全世界展示中国式现代化的"最美窗口"。站在人与自然和谐共生的高度谋划中国式现代化整体高质量发展新道路，要以红色党建引领绿色发展的"红绿交融"，规划先行和精细化运作宏观微观结合。

其四，要把产城人文融合置于市域一体化高质量发展之中。 目前，在苏州区域实践中还未能将产城人文融合置身在更大的区域一体化和市域一体化中去思考，这是发展阶段性和长期以来存在的体制机制导致的，很多问题的思考只在行政区范围内考虑。进入新发展阶段,为了更好地促进产业创新集群发展,苏州提出了市域一体化等战略举措,促进产业创新集群发展,具体成效的显现还需要一个过程。

其五,把握转型发展的深层动力和率先实现现代化的特质。 苏州转型发展是一个全方位、系统化的转型,在很多地方还未能将这种系统化的观念融入区域发展的实践中去,在一些方面和一些时候,思维仍然局限于工业化时代的线性和物化的思维。人文经济是人的全面发展和创造力的体现,也是苏州率先实现现代化的重要特质。但目前还未将人文经济发展提升到区域战略层面去思考。

其六,要在推进社会治理现代化的苏州样本上实现新提升。 改革开放以来,苏州在社会治理上取得了一系列突出成绩。聚焦新提升,就是要着力在更好地使社会治理服务人民、依靠人民,使治理成效为全体人民共享上下功夫,在城乡一体化、社会治理体系均衡化布局上下功夫,在以数字化、智能化推动创新治理效能提升上下功夫,让社会治理现代化体系成为支撑苏州样本现代化建设的强大社会支撑。

四、以"人文经济"谱写"苏州样本"新篇章

(一)主要战略

1. 强化"人文经济学"引领

人文经济不仅以强大的经济力支撑和推动现代文明的繁荣,更以崇文厚德塑造科技产业的创新灵魂,以精致高雅的人文品格提升经济境界,以"为生民立命"的人文关怀激发科技和经济效能,以绣娘精工细作的匠心绣出一种现代城市气质,绣出现代中国人的韧性、耐心和定力,以"双面绣"的和合精神实现传统与现代、文化与经济的交融互动、融合发展,以和衷共济实现东方与西方的开放对接并建设具有世界聚合力的开放枢纽,以现代文明引领现代化发展。苏州样本的未来总体方向就是要由既古老又现代的中华文明强力激发未来的发展

动能,激活地区现代化发展更深层、更持久、更安全、更稳健的文化力量。

2. 推进"四新"取得新作为

习近平总书记到江苏考察,希望江苏在科技创新上取得新突破,在强链补链延链上展现新作为,在建设中华民族现代文明上探索新经验,在推进社会治理现代化上实现新提升。新突破、新作为、新经验、新提升这"四个新",着眼强国建设、民族复兴,聚焦重点领域,为推进和拓展中国式现代化提供强劲动力。实现高水平科技自立自强是中国式现代化建设的关键,要把创新摆在国家发展全局的核心位置。高质量发展是全面建设社会主义现代化国家的首要任务,产业链供应链是构建新发展格局、推动高质量发展的重要基础。加快建设现代化产业体系,不断提升产业链供应链韧性和安全水平,才能为实现高质量发展打下坚实基础。建设中华民族现代文明,是推进中国式现代化的必然要求。更好担负起新的文化使命,不断推动中华优秀传统文化创造性转化、创新性发展,在建设中华民族现代文明上加强探索,才能为中国式现代化提供强大的精神支撑、积累丰富的经验智慧。社会治理现代化是中国式现代化的重要内容。不断完善社会治理体系,推进社会治理现代化,才能更有力地推进国家治理体系和治理能力现代化,更好地满足人民美好生活需要。新征程上,我们要深刻领会这"四个新"的理论意义和实践要求,全面把握着力点,做到谋深谋实、落细落地。

3. 推进"五位一体"总体布局

习近平总书记指出,"我们坚持和发展中国特色社会主义,推动物质文明、政治文明、精神文明、社会文明、生态文明协调发展,创造了中国式现代化新道路,创造了人类文明新形态"。中国式现代化是在统筹推进"五位一体"总体布局、协调推进"四个全面"战略布局的基础之上,努力实现物质文明、政治文明、精神文明、社会文明、生态文明协调发展的全面现代化。对苏州发展而言,高质量发展尤其体现在产业、科技、农业、生态、文化、城市治理、民生保障等方面的优势互补、整体推进、协调发展上。考量高质量发展的苏州样本,就是要全面展示"强富美高"新图景的社会主义现代化强市,表征创先高质量发展之路的典范城市。

（二）对策建议

1. 以"人文经济学"理解把握和引领推动中国式现代化苏州样本的实践

聚焦"以人文经济学为引领"战略，深刻认识到人文经济是苏州样本的精髓，更是引领谱写新篇章的动力。一是要把"以人为本"的原则贯穿于中国式现代化苏州样本实践的始终。人的现代化是推进市域现代化、谱写"强富美高"新苏州现代化建设新篇章的关键所在和活化成果。二是要把人文经济的发展作为中国式现代化苏州样本实践的本质特征。一方面，要以材料科学的国家实验室为龙头，大力带动全市和周边科技创新体系建构，形成良好的创新生态、日益增强的创新动能，引导现代化的产业、经济、社会和文化各个环节强链更强、弱链补强、短链延长；另一方面，要用古老而现代的独特文化去激发未来的发展动能，以激活地区现代化发展更深层、更持久、更安全、更稳健的文化力量。三是深化具有中国特色的人文经济学的思想引领作用和动力支点作用。要更深入地把握如何"以文兴业""以文推高"，以崇文励智与敢为人先的锐气推动科技创新链建立，以精致细雅之风完成科技创新链与创新产业链的完美对接，以"双面绣"的绝活实现向全球开放的双向枢纽的重塑，以和合精神包容天下，推动共同富裕的发展，打造社会治理的现代化。四是推进中国式现代化苏州样本实践要坚持文化与经济的双向奔赴。要坚持厚文之"道"与精工之"技"在苏州融为一体，用绣花功夫布局产业、做强产业，在发展经济的同时，统筹协调文化高质量发展。相互生发，业以文兴，推动从吴门医派到生物制药，从万户机杼到高端纺织，从核雕琢玉到半导体芯片，传统的苏工苏作、非遗绝技正在转变为当代的"专精特新"，实现"卡脖子"领域的国产化替代，推动全球产业链价值链的重构。

2. 把推动产业链与创新链深度融合、建设现代化的产业体系作为中国式现代化苏州样本实践的重大目标

聚焦"推进四新取得新作为"战略，以人文经济推进科技创新与产业创新

取得新突破,在建设现代化产业体系上实现新作为。一是推进中国式现代化在科技创新链和产业创新链对接上实现突破。习近平总书记指出:"中国式现代化关键在科技现代化。"①要充分发挥科技创新驱动作用,深刻认识到加快推动产业链与创新链深度融合,是抓住新技术和产业革命历史机遇、应对全球产业链重构的重要举措,是提升我国全球价值链地位、实现经济高质量发展的关键所在。要以人文经济崇文厚德的现代化催生科技创新链率先取得新突破,进而推动科技创新链与产业创新链的紧密对接,形成自主可控的科技产业创新链。二是把建设现代化的产业体系作为中国式现代化苏州样本实践的重大目标。要对接以国家实验室为支撑的科技创新链与创新产业链,大力推进产业的数字化提升工程,推进高端数字化、智能化产业提档升级改造工程,以全球智慧、未来科技和未来产业引领经济发展。以苏州独特的国内国际创新供应链、产业链互依互动双循环格局支撑经济发展。坚持制造业立市,加快推动数字经济与实体经济融合发展,着力打造一批自主可控、安全可靠、竞争力强的产业创新集群。

3. 把建设现代化的空间体系作为中国式现代化苏州样本实践的强大支撑

聚焦"推进'五位一体'总体布局"战略,把产城人文融合置于市域一体化进程中,在空间重构中大力发展人文经济。产城人文融合不能局限在每一个行政区范围内,要在市域一体化和长三角一体化的背景下展开。比如"一核四城"的"核"即姑苏区的发展就不能仅仅局限于姑苏区,要跳出姑苏看姑苏,要把姑苏产城人文融合置于整个苏州大市乃至于长三角一体化的背景下,在更大的范围内寻找其战略定位,更好地发展人文经济。姑苏区应该成为苏式生活的典范、文化创意的高地、江南文化的后院。姑苏区应该加强与其他板块的融合发展,要给其他板块的制造业发展赋能。要给苏州一些重要的产业带如沪宁产业带、沿江产业带、环太湖科创圈和吴淞江科创带赋能,人文经济的发展要融入这些产业带中,要把打造江南文化品牌与苏州制造业的品牌高

---

① 《习近平在江苏考察时强调 在推进中国式现代化中走在前做示范 谱写"强富美高"新江苏现代化建设新篇章》,《光明日报》2023 年 7 月 8 日。

度统一起来。

4. 把推进社会治理现代化作为中国式现代化苏州样本的社会支撑和目标

在推进社会治理现代化上实现新提升,全面推进社会治理现代化。改革开放以来,苏州在走向社会治理现代化进程中有"政社互动"的太仓经验,有创造以项目化为载体、以社会化为特质、以网络化为媒介、以专业化为支撑的"五社联动"服务体系的苏州经验,有构建全生活场景、全年龄服务、全要素推进、全过程参与的"四全"治理服务体系探索,有高质量提升社区服务治理效能的各种政策和社会治理实验。近年来,苏州投入 20 亿元扶持发展社会组织,2021 年来,全市所有乡镇均建立社工站,社工站成为撬动"五社联动"的新枢纽。聚焦于新提升,就是要着力在更好地使社会治理服务人民、依靠人民,使治理成效为全体人民共享上下功夫,在城乡一体化、社会治理体系均衡化布局上下功夫,在以数字化、智能化推动创新治理效能提升上下功夫,让社会治理现代化体系成为支撑苏州样本现代化建设的强大社会支撑。

5. 推进中国式现代化苏州样本要求量与质并举推动全面高质量发展

聚焦"推进'五位一体'总体布局"战略,推动苏州样本发展实现高质量全方面发展。高质量数字化提升必须坚守高质量实体经济基础;世界一流的开放经济必须与自主自立创新产业经济结合并一体化发展;以国家实验室领衔打造的科技创新链必须与创新产业链一体化;高品质城市空间打造必须与高品质美丽乡村建设对接;物质和精神的共同富裕必须整体推进;高质量发展必须依托高效能治理服务体系、高品质生态。要系统发掘和把握支撑苏州样本高质量发展的关键要素,如:高度融入长三角一体化发展战略;发挥生态与经济、人文三维支撑的创新功能;充分发挥以张家港精神、昆山之路、园区经验"三大法宝"为核心,自主、创先、融合、致远的新时代苏州精神的强力带动作用;城乡一体化布局与共同富裕、具有浓郁水乡特色的生态美丽家园建设相互支撑;苏州在全球化和逆全球化复杂国际形势中成为具有世界聚合力的开放城市等。

6. 以中国式现代化苏州样本推动建设中华民族现代文明上探索新经验

在建设中华民族现代文明上探索新经验,将中国式现代化苏州样本新实践上升到文明逻辑的高度。千年吴文化传统滋养着苏州样本的文明底蕴,苏州样本在追求现代化中创造新文明。当年,苏州激情燃烧的奋斗创造出以张家港精神、昆山之路、园区经验"三大法宝"为核心的苏州精神,成为中国精神、中国价值的重要范例。今天,新时代苏州精神正是要重燃激情奋斗之火,在推进中国式现代化中走在前、做示范,肩负为全国探路的光荣而神圣的使命。"为全国探路"意为在没有路的地方率先开辟出、闯出一条中国道路。因此,探路者需要有探路者的勇气,需要有敢闯敢拼、敢闯敢试的英雄气概,需要有一种大无畏、敢为天下先、敢争第一、敢创唯一的精神风貌。今天,中华民族现代文明需要自主精神。摆脱了"苏联教条""西方教条"的束缚,中国式现代化需要自主创造。我们需要创先精神,不再满足于在别人勾画好的现代化、文明、科技的总体蓝图上局部创新,而是要推进前无古人的伟大事业,开辟新道路,成为领跑者。我们需要融合精神,用苏州样本的"双面绣"绝活精巧地将传统与现代、人文与科技、人文与经济、东方文明与西方文明融合起来,创造一种先进的现代文明。我们需要致远境界,需要创造一种让全球持续和谐、人类不断进步、社会持续文明的境界。自主、创先、融合、致远的新时代苏州精神,就是城市现代文明的灵魂,就是中华民族现代文明的先锋。总之,在推进中国式现代化苏州样本实践中,要实现物质文明和精神文明的协调发展,既要注重经济发展,提高人民生活水平,又要注重文化建设,提升人民精神风貌。只有这样,才能实现全面建设社会主义现代化国家的宏伟目标,为实现中华民族伟大复兴的中国梦作出新的贡献。

课题负责人:任平 苏州大学教授

承担单位:苏州大学

课题组主要成员:王俊、陈一、陈忠、段进军、马德峰、姜建成、方世南、陈龙、钱振明、高峰、田芝健、江波、祝嘉

徐州

高质量建设淮海经济区中心城市

2017年12月,习近平总书记到徐州考察,就坚守实体经济、推动创新发展、深化国企改革、促进乡村振兴、建设生态文明、加强基层党建等作出一系列重要指示,为江苏和徐州发展指明了方向、提供了遵循。

徐州是江苏的北大门,是"一带一路"节点城市,同时也是全国重要综合交通枢纽、国家可持续发展议程创新示范区、淮海经济区中心城市和江苏省域副中心城市。作为全省"1+3"重点功能区战略的独立板块,徐州承担着打造全省高质量发展强劲支点的重任,其拥有产业基础扎实、交通区位优越、市场腹地广阔、开放空间巨大等优势,正积极构建"多中心、网络化、组团式"城市空间结构,打造"楚韵汉风、山水映城"城乡风貌,确立了2025年经济总量跻身万亿元城市行列、2035年基本建成现代化区域中心城市的战略目标。

"中国式现代化江苏新实践市域探索研究·徐州篇"聚焦建设淮海经济区中心城市这一视角,在总结提炼建设淮海经济区中心城市的可复制可推广的经验、辩证剖析当前徐州市发展面临的机遇与挑战的基础上,基于系统论的视域,从"要素—系统—环境"三个维度,对徐州市高质量建设淮海经济区中心城市的实践探索进行系统分析。提出以高质量发展为宗旨,全面提高中心城市首位度;探索省际边缘地区协同发展新机制,推动淮海经济区协同发展;加快形成聚集效应和协同优势,推动多层次多样化区域联动等思路建议;旨在为中国式现代化背景下的区域协同发展创造经验、提供示范。

现代化是人类社会从传统向现代转型的持续过程。它涉及经济、社会、政治和文化多个方面的深刻变革。一个国家选择什么样的现代化道路，是由其历史传统、社会制度、发展条件、外部环境等诸多因素决定的。国情不同，现代化途径也会不同。建设社会主义现代化国家是我们党一以贯之的奋斗目标①。党的二十大报告指出："中国式现代化，是中国共产党领导的社会主义现代化，既有各国现代化的共同特征，更有基于自己国情的中国特色"，"中国式现代化是人口规模巨大的现代化，是全体人民共同富裕的现代化，是物质文明和精神文明相协调的现代化，是人与自然和谐共生的现代化，是走和平发展道路的现代化"。

徐州是国家历史文化名城，传统底蕴浸润在人们生产生活的各个方面。党的十八大以来，徐州市在现代化转型过程中从多个方面作出了积极探索。2017 年，国务院《关于徐州市城市总体规划的批复》中明确徐州市是"淮海经济区中心城市"，这为徐州现代化转型提供了指引方向与重大契机。近年来，徐州市坚持以习近平新时代中国特色社会主义思想为指导，全面贯彻落实党的二十大精神和习近平总书记对江苏工作重要讲话重要指示精神，以改革创新为动力，聚力聚焦打造区域经济中心、科技创新中心、教育文化中心、全国重要的综合交通枢纽和双向开放高地，引领带动淮海经济区形成活力迸发的协同发展局面。通过加快提升城市发展能级，做强城区经济，提升枢纽地位，增强综合功能，深化协同发展，不断强化集聚辐射带动作用，以高质量建设淮海经济区中心城市，全力推动中国式现代化徐州新实践行稳致远。

一、 区域中心城市建设的理论基础及分析框架

（一） 我国建设区域中心城市的理论基础

我国疆域辽阔、地域类型多样，受地理位置、自然资源、人口分布、经济传统等多种因素影响，区域内的不平衡发展是一种常态。这种状况虽然有其现

---

① 习近平：《中国式现代化是中国共产党领导的社会主义现代化》，《求是》2023 年第 11 期。

实基础与客观性,但其带来的负面影响不容忽视,为此有必要采取措施予以调适。党的二十大报告提出"促进区域协调发展"的战略安排,要求"构建优势互补、高质量发展的区域经济布局和国土空间体系""以城市群、都市圈为依托构建大中小城市协调发展格局"。这些举措体现了区域协调发展对于中国式现代化的关键作用,为新时代促进区域协调发展提供了重要遵循。[1] 建设区域中心城市是区域经济协调发展的有机内容,也是区域经济可持续发展的重要依托。在我国,区域中心城市是官方依据城镇体系规划对城市的定位。由住建部与中国城市规划设计研究院编写并出版的《全国城镇体系规划(2006—2020 年)》按照各城市在国家和区域中的地位与作用,将城市分为国家中心城市、区域中心城市、地区中心城市和县域中心城市。《全国城镇体系规划(2010—2020 年)》将国家区域中心城市的概念范围调整为中国地理大区的区域中心,而非省级区域的区域中心,并明确提出建设沈阳、南京、武汉、深圳、成都、西安六个区域中心城市。此外,我国还存在不同级别的区域中心城市,如南宁是广西北部湾经济区中心城市,荆州打造鄂中省域区域性中心城市,赤峰建设蒙东地区区域性中心城市,安庆打造带动皖西南、辐射皖鄂赣交界地区的区域性中心城市等。由此可见,我国区域中心城市的选取具有自主性、开放性、动态性,并无固定的选取标准,也无一成不变的名单,而是基于国家或省的整体发展战略需求而确定。

关于如何高质量建设区域中心城市,我国学界进行了一定的研究,主要从以下三个角度展开:一是从评价指标体系角度。如,研究区域中心城市辐射力指标体系[2];对区域中心城市技术创新水平进行测度[3];采用主成分分析

---

① 刁琳琳:《促进区域协调发展 稳步推进中国式现代化》,《光明日报》2023 年 8 月 1 日。
② 冯德显、贾晶、乔旭宁:《区域性中心城市辐射力及其评价——以郑州市为例》,《地理科学》2006 年第 3 期。
③ 吴国玺、万年庆:《河南省区域性中心城市技术创新水平评价》,《资源开发与市场》2009 年第 1 期。

法评价中心城市的辐射带动能力[1];提出区域中心城市蔓延趋势测度方法[2];构建中心城市的识别指标体系[3]。二是从建设方式角度。如,就区域中心城市如何适应总部导向经济的发展提出建议[4];分析区域中心城市建设中政府介入的博弈机制[5]。三是从提出建议角度。如,探讨区域中心城市建设的多维取向[6];对推动西部地区区域中心城市发展提出建议[7]。

上述研究对于区域中心城市高质量发展进行了理论探索,为本课题提供了研究基础与参考借鉴,但是也有值得进一步研究的空间,比如,区域中心城市高质量发展与中国式现代化的深层关系、区域中心城市的功能定位审视、高质量建设区域中心城市对所在区域的辩证关系等。

(二) 建设区域中心城市的系统论分析框架

"推进中国式现代化是一个系统工程,需要统筹兼顾、系统谋划、整体推进"[8]。系统论既是一种基础理论,也是一种思维方法与研究方法。系统观念认为所有现象都可以看作是要素或系统之间的一个关系网,所有系统都具有共同的模式、行为和属性。区域作为国家社会中的一个子系统,中心城市就是这个子系统的核心要素,区域之外的省或国家则构成了该子系统发展演化的环境。运用系统论方法研究区域中心城市建设分析如下:

其一,淮海经济区就可以看作是一个系统,它包括若干子系统,而其自身又是更大的社会系统的子系统。地理意义上的淮海概念主要是指以徐州为

---

① 张虹冕、赵今明:《区域性中心城市辐射带动效应研究——基于合芜蚌自主创新试验区的分析》,《管理现代化》2017 年第 3 期。
② 徐向华、陈臻、丁晓东:《区域性中心城市蔓延趋势测度与控制策略——以山东省临沂市为例》,《中国土地科学》2019 年第 2 期。
③ 邬晓霞、安树伟:《中西部区域性中心城市的识别与发展方向》,《改革》2022 年第 10 期。
④ 吕刚、唐德善:《区域性中心城市在总部导向经济体系中的定位》,《国家行政学院学报》2008 年第 3 期。
⑤ 韩鹏:《区域性中心城市发展中政府介入的博弈分析》,《生产力研究》2008 年第 6 期。
⑥ 罗志高:《区域性中心城市建设的多维取向:分析成渝城市群》,《改革》2018 年第 1 期。
⑦ 肖金成、马燕坤:《西部地区区域性中心城市高质量发展研究》,《兰州大学学报》(社会科学版)2020 年第 5 期。
⑧ 习近平:《推进中国式现代化需要正确处理好若干重大关系》,《求是》2023 年第 19 期。

中心的淮河以北及海州（今连云港市）一带的地区。这片区域自古以来地域相连、经济相通、民风相近，为淮海经济区的形成奠定了基础。2018年，国务院批复《淮河生态经济带发展规划》，首次在国家层面正式明确了徐州、淮北、菏泽、济宁、临沂、连云港、商丘、宿迁、宿州、枣庄十个市为淮海经济区核心城市，淮海经济区的区域及规划的总体格局正式形成。

其二，徐州市作为系统的核心要素，是淮海经济区系统的重要组成部分。对于系统产生控制作用的要素可以分为内部要素和外部要素。其内部要素包括中心城市、其他非中心城市、相关的企业、政府、资源、人口等；外部要素包括上级政策或法律的影响、技术发展变化、市场供需情况等。自2017年国务院批复明确"淮海经济区中心城市"以来，徐州市就将高质量建设淮海经济区中心城市确立为发展的中心任务，聚力聚焦打造区域经济中心、科技创新中心、教育文化中心、全国重要的综合交通枢纽和双向开放高地，取得了显著的成效，对促进淮海经济区整体发展发挥了积极的带动作用。

其三，环境是为系统提供输入或输出的场所。对于淮海经济区而言，位于该区域之外的我国整体发展情势乃至世界变化形势都是其发展的环境。一般来说，国家中心城市和省区域中心城市都是由国家或省统筹考虑确定的，因此中心城市相比区域内其他城市具有突出的地位，具有较高的认同度，能够顺利发挥集聚辐射影响。徐州市作为淮海经济区中心城市虽有国家层面认可，但是在相关省与市的认同度不太高，影响了中心城市的功能发挥。与我国现有的中心城市相比，淮海经济区中心城市的定位高于省内的区域中心城市，又低于国家中心城市，因此具有特殊性，需要基于系统论视角全面分析、回应发展环境。

二、 徐州市建设区域中心城市的成效与经验

现代化作为当代社会发展的基本目标，标志着自科技革命以来人类社会迅速演进变革的一般过程和趋势，因而是一个与社会变革相互交融、逐步演

进发展的历史过程。^① 近年来,徐州市围绕建设淮海经济区中心城市这一城市发展定位,聚力聚焦打造区域经济中心、科技创新中心、教育文化中心、全国重要的综合交通枢纽和双向开放高地,引领带动淮海经济区形成活力迸发的协同发展局面,这一历程中的诸多成效与经验值得总结、推广。

(一) 淮海经济区中心城市的建设基础

徐州市是江苏省辖地级市、省域副中心城市,也是国家"一带一路"重要节点城市、国家可持续发展议程创新示范区、长三角北翼副中心城市、徐州都市圈核心城市。这些都是徐州市显而易见的优势,但是也不能忽视发展的劣势。徐州市作为淮海经济区中心城市,面临的优势与劣势需要辩证分析、客观对待、妥善应对。

1. 徐州市的突出优势

一是从城市底蕴看,徐州市具有明显的历史地理优势。基于历史角度,徐州市是两汉文化的发源地,辖区内有丰富的汉文化遗存。基于地理角度,徐州市地理位置重要,素有"五省通衢"之称;下辖 5 个市辖区、3 个县,代管 2 个县级市,总面积 11765 平方公里。鉴于明显的历史厚度与地理广度,作为"一带一路"重要节点城市,徐州市处于长三角一体化发展、长江经济带发展、黄河流域生态保护和高质量发展等多个国家区域重大战略的交汇地带,在淮海经济区中具有不可比拟的突出"势"能。

二是从城市实力看,徐州市具有较大的经济体量。改革开放以前,徐州市工业布局主要以生产煤炭、矿石、水泥、电力等重工业为主,为全省工业发展提供能源和原材料。2008 年底,江苏省委、省政府出台《关于加快振兴徐州老工业基地的意见》,为徐州经济振兴提供了政策动力。2018 年,淮海经济区十市地区生产总值合计为 32411.65 亿元,其中徐州市 GDP 总量占比为 20.8%,是区域次位城市济宁的 1.37 倍。上述"两大中心""三大基地""四大

---

① 马健永:《中国式现代化道路的三重意涵:演进逻辑·时代价值·实践理路》,《哈尔滨工业大学学报》(社会科学版)2023 年第 5 期。

产业"的顺利推进,使得徐州延续了良好的发展势头,经济体量持续保持在区域内领先位次。

三是从城市功能看,徐州市基础公共服务优势突出。在淮海经济区各城市中,徐州市的教育与医疗资源较为突出,持续吸引区域内人口汇聚,显著提高了徐州市的区域影响力。基于教育资源角度,徐州市目前拥有中国矿业大学、江苏师范大学、徐州医科大学和徐州工程学院等 4 所公办本科院校。基于医疗资源角度,作为国家卫生城市和区域中心城市,徐州市拥有各级各类医疗卫生机构 4693 家。优越的教育与医疗资源为徐州带来人流、物流、产业流的汇聚。

2. 徐州市的主要短板

在看到优势的同时,也要认识到,无论是从城市自身发展还是与周边城市相比而言,徐州市都面临着需要正视并努力克服的短板。主要体现在以下三个方面:

一是经济产业结构偏重。徐州煤炭、钢铁等储量丰富,发展工业具有较好的物质资料基础。20 世纪 50—80 年代,国家在徐州布点建设了一批能源材料企业,逐渐形成了经济结构偏重的产业特点。从工业内部构成来看,装备制造、食品及农副产品加工、煤盐化工、能源一度占据全市工业总产值的 86.7%。[①]在工业化初期,重型产业具有至关重要的作用,然而经济社会形势的变化为产业变革和可持续性发展带来了挑战。

二是城市基础设施较为滞后。改革开放 40 多年的时间里,徐州市在城市体量、规模和地位上持续上升,但是城市基础设施建设水平相对滞后。比如,早年建设的住宅小区年久失修、排水防涝设施功能老化、垃圾处理系统需要更新、道路交通难以应对急速增加的交通工具、景观绿化不能满足人民日益增长的高质量生活需求等等。

三是外向型经济发展遇到瓶颈。外向型经济侧重通过国际贸易来寻求

---

① 徐州市经信委:《徐州市加快工业经济转型升级的实践与思考》,《中国经贸导刊》2014 年第 30 期。

经济发展,它与通过发展本土经济实现自给自足具有不同的功效。从总体来看,徐州市的外向型经济遇到了发展瓶颈。主要表现在,外商投资行业过于集中,主要在第二产业;外资利用的绝对量不大,与省内其他城市相比还有差距;外向型经济结构单一,对整体经济增长的拉动作用不明显。

(二) 徐州市建设淮海经济区中心城市的主要举措

党的十八大以来,徐州市认真贯彻落实习近平总书记视察徐州重要讲话指示精神,发挥优势,克服短板,推动经济社会高质量发展,加快建设淮海经济区中心城市,全面转型取得重要阶段性成果。

1. 以产业集聚打造产业链价值链。 产业集聚作为当代产业生存和发展的有效组织形式。近年来,徐州市在多个领域有意识地构建产业链价值链,取得了较好的成效。如,针对市场需求对农业发展的挑战,着力构建一二三产融合发展、贸工农旅一体化、优势产业主导产加销一条龙的现代农业产业集群体系。通过搭建价值链,徐州市确定了产业增值过程中的各关键环节,不仅提高生产效率,以最小的成本提供最大的价值,还强化了行业与部门间的协同,发挥了相关产业的规模效应。

2. 以基础设施建设改善城市功能。 基础设施建设作为一种投资既可以直接促进经济增长,又可以通过溢出效应间接地促进经济增长。[1] 针对城市基础设施的建设能力不足、建设标准不高、发展理念落后、运营管理粗放等历史遗留问题,徐州市每年谋划论证一批城建重点工程,补强城市短板,提升城市韧性。这包括但不限于建设交通各项设施,大力推进老城区"市区道路三年畅通"工程,提高城市景观建设水平等。同时,徐州市积极构建智慧城市,运用城市管理综合监管平台,构建"地面+高空""移动+固定"的立体化智能自动巡查采集体系。这不仅提高了政府部门的城市管理效率,也促进了人民群众参与城市建设和管理的水平。

3. 以开放平台促进外向型经济发展。 "改革开放是决定当代中国命运

---

[1] 刘生龙、胡鞍钢:《基础设施的外部性在中国的检验:1988—2007》,《经济研究》2010 年第 3 期。

的关键一招,也是决定中国式现代化成败的关键一招。"①2016年徐州市出台《关于加快徐州开放型经济平台建设的实施意见》,提出全市"十大开放平台"建设的目标任务和工作举措。这"十大开放平台"不仅包括做强陆路开放口岸和航空口岸,还包括新建电子口岸;不仅提出建设综合保税区,还要求创建新沂保税物流中心;不仅立足本地和本区域,还从国家和国际层面提出高标准,包括创建国际邮件互换中心、国家级服务外包示范城市等。通过着力构建全方位、立体化的双向开放平台体系,为徐州老工业基地全面振兴提供产业发展载体、拓展更大开放空间。

（三）徐州市建设淮海经济区中心城市的经验总结

综观近年来徐州市的发展历程可见,徐州市围绕建设"经济强、百姓富、环境美、社会文明程度高"的目标,积极探索,勇于创新,形成的探索经验与中国式现代化的特征相契合,对我国其他类似地区具有参考意义和推广价值。

1. 提高居民生活质量与优化居民消费结构相结合,追求人口规模基础上的"经济强"。 人口是经济增长的内生变量。而这种人口效应不应仅以人口增长来衡量,而应以居民人数的增加来衡量。在同级别城市中,徐州市地理范围较广、人口较多,常住人口902万、户籍人口1029万,人口数量在全省与淮海经济区均属于前列。随着周边地区人口不断涌入,徐州市的城镇化进程明显加快,但也面临经济行业竞争加剧、生产业态失衡、资源环境压力加大、人口老龄化趋势明显等风险。为此,徐州市坚守"工业立市、产业强市"战略,推动经济实现质的有效提升和量的合理增长;深化新型城镇化进程,缩小城乡收入差距,确保全市居民人均可支配收入保持增长、农村居民收入增速高于城镇居民;优化居民消费结构,提高居民生活质量,激发内需潜力,稳定消费增长,促进经济平稳发展。

2. 双创引领与兜底保障相补充,追求共同富裕导向的"百姓富"。 从经济学理论层面,百姓富是一个分配的问题,即劳动与资本在全部总产出中占

---

① 习近平:《中国式现代化是中国共产党领导的社会主义现代化》,《求是》2023年第11期。

比多寡的问题,更深层次则涉及分配伦理的问题。其实质是让人民群众更多更公平地分享改革发展成果,核心是提高人民群众的收入水平和缩小贫富差距[1]。针对经济总量较大但人均可支配收入不太高的形势,徐州市一方面灵活推进创新创业工程,促进营商生态环境不断优化,出台优惠政策促进企业健康良性发展。另一方面,系统化完善兜底保障措施,动态排查特殊困难对象,对于符合条件的纳入数据库,对入库的近26万特殊困难群体,利用系统生成"一报告两清单",全程跟踪服务,避免陷入生活困境;对政策保障范围之外的群体,采取"一事一议"方式兜底保障,让全体人民共享发展成果。

3. **科技赋能与市场助力相支撑,追求人与自然和谐共生的"环境美"。** 生态环境治理是一项系统工程,需要统筹考虑环境要素的复杂性、生态系统的完整性、自然地理单元的连续性、经济社会发展的可持续性。[2] 针对煤炭长期大量开采对生态环境造成破坏的现状,徐州市一方面以科技赋能环境保护,在全省率先启动污染防治综合监管平台,整合27套环保在线监控监测系统,构建起了信息主导、体系支撑的污染防治"智慧监管"新模式;另一方面强化市场助力机制推进环境污染治理,推动建立排污者付费、第三方治污新机制,充分发挥环境服务公司作用。徐州全市建成区绿化率达43.81%,荣获联合国人居环境奖,"一城青山半城湖"成为亮丽名片。

4. **弘扬传统文化与建设现代文明相结合,追求物质文明和精神文明相协调的"社会文明程度高"。** 徐州在创建全国文明城市过程中发掘文化潜力,赓续历史文脉,提升社会文明程度。一方面,强化物质文明建设依托,持续开展汉文化旅游节、汉文化论坛等品牌活动,培树"快哉徐州""国潮汉风"等文旅品牌,以具体实在的项目推进传统文化的延续,让优秀传统文化走入群众生活,走入青少年群体,以百姓喜闻乐见的方式,让优秀传统文化浸润人心。另一方面,深化精神文明建设活动,实施建设精神文明高地三年行动,推广"马庄经验",开展争做文明"十在"徐州人和"德耀彭城"主题活动。通过发

---

① 骆祖春、吴先满:《"百姓富"的时代内涵及其绩效评价》,《江海学刊》2015年第6期。
② 习近平:《推进生态文明建设需要处理好几个重大关系》,《求是》2023年第22期。

挥先进典型的引领作用、优秀代表的鼓舞作用,在社会各个领域营造向善向好的优良生产生活氛围,促进家风、乡风、民风共同提升。

三、 徐州市建设区域中心城市的机遇与挑战

中心城市是经济增长的重要驱动力,但其角色和功能变化的影响在社会(对人)和空间(对地方)方面都是高度不确定的。当今世界正处于"百年未有之大变局",其格局结构、秩序规则等均在调整变化和动荡失稳之中,世界的不稳定性和失序状态日益显性化。在我国,中国特色社会主义进入新时代以来,社会主要矛盾已经转化为人民日益增长的美好生活需要和不平衡不充分的发展之间的矛盾。对于徐州市建设淮海经济区中心城市而言,可谓机遇与挑战并存。

(一) 区域中心城市的功能定位

1. 区域中心城市功能的应然状态

近年来,我国多地提出打造区域中心城市的计划,但社会各界对中心城市的概念内涵认识尚不统一,中心城市的基本特征和功能并不明确。关于中心城市的功能见仁见智,比如,国家中心城市具有区位枢纽、综合服务、发展引擎等方面的功能特征[1];中心城市须具备经济辐射、流通枢纽、科技创新等多元功能[2]。综上可见,虽然对于中心城市的功能的具体类型有所争议,但是也有一些共同的功能选择。这些功能设定取决于不同的视角和分类标准。

2. 徐州市建设区域中心城市功能的实然选择

基于系统论的视域,可以将中心城市的功能分为三个维度:

(1) 要素维度层面,中心城市应发挥引领与服务功能

中心城市在区域发展中有特殊的意义。一方面,中心城市只有提高自身的实力尤其是经济实力,形成一批效益好、有前瞻性的产业,才能带动周边城

---

① 吴正海、范建刚:《国家中心城市:功能特征、发展指数与建设进路》,《城市规划》2023 年第 8 期。
② 柏程豫:《强化郑州中心城市功能 引领中原城市群高质量发展》,《北方经济》2020 年第 11 期。

市共同发展,产生强大的凝聚力与向心力。徐州市在产业技术创新能力、科创平台体系技术、人才引进培养方面注重创新突破。例如,培育全国煤炭行业首家主板上市企业、成立深地科学与工程云龙湖实验室、推进"555"引才工程等,为经济发展提供深层动力。另一方面,在某一区域内,多数城市都会具有常用的公共服务,但是有些基础性或高端性的公共服务,不必要求每个城市都要承担,由中心城市承担这些特殊的公共服务更为现实可行,也更具有经济性。例如,徐州市已开通徐州至萧县、徐州至宿州、徐州至枣庄、徐州至灵璧等省际毗邻公交,并谋划在"十四五"时期实现毗邻县(市)区公交通达率达到100%。周边城市在与徐州做好交通接驳的前提下,能够以较少成本用好徐州的交通资源。

(2)系统维度层面,中心城市应发挥促进与协调功能

区域内城市之间存在着博弈,有竞争也有合作,因此需要中心城市予以协调。一方面,中心城市应当促进合作,从而形成强大的合力。每个城市都会有自己的比较优势,但是由于信息不对称、信任不足等因素影响,比较优势不能转化为现实效益。为此,需要中心城市牵头促进合作,以互通有无、扬长避短。如,2020年首届淮海经济区文旅协同发展圆桌会议在徐州市召开,深化"联演、联展、联游、联研、联宣"等活动,全力打造"大美淮海·缤纷文旅"区域文旅品牌。这种旅游合作机制在红色文化、运河文化的旅游资源开发等方面也可以推广应用。另一方面,中心城市应当妥善处理竞争,减少无序竞争形成的内耗。如,徐州市与宿州市、淮北市签订全面战略合作协议,重点加强产业协同发展,推动徐州高新区—宿州埇桥等4个省际毗邻地区合作园区建设,打造"飞地经济"淮海模式。

(3)环境维度层面,中心城市应发挥交流与对接功能

跳出区域系统自身的界限,中心城市在更大的社会环境视野内应当承担代表区域系统对外交流的功能。一方面,中心城市作为区域的代表,应当与上级做好交流对接,形成更为有利的制度环境。如,在近年来的全国、全省党代会、人代会等重要会议场合,徐州市党政主要领导均提出建议。比如,建议

将淮海经济区协同发展纳入国家"十四五"规划,制定出台淮海经济区协同发展专项规划,加快推动省际边缘地区协同发展改革试点落地实施。另一方面,中心城市作为区域的代表,应当与其他区域做好交流对接。从社会系统的角度看,这是子系统与子系统之间的对接。如,近年来徐州市全方位与扬子江城市群、沿海经济带、江淮生态经济区等功能区对接合作,主动承接技术外溢和产业转移,促进产业链创新链融合发展。

(二)建设中心城市的机遇

1. 从要素维度看,徐州市自身的发展基础变好

在淮海经济区中,徐州市作为中心城市,对于区域系统其他城市具有带动、集聚、辐射的使命。徐州近年来注重发展"343"创新产业集群,搭建起"工作专班+产业联盟+创新体系+要素支撑"的"四个一"推进机制;通过专班组建专门化的工作力量做好服务,提炼各产业"公约数"形成共性工作清单,组建产业联盟放大规模效应。

2. 从系统维度看,区域协调体制机制基本建立

2018年徐州市在淮海经济区首倡建立协同发展新机制,并在国家发展改革委指导下组织召开有区内十市主要领导参加的协同发展座谈会;同时成立了淮海经济区协同发展专家咨询委员会和协同发展办公室,在多个重点领域深化交流合作。目前,区域内各市的协作联动机构涉及人大、政协等机关,也涵盖了科技、警务、公积金等领域。

3. 从环境维度看,上级有利政策叠加

从国家层面看,党的二十大报告强调"促进区域协调发展"。2022年全国两会报告中提出"推进淮海合作区协同发展"。从省内层面看,2017年江苏省委、省政府将徐州市建设淮海经济区中心城市作为单独版块纳入"1+3"重点功能区战略。2022年江苏省第十四次党代会提出,深入推进淮海经济区建设,支持徐州加快建设淮海经济区中心城市。2023年省政府工作报告将"支持徐州高质量建设淮海经济区中心城市"列入2023年重点工作。

（三）建设中心城市的挑战

1. 要素维度层面，徐州市发展遇到新的制约因素

与现实需求相比，徐州市科技创新能力不够强，制约发展动能接续转换。从与科技创新相关的首位度指标来看，徐州市部分指标虽然居区域首位，但是优势不明显，如截至 2022 年底徐州市高新技术企业有 1421 家，仅略多于济宁；高新技术产业产值占规模以上工业产值比重为 43.5%，低于江苏省平均水平，略高于周边城市。还有一些科技创新指标并不居首位，如，徐州市拥有省级以上科技创新平台数量 209 个，位居区域第 2 位；全社会研发经费投入占GDP 比重为 2.0%，在区域排名第 5 位。

2. 系统维度层面，各兄弟城市协作机制建设进入深水区

淮海经济区内各城市之间基于协调而发展较快，但是当前容易协调的领域基本已经完成，剩余的多是涉及自身利益冲突的领域，这已经制约区域协同发展。主要表现为：一方面，徐州凝聚力不足。近年来，徐州市经济总量不断攀升，2023 年 GDP 完成 8900.4 亿元，在淮海经济区处于领先位置，但体量比较优势依然较弱，首位度指数仅有 1.46，与我国类似中心城市的区域经济首位度［如长沙（3.87）、郑州（2.27）］相比存在差距，导致辐射力、凝聚力不足。另一方面，其他城市协作不够。不仅徐州市主城区与辖区内各县（市）区协同不强，丰县、贾汪等县区发展与中心城区存在落差；徐州市与淮北、宿州等兄弟城市联动也存在不足。

3. 环境维度层面，外界各种不确定风险加大

系统性风险具有高度复杂性、跨界效应、随机关系和非线性因果模式的特点，并且往往得不到应有的公众关注。当前，国内外经济下行压力加大，特别是国外保守主义对我国经济可能产生长期不利影响。大环境之下，国内外政策的异常变动性和不可预见性，也给淮海经济区发展的战略政策部署带来不确定性影响。比如，在国内国际"双循环"的大背景下，主要政策有所调整，但配套政策调整不及时不到位；又如，技术发展更新换代频繁，而相关标准更新滞后，等等。

四、 徐州市高质量建设区域中心城市的未来展望

对标淮海经济区中心城市应有的功能,辩证分析徐州市的强项与短板,正视当前面临的问题、困难与挑战,"追兵渐近、标兵渐远"的形势愈加紧迫。一方面,从淮海经济区中心城市的角度对照"三中心一枢纽一高地"的发展定位,比较淮海经济区内各城市的 GDP、高新技术企业数、物流业总收入、进出口总额、普通高等学校数等 5 类 26 项指标,徐州市有 17 项指标区域领先(占比为 65.4%),在区域内领先优势仍不够明显;另一方面,从江苏省"1+3"战略功能区的角度,对标省内具有可比性的南通、常州等城市,徐州市在经济总量、产业结构、创新发展等方面与其差距逐步拉大、压力不断加重。基于上述形势,运用系统论框架,分析展望如下:

(一) 从要素维度,以高质量发展为宗旨,全面提升中心城市首位度

1. 以提升区域经济首位度为着力点,在强链补链延链上展现新作为

注重发掘比较优势,以发展壮大实体经济为重点,加快提升经济首位度。一方面,进一步发挥徐工集团等国有企业"顶梁柱"作用。习近平总书记在考察徐工集团时强调,"国有企业是中国特色社会主义的重要物质基础和政治基础,是中国特色社会主义经济的'顶梁柱'。"[①]切实推动本地传统产业改造提升,培育区域经济发展新动能,建设以实体经济为支撑的现代化产业体系。另一方面,构建公共服务可及、企业办事便利、监管框架完备的营商环境制度体系,打造淮海经济区最具吸引力的营商环境;还应当定期研判涉徐舆论热点与网络综合形象,常态化进行城市形象的"舆论场信用修复",学习先进地区推介宣传经验,全方位提升徐州市在国内外的社会美誉度。

2. 以打造区域科技创新中心为目标,在科技创新上取得新突破

根据徐州市国家可持续发展议程创新示范区建设方案(2022—2024 年),

---

① 《习近平在江苏徐州市考察时强调 深入学习贯彻党的十九大精神 紧扣新时代要求推动改革发展》,《人民日报》2017 年 12 月 14 日。

到 2024 年,徐州市将基本建成区域科技创新中心。创新是一条绩效链,而这条链条的强度取决于最薄弱的环节——科技成果转化。对于徐州市而言,当前应进一步发挥科技创新平台与人才的功能。一方面以"可持续发展议程创新示范区"为引领,通过吸引集聚科技创新的主体、平台、资源、政策等各类要素,依托驻徐院所与高校、云龙湖实验室等平台,营造良好的科技创新生态,打造名副其实的区域科创中心;另一方面以优化人才发展环境为重点,建立健全徐州高等教育资源转化机制,推动本科院校以学科建设带动产业发展,引导高职院校注重学科匹配产业,形成政府为主导、职业学校为基础、企业行业为主体的高技能人才培养体系,着力打造人才区域高地。

3. 以文化底蕴优势为根基,在建设中华民族现代文明上探索新经验

文明的发展和存在离不开文化。徐州市应发扬文化底蕴优势,更大力度促进文旅融合,打造集汉文化、红色文化、运河文化等为一体的传承和旅游目的地。申言之,打造世界级汉文化传承和旅游目的地,强化产业发展与城市发展的融合,进一步提升在国家层面和国际范围的影响力;打造红色文化传承和旅游目的地,做好与周边城市红色旅游的区域联动,向相关文化产业拓展,形成新型的文化旅游的新业态;打造运河文化传承和旅游目的地,发挥经济与文化的相互促进功能,将文化传承有机融入旅游产品,打造运河文化旅游示范区。

4. 以全国重要的综合交通枢纽为重点,提高区域协作加速度

交通基础设施与经济增长表现出很强的空间聚集特征。[1] 对交通基础设施等服务的公共投资被视为长期繁荣的重要驱动力。2021 年中共中央、国务院发布的《国家综合立体交通网规划纲要》提出建设连云港—徐州—淮安全国性综合交通枢纽城市。三座城市的交通枢纽功能各有侧重,差异互补,一起进入了 2023 年国家综合货运枢纽补链强链支持范围,能够很好地发挥组合枢纽功能。徐州应进一步强化与连云港、淮安的对接,推进枢纽内外部设施

---

① 张学良、孙海鸣:《交通基础设施、空间聚集与中国经济增长》,《经济经纬》2008 年第 2 期。

互联互通，建立长效合作机制，更高水平地实现组合枢纽一体化发展，更好地发挥组合枢纽功能，进而引导枢纽偏好型产业集聚，实现交通与产业、城镇融合发展。

5. 以打造双向开放高地为依托，拓展更大市场空间

全球化造成了一种广阔的开放市场。徐州市既是全国东西、南北经济联系的重要"十字路口"，也是"丝绸之路经济带"和"21世纪海上丝绸之路"的重要节点，应当利用好自身优势，打造全方位、高水平、宽领域彰显徐州特色的双向开放格局。如，推动综合保税区改革试点建设，结合徐州不同类型的商业出口需求，完善运作机制与机构形态，提高货物通关效率；徐州国际邮件互换局作为淮海经济区首家、江苏省第三家国际邮件互换局，应当拓展区域内各城市的相关资源，整合相关业务形成服务链。

（二）从系统维度，以提升城市功能品质为重点，持续增强综合服务能力

由于淮海经济区覆盖跨省市的区域，缺乏统一的行政管理权力，因此各城市之间的协作对于区域系统的正常运转至关重要。一般认为，府际协作是地方政府解决治理难题的有效途径。但是地方政府府际协作机制的建立也会受到信任因素、交易成本与契约风险的影响。虽然正式规则是城市间协作的重要特征，但非正式协议更具灵活性，可减少签约成本。鉴于在不同阶段，正式与非正式的协作机制各有优势，淮海经济区系统内的城市协作方式应当因地制宜，因时而定。

1. 深化正式协作内容

2018年，第一届淮海经济区协同发展座谈会在徐州市召开，淮海经济区十市共同签署《淮海经济区协同发展战略合作框架协议》，对区域协同发展新机制进行了整体设计。之后，淮海经济区协同发展座谈会轮流在区域内各城市举办，并先后通过了一系列合作协议等。下一步应当遵循区域经济发展规律，以建设区域市场一体化为导向，顺应产业升级、人口流动和空间演进趋势，在充分考虑不同城市现有基础和发展潜力的差异性基础上，结合发展重点、热点、难

点、堵点,深化协作层次,优化利益共享机制,推动区域合作走向深入。

比如,强化市场监管领域执法协作。建立健全淮海经济区市场监管执法协作行政执法证据互认机制、知识产权行政与司法协同保护机制,进一步促进知识产权行政司法协同、跨域交流合作;发挥跨区域生态环境协同联动机制作用,共同推进重点领域生态保护和污染防治;深化推进淮海经济区警务协作机制,共同维护区域特别是边界地区平安稳定。再如,推动区域协同发展资源共享。联合建立淮海经济区政务服务"跨省通办"一体化发展工作机制,优化升级政务服务"跨域通办"联审联办平台,将更多高频政务服务事项纳入"跨省通办"。

2. 探索非正式协作机制

在官方渠道推动区域正式协作的基础上,还应鼓励民间积极探索多种形式的非正式协作。比如,近年来开展的覆盖淮海经济区的传统武术大赛、卫生健康系统职工职业技能竞赛、"村界杯"农民足球赛、大学生知识产权演讲比赛、青少年游泳锦标赛等都是有益的探索,下一步可探索行业间、企业间、高校间等各类主体之间的协作,不断拓展形式、丰富内容、提高协作成效。

比如,深入推进淮海经济区法律服务行业发展合作共建,以淮海经济区法律服务产业园为平台,汇集优质律师、公证、鉴定、仲裁、法律援助等法律服务资源,形成法律服务产业链联盟,联合打造跨省高端法律服务产业高地,为淮海经济区高质量发展提供强大助力。再如,精心打造"淮海经济区"铁人三项赛、田径公开赛、传统武术大赛等体育赛事品牌,通过汇聚体育、文化和情感的盛宴,引领区域内参赛者进行深度的文化、历史探索之旅。

(三)从环境维度,积极融入国家战略布局,大力推进区域间协作

从系统论的视角看,淮海经济区类似于一个松散的组织体,其发展是由相互依赖的、周期性的、随着时间的推移而一致的事件模式组成的,因此必须根据它们彼此之间以及与外部环境的相互作用来理解。将淮海经济区视为一个子系统,其外在的环境又可分为在其之外的国家系统和与其并列的其他区域系统。

1. 积极融入国家战略布局

与我国现有的中心城市相比,淮海经济区中心城市的定位高于省内的区域中心城市,又低于国家中心城市,因此具有特殊性,也无现成的支持政策供参照。因此,徐州市发展的政策环境具有一定的不确定性。2024 年 3 月,全国两会受权发布《关于 2023 年国民经济和社会发展计划执行情况与 2024 年国民经济和社会发展计划草案的报告》。其中,在 2024 年国民经济和社会发展计划的主要任务中,第六项提到扎实推动区域协调发展和新型城镇化建设,加快优化区域经济布局。作为推进长三角一体化发展的重要组成部分,制定淮海经济区高质量发展规划纲要,与推动制定支持上海加快"五个中心"建设重点领域配套文件、编制长三角地区未来产业协同发展规划一起,列入促进区域协调发展和融合发展的政策举措。这就为淮海经济区发展提供了更明确的指引,也提供了新的机遇。鉴于政策的广泛性、动态性特点,在专项政策难以一步到位的情况下,可以在宏观政策范畴内积极作为,主动融入国家重大战略,并因应政策的动态调整,及时更新自身发展规划。

2. 大力推进区域间协作

区域协调是在区域和国家一级执行议程的关键。改革开放以来,我国陆续批准实施了多项各类区域规划,对于加快相关区域的经济发展发挥了重要的作用。但是这些区域的出现是在不同的时代背景下,由不同层级的决策机构,出于不同的目的而制订的,因此,这些区域的功能设定并无统一的标准,在区域覆盖范围上也有重叠,相互之间缺少静态的协调与动态的呼应。有些经济区在政策出台时较为隆重,但是后来受到各种因素影响逐渐停止运作。政府协同治理是我国区域协调发展的行之有效的实现路径。[①] 另外,鉴于我国不同的经济区功能不同、活力各异,区域之间对接时应当灵活选取协作对象与协作方式。淮海经济区地理位置特殊。从全国范围看,它处于京津冀地区与长三角地区两大发达区域之间,从区域范围看,它又处于苏鲁豫皖四省

---

① 姬兆亮、戴永翔、胡伟:《政府协同治理:中国区域协调发展协同治理的实现路径》,《西北大学学报》(哲学社会科学版)2013 年第 2 期。

的低洼地带。另外,它还串联着淮河生态经济带与大运河文化带。因此,淮海经济区可以协调的区域对象丰富多样。徐州市近年来加强与北京、上海等地大院大所对接,深化与北交所、上交所合作。又如,为加强区域联盟组织间的互动交流,徐州市促成淮海经济区与环太湖毗邻城市消费者权益保护组织联盟合作共建,打造跨省跨区域合作新样板。鉴于区域之间的协作尚无成熟的模式,应当探索建立健全区域协作事前选取机制与协作后续评估机制。

结　语

在全面建设社会主义现代化国家新征程上,区域协调发展是推进中国式现代化的题中之义、构建新发展格局的必然选择、走向共同富裕的必由之路。[1] 系统论的理念与方法,能够助力徐州市更好发挥中心城市功能,推动淮海经济区协同发展,加快形成集聚效应和协同优势,也有利于探索省际边缘地区协同发展新机制,破除行政区划和市场障碍,推动多层次、多样化区域联动,为中国式现代化背景下的区域协同发展创造经验、提供示范。

课题组负责人:苗加清　徐州市社科联党组书记、主席,徐州市社科院院长
承担单位:徐州市社科联
课题组主要成员:沈正平、张吉川、王浩、曲涛杰、闫志开、董鹏飞、赵欣、丁龙虎、姬小玉、郭胜男、李佳衡、刘凯

---

[1] 孙久文、史文杰、胡俊彦:《新时代新征程区域协调发展的科学内涵与重点任务》,《经济纵横》2023
年第 6 期。

常 州

新能源之都引领新『万亿之城』再出发

　　党的十八大以来,习近平总书记六到江苏,多次就产业科技创新、现代化产业体系、战略性新兴产业集群等作出重要指示,为江苏和常州推进中国式现代化建设提供了科学指引和行动指南。

　　常州位于长三角中心地带,是长三角地区重要的现代制造业基地,国家创新型城市创新能力指数列全国地级市第三。作为苏南国家自主创新示范区和创新型城市,常州肩负着打造国家创新智造名城、上海大都市圈专业性全球城市,以及探索制造强市、创新兴市的新型工业化道路的发展任务。2023年常州提出加快建设新能源之都,聚力打造"国际化智造名城、长三角中轴枢纽"。通过推动传统产业强链、新兴产业拓链、未来产业建链,推动高质量发展优势加快塑造、高质量发展动能持续增强。2023年成功迈进"GDP万亿之城",创造了一个以最少人口干出万亿GDP的全国纪录,成为我省现代化建设走在前列的一面旗帜。

　　"中国式现代化江苏新实践市域探索研究·常州篇"聚焦常州新能源之都建设,以常州城市发展目标定位作为出发点,分析常州选择、总结常州作为、解密常州"密码",直面竞争压力和建设挑战,围绕万亿之城再出发,提出推进科技自立自强寻求新突破,不断塑造高质量发展新动能等思路建议,不仅旨在揭示推进中国式现代化中的常州特色与经验做法,更要展示一种内涵式、可持续、高质量的经济发展模式,为中国式现代化新征程上我国经济的多元化和区域平衡发展提供新思路,同时也为万亿之后再出发,以新能源之都建设擘画中国式现代化常州蓝图提供新路径。

党的二十大报告提出"以中国式现代化全面推进中华民族伟大复兴"①。近年来,常州深刻把握中国式现代化的丰富内涵和本质要求,坚决扛起"走在前、做示范"光荣使命,积极开展在新征程上全面推进中国式现代化江苏新实践的常州探索,倾力打造"新能源之都",推进"两湖"创新区建设,全力冲刺"GDP 万亿之城",让高质量发展继续走在前列,奋力书写中国式现代化常州答卷。

一、 新能源之都的目标定位与常州选择

　　在 2023 年新春第一会上,常州市提出加快建设新能源之都,重振产业雄风、再创城市辉煌,把发展之"势"转化为发展之"能",全方位提升城市能级,在服务全国全省大局中展现"常州所长"、体现"常州价值"、彰显"常州担当"。

(一) 新能源之都的目标定位

　　党的二十大报告明确指出要建设现代化产业体系,②这是我国新时代新征程上的一项重要战略部署。新能源之都建设正是常州加快建设现代化产业体系,把发展经济的着力点放在实体经济上,推进新型工业化,实现高质量发展的重要举措,也是加快融入长三角一体化和市域内协同发展,创新承载力和再集聚,探索高质量发展模式和低碳型城市建设的重要抓手。

　　什么是新能源之都? 常州提出的目标定位是,到2025 年常州新能源产业规模、资本市场新能源常州板块市值双超万亿元,到 2035 年,产业规模在2025 年基础上再翻一番,真正建成引领长三角、辐射全国、全球有影响力的"新能源之都"。这是集聚了一批行业龙头企业,拥有一个能挑大梁、压不垮、搬不走产业链的常州;是具备行业领先的技术研发、转化和创新策源能力,具有国际影响力的常州;是推动能源互联网建设,充分推广光储充用一体化应

① 习近平:《高举中国特色社会主义伟大旗帜 为全面建设社会主义现代化国家而团结奋斗——在中国共产党第二十次全国代表大会上的报告》,人民出版社 2022 年版,第 21 页。
② 习近平:《高举中国特色社会主义伟大旗帜 为全面建设社会主义现代化国家而团结奋斗——在中国共产党第二十次全国代表大会上的报告》,人民出版社 2022 年版,第 63 页。

用的常州；是建立全国领先的生态交易机制，推动新能源在生产生活应用和低碳城市建设上能够示范中国的常州，新能源"世界看中国、中国看江苏、江苏看常州"的理想将成为现实。

（二）新能源之都的常州选择

在新征程上，常州推进中国式现代化，为什么选择新能源之都勇挑大梁？主要基于"三个有"。

1. **常州有深厚的制造业底蕴。** 常州是中国近代民族工业的发祥地，具有良好的实业基因，制造业底蕴深厚。20 世纪 80 年代常州"第一个崛起"为"工业明星城市"。目前产业体系完备，工业门类齐全，拥有国家工业 41 个大类中的 37 个，207 个中类中的 191 个，666 个小类中的 600 个，产业覆盖度全国领先。拥有十大先进制造业集群和八大高成长性产业链，智能制造装备、新型碳材料分别入选国家战略性新兴产业集群、全国先进制造业集群，智能制造装备战略性新兴产业集群获国务院督查激励，溧阳市动力电池产业集群入选国家首批中小企业特色产业集群。位列全国先进制造业城市第 16 位，入选中国智能制造城市二十强。国家制造业单项冠军数、工业大奖数、工业强基工程项目数，均居全国同类城市第一。

制造业是常州的立市之本，深厚的制造业底蕴给常州新能源产业发展打下了坚实的基础，也增加了选择新能源之都道路的底气。20 世纪 50 年代，常州就开始从事变压器制造，到 80 年代电线电缆产业已见雏形，90 年代正式布局新能源产业。1997 年成立江苏首家光伏企业天合光能，开启光伏产业发展历程。2011 年成立新能源汽车研究院，2013 年发展新能源汽车及动力电池零配件等十大产业链，先后引进了宁德时代、中创新航、蜂巢能源、比亚迪、理想汽车等龙头企业，新能源产业链集聚度不断提升，配套能力也越发齐全。经过十多年的布局发展，常州已经形成以"发电、储能、输送、应用、网联"为关键环节的新能源生态闭环，产业集群效应显现，良好的产业形态已然形成。

2. **常州有雄厚的制造业实力。** 建设新能源之都，不仅需要制造业底蕴，更需要有硬实力。2022年,常州市GDP为9550.1亿元,位列全国第25位①;人均GDP达到178243元,位列全国前10。2022年,常州制造业规模超过2万亿元,增量全省第一,总量全省第三,制造业增加值占GDP比重达43.1%,超过本省平均水平5.8个百分点,水平位次和综合指数均列本省第一。

新能源产业方面,有先发优势。2022年常州新能源产业产值超过5000亿元,其中光伏、动力电池、新能源汽车同比增长96.5%,对全市规上工业产值增长贡献率达102.2%,新增5家新能源领域百亿企业。光伏产业实现产值1065亿元,同比增长29.2%,光伏组件产量接近全国的十分之一;动力电池产值超1700亿元,同比增长超140%,2021年和2022年均实现产业倍增;常州新能源汽车及汽车核心零部件产业产值达到3067亿元,整车产量超过34万辆,列全省第一,占比达50%。

2022年常州新能源产业集聚度全国第5,投资热度全国第1。当年常州新能源领域的上市公司有36家,约占全市上市公司总数的40%,资本市场新能源常州板块总市值达4585.27亿元,外地上市公司在常投资主体形成了5001.31亿元市值。

制造业的硬实力以及新能源产业的新优势成为常州选择新能源之都的重要砝码。

3.常州有"走在前、做示范"的时代担当。 新能源是当前全球最具战略性和先导性的新兴产业,代表着未来技术变革和能源发展的方向。随着世界能源革命、科技革命、产业革命的"三重驱动"以及"双碳"国家战略的深入实施,我国新能源产业已进入了一个长周期、高成长的黄金时代。大力发展新能源产业,对于产业核心竞争力提升,快速抢占未来经济和科技发展制高点,以及调整优化能源结构都具有重要的战略意义。发展新能源产业也是加速我省产业竞合,提升产业能级,构建现代化产业体系的有效方式,是推进全省建设全国制造业高质量发展示范区和具有国际竞争力的先进制造业基地

①《常州市人民政府工作报告》,《常州日报》2023年1月12日。

的重要抓手,更是助力我国抢占新一轮全球产业竞争制高点的重大使命。新能源产业还是中国应对国际竞争和封锁的战略突破口,目前以光伏、锂电、新能源车为代表的"新三样"正逐步成为支撑我国出口的主要力量,2022 年"新三样"拉动中国出口整体增长 1.7 个百分点。具有高附加值、引领绿色转型的新能源产品正在成为我国出口新的增长点,未来也将有更多的新能源产品担当出口重任,迈向全球。

常州选择成为新能源之都,既是坚守实体经济、振兴产业、提升城市能级的内在要求和现实需要,更是推动高质量发展走在前、做示范,服务全国全省大局,开启中国式现代化常州答卷的时代担当。

二、 新能源之都建设的常州作为

"十年磨一剑,一朝试锋芒。"从十多年前开始布局深耕新能源产业,到如今形成"链主带动、链式发展,生态闭环、集群发展,区域联动、协同发展,示范引领、绿色发展"的全国独一无二的"常州模式",常州的新能源产业发展可谓"水到渠成",新能源之都建设呈磅礴之势,为打造"国际化智造名城、长三角中轴枢纽"提供了重要支撑,成为常州高质量迈入 GDP 万亿之城的关键力量,有力地推动了常州的中国式现代化建设。

(一) 强链补链延链再加码,先发优势再巩固

"在强链补链延链上展现新作为"①,这是 2023 年 7 月习近平总书记到江苏考察时赋予江苏的重大任务。常州牢记嘱托,不断巩固先发优势,持续占领产业发展制高点。从零起步,沿着整车、动力电池产业这两个点,不断强链补链延链,带动了整个新能源汽车供应链的建立。目前,常州新能源汽车产业链企业达到 3400 多家,其中规上配套企业已超过 600 家,2023 年新能源汽车及核心零部件产业产值达 4700 亿元。动力电池上下游共有 32 个关键环节,常州涵盖了 31 个,产业链完整度达 97%,居全国第一。电池生产及配套

---

① 蔡炜:《常州:奋力走在现代化建设前列》,《新华日报》2021 年 9 月 21 日。

企业有 130 余家,实现了电池上游材料到产业链下游应用的全方位覆盖。

为推进新能源产业强链补链延链,开展"产业链、创新链、人才链、资金链"全要素招商,在 2023 年科技经贸洽谈会上,共签约 10 个新能源产业项目,总投资为 310 亿元,或将补齐光伏发展新方向的关键一环;或将填补国内空白,与常州新能源产业形成上下游配套;或发力新型储能,推动智能电网与储能融合发展。这些项目带动性强、投资额度高,将进一步推进新能源产业强链补链延链,打造"搬不走、压不垮、拆不散"的产业集群。深度聚焦新能源汽车零部件产业,出台《常州市加快构建新能源汽车零部件产业生态工作方案》,强化顶层设计,构建零部件产业生态系统,全力推进新能源汽车产业强链补链延链。推进产业链招商、科技招商、人才招商、资本招商、乡贤招商、以商引商联动,争取到 2025 年全市新能源汽车零部件产业规模达 5000 亿元左右。设立总规模 50 亿元的新能源产业投资基金,形成超 300 亿基金加码投资,集聚资本力量,促进产业强链建圈,撬动新能源产业科技创新和产业升级。

(二)产业赛道再拓展,领先优势再扩大

氢能是未来国家能源体系的重要组成部分,氢能产业是战略性新兴产业和未来产业重点发展方向。为抢抓产业发展机遇,常州将氢能产业作为新能源之都建设的新战略、新赛道,精心打造"常州氢湾",抢占氢能产业发展制高点,不断扩大领先优势。常州氢湾将打造氢能装备及核心零部件研发与制造基地、华东地区氢能源产业链差异化发展示范区、氢能源科技创新转化中心和氢能装备及核心零部件检验检测中心。以"一基地、一示范区、两中心"引领氢能产业高质量发展新格局,2023 年加拿大西港氢能阀门研发制造、中海电力氢能核心部件等多个项目签约入驻常州氢湾国际创新社区,常州的氢能产业集群开始显现。

2023 年常州氢湾共引进 24 个氢能项目,总投资额达 20 亿元。一批批引领性、支撑性、示范性较强的氢能源产业项目正有序推进,产业集聚效应也将进一步凸显。氢燃料电池方面,中车戚墅堰机车有限公司研制出了氢燃料电池混合动力机车,常州永安行发布了国内首款大规模量产的氢能自行车。常州企业承担的"20kW级可逆固体氧化物电池制氢与发电一体化"项目获2023年度江苏省碳达峰、碳中和科技创新专项资金(第一批)立项支持1500万元,金额全省第一。目前,常州已初步形成涵盖氢气制备和储运、电堆及核心零部件、电池系统、整车制造和加氢站建设运营等较为完整的产业链条。预计到2025年氢能及相关产业年产值突破100亿元,实现氢能关键技术自主可控、国内领先,氢能产业集群初具规模,氢能示范应用广泛开展。

(三)未来产业再培育,竞争优势再提升

未来产业代表着科技和产业长期发展方向,大力发展未来产业,是加快培育和发展新质生产力、抢占国际竞争制高点、推进中国式现代化的必然要求。在2024年全国两会上,习近平总书记进一步强调"超前布局建设未来产业"[1]。合成生物学被誉为"第三次生物技术革命",是21世纪颠覆性前沿技术之一。为全速抢占新风口,常州积极布局培育未来产业,加快形成新质生产力,不断提升竞争优势,2023年,常州敢为人先,着手布局合成生物产业。出台了《关于推进合成生物产业高质量发展的实施意见》《常州市关于支持合成生物产业高质量发展的若干措施》等政策文件,全面推进合成生物产业发展,全力打造合成生物产业引领区域发展的新引擎。

在合成生物产业这一新赛道上,常州现有35家企业。其中,16家为规上企业,8家为"专精特新"企业;建成南京师范大学常州合成生物学产业研究院、华大工程生物学长荡湖研究所等合成生物创新平台6个。全市合成生物产业专利数量占全省的7.4%,位居全国第25位、全省第4位。

目前,长三角合成生物产业创新园、金坛合成生物产业园、西太湖合成生物创新产业园均已建成。其中,长三角合成生物产业创新园已签约入驻重点项目20个,总投资额为9.5亿元,还分别成立了20亿元的合成生物产业专项基金和2亿元的园区发展基金。三大园区撬动产业引擎,"一城三园"绘制千

---

[1] 张宣、崔昊:《率先落子,竞逐未来产业新赛道》,《新华日报》2024年3月11日。

亿蓝图。常州的目标是,到 2027 年合成生物产业产值超 1000 亿元,打造"长三角一流的合成生物产业创新高地"。

（四）应用示范再升级,发展生态再优化

为全力打造新能源应用标杆城市,推动新能源应用示范不断升级,发展生态不断优化,常州在狠抓产业发展的同时,聚焦"新能源、新生活、新城市",把整座城市变成了新能源应用场景的"试验场",加速新能源向生活生产各领域全面渗透。2023 年,常州新能源汽车实现单年产量近 68 万辆,[①]同比增长100.1%,产量约占全省 70%,排在全国所有城市第 6 位,是江苏唯一进入全国前十的城市。目前新能源汽车产量累计突破百万辆大关,打造国内一流的新时代新能源汽车城正阔步前进。新能源汽车"见车率"方面,出台新能源汽车购置补贴和停放服务收费优惠政策,全面推动公交、环卫、出租等公共领域车辆电动化,政府公务用车带头全面新能源替代。2023 年常州共发放购车补贴带动新能源汽车消费超 120 亿元,常州新能源汽车推广应用 67336 辆,渗透率 41.4%,累计保有量达 13.9 万辆。[②] 充电设施"见桩率"方面,推进重点领域公共场所充电设施应建尽建、光储充多功能一体化设施能建尽建,积极保障住宅小区自有充电设施建设。2023 年常州新增充电场站 436 座,充电桩超4600 个;换电站 8 座,自用充电设施开户 21614 个;累计保有各类充电桩超过5.35 万个,至少可为近 15 万辆新能源汽车提供充换电服务。[③] 光伏电池"见板率"方面,不断推进国家整县(市、区)屋顶分布式光伏开发试点,加快推动公共机构开展光伏应用,提高光伏并网服务保障能力。2023 年光伏发电装机容量达 220 万千瓦,全年发电量累计 14.72 亿千瓦时,超额完成全年目标。在新能源应用方面,星星充电是全国最大的民营充电设施运营商,也是示范应用方面全国唯一获得两个国家级项目立项的充电桩生产企业,承载了实现

① 《关于常州市 2023 年国民经济和社会发展计划执行情况与 2024 年国民经济和社会发展计划草案的报告》,2024 年 1 月 23 日。
② 《常州市人民政府工作报告》,《常州日报》2024 年 1 月 21 日。
③ 《常州市人民政府工作报告》,《常州日报》2024 年 1 月 21 日。

"桩连世界，凝聚人心"的终极梦想。

注册资本 10 亿元，成立市属国有独资公司新能源集团，在六大应用领域开展布局。在全国率先开展《常州市新能源产业促进条例》地方立法，以高质量立法护航新能源产业高质量发展。举办 2023 年世界新能源博览会，以大会展搭建大平台，推动新能源产业生态大优化，促进新能源产业大发展、应用再升级。

（五）高质量发展再提速，中国式现代化征程再进阶

党的二十大报告指出，高质量发展是全面建设社会主义现代化国家的首要任务。实现高质量发展是中国式现代化的本质要求。常州在中国式现代化道路的探索过程中，始终遵循这一根本要求，以"敢为、敢闯、敢干、敢首创"的担当作为，以新能源之都建设为引擎，深入实施"532"发展战略，坚定不移地推动高质量发展，奋力书写好中国式现代化的常州答卷。

2023 年常州规上工业总产值增长 8.8%，制造业增加值占地区生产总值比重达 42% 以上，保持全省领先。高端装备、新能源、新材料、新能源汽车及汽车核心零部件、新一代电子信息技术等 5 个产业集群，接续步入千亿级产业。其中，新能源产业产值高达 7681 亿元，增长 15.0%，[1]对全市规上工业产值增长贡献率达 98.9%，产业集聚度全国前三，新能源整车产量近 68 万辆，占全国产量的 7.1%。2023 年，常州实现地区生产总值 10116.4 亿元，成为江苏省第五座 GDP 万亿之城，是全国人口最少、地域面积较小、人均水平较高的万亿之城，实现了城市综合竞争力、资源集聚力、区域辐射力、发展影响力的大幅跃升。

长期以来，常州统筹重大突发事件防控和经济社会发展，统筹发展和安全，统筹高水平保护和高质量发展，始终把深化改革、扩大开放作为推动发展的关键一招，全方位融入和服务新发展格局，主要经济指标增速保持全省前列，2020—2023 年连续 4 年位列全省设区市年度综合考核第一等次，2021—

---

[1]《常州市人民政府工作报告》，《常州日报》2024 年 1 月 21 日。

2023年连续3年位居中国先进制造业百强市榜单第16位。2023年,常州排全国制造业高质量发展十强城市第8位,外贸进出口总额超3100亿元,有3000多家外商投资法人企业和600多家跨国经营企业,合作共赢的开放体系正加速构建,国企敢干、民企敢闯、外企敢投的一流国际化营商环境正逐步形成。

文艺精品创作实现国家大奖全覆盖、"五个一工程"奖领先同类城市;全国首批全域文明城市、国家生态文明建设示范区、国家首批城乡融合发展试验区、全省唯一连续三次获得"长安杯"的设区市、全国首批"市域社会治理现代化试点合格城市",这些荣誉实至名归。2023年居民人均可支配收入超6.2万元,城乡居民人均收入比缩小至1.776:1,城镇新增就业11.47万人,扶持创业1.4万人。全市居民低保标准提升至每人每月1020元,"低保扩围"在全省率先实现正增长,成为全国城乡发展最均衡、群众最富裕、市域发展最协调的城市之一。

常州的万亿之城是实体支撑、制造立市的万亿之城,是自立自强、奋进实干的万亿之城,是开放合作、互联互通的万亿之城,是物质文明与精神文明相协调的万亿之城,是城乡融合、均衡发展,实现共同富裕的万亿之城。

三、 新能源之都建设的常州"密码"

没有先天的资源禀赋与"新能源"基因,也没有匹配竞争对手的城市能级,常州新能源产业却能"无中生有""有中做优""优中做强",成为全国新能源领域的"常州现象";同样,没有众多的人口,没有广阔的土地,也没有丰富的资源禀赋,常州却干出了万亿GDP的惊人成绩。其中的成功"密码"可以归结为:实现了4个"双向奔赴"。

(一) 实现了政府与企业的双向奔赴

大产业背后一定有一个有为政府。常州新能源产业的发展辉煌,正是历届常州市委市政府前瞻布局、统筹谋划和全力推动的结果,是"懂得""舍得"

"等得"的大境界,让政府与企业同频共振,实现了双向奔赴。设立"常州企业家日",以城市的礼义向全体企业家致敬,持续弘扬新时代优秀企业家精神,激励企业家奋发作为。在全国首创"营商环境观察员"制度,出台《打造一流营商环境重点任务清单》,企业"全链通"综合服务成为全国示范引领,获评全国营商环境"开办企业"指标标杆城市。

常州持续开展"科技招商三年行动计划"和科技型企业"倍增行动",加强专业化科技招商队伍建设,三年共招引科技型中小企业1200家以上,净增高新技术企业1000家以上。连续多年开展重大项目主题年活动,坚持不懈引进新能源产业项目,与企业共进退。2016年,武进高新区以"厂房代建+招投结合"的创新模式引进理想汽车,并投资7.8亿元,成为全国第一个投资新能源汽车企业的地方政府。仅仅2年时间,就实现了年产10万辆理想ONE的目标,一跃成为国内造车新势力执牛耳者。2023年常州累计100万辆的新能源整车成绩单中,光理想一家就贡献过半。理想常州基地的生产运营总监董海亮回忆说:"其实当时新能源汽车产业遭遇了阵痛期,但常州的政府对理想汽车不离不弃地支持。"比亚迪常州基地于2022年投产,当年整车产量就达18万辆,年产值达280亿元,成为常州最快达到百亿级规模的工业企业。2023年下线整车30万辆,销售额达485亿元,其中有11.7万辆远销海外。中航锂电总部落户金坛区后,金坛区顶住压力累计投入超过50亿元,2018年更是投入巨资重组中创新航,使一个濒临破产的企业"起死回生",成为目前国内排名第三、全球排名第七的车载动力电池企业。蜂巢能源落户常州的5年,销售额从0到了100亿元,在2023年我国动力电池装机量中排名第六,常州工厂也从分支变为蜂巢能源总部。其执行副总裁王志坤说:"常州地方政府是真正在为企业提供服务,而不是觉得自己是管理者,他们提倡以'店小二'精神构建良好的营商环境。"

(二) 实现了创新与产业的双向奔赴

科技强则产业强,产业强则城市强。常州始终坚持创新在现代化建设全局中的核心地位,以科技创新推动产业创新,着力打造长三角创新中轴和产业科技创新中心。高水平建设智能制造龙城实验室,出台"创新政策20条""产业政策30条""新能源之都10条"等政策措施,将新能源先发态势转化为领跑优势。中以常州创新园成为中以合作标志性项目,中德、中瑞等国际合作园区数量全省第一。17年的"科技长征路"打造了常州"创新之核"常州科教城。建成天合光能国家重点实验室、中国科学院长三角物理研究中心等重大研发平台,持续深化"揭榜挂帅"科技攻关,鼓励企业加码科技研发,2023年全社会研发经费占比达3.4%左右,高新技术产业产值比重达56.2%。

天合光能先后25次在光伏电池转换效率和组件输出功率上创造和刷新世界纪录,光伏组件出货量排名全球第二。聚合材料掌握多项银浆核心技术,光伏正面银浆全球市场占有率全行业第一。目前,常州以天合光能、东方日升、亿晶光电为代表的太阳能光伏产业链条完整,光伏电池片及组件产能约占全国的10%。

2021—2022年,常州动力电池产业获得中国专利奖4个,全市动力电池企业参与制定的国际、国家标准已达23个。目前全球动力电池装机量前10位的龙头企业中,有4家已布局常州。动力和储能电池产销量全国第一,占全国的五分之一、江苏省的一半,全球每10辆新能源汽车,就有1辆搭载"常州造"电池。

常州是全国最大的特高压输变电设备制造基地,变压器产品市场占有率全国第一。常州西电变压器特高压变压器制造技术和产品质量为全国第一,低频电力变压器技术水平也居全国第一;安靠是国内唯一一家同时掌握电缆和GIL两种地下输电技术的企业;上上电缆的绝缘线缆规模全国最大,AP1000三代核电壳内电缆填补了世界核级电缆领域空白。

常州还设立了总规模100亿元的龙城科创发展基金,引导各类资本在新能源产业领域投早、投小、投硬科技。科技创新如同具有强大内核的电子,迸发出源源不断的活力,促进了创新链和产业链的深度融合,让创新与产业实现了双向奔赴,带动新能源产业"发储送用网"全链条产业蓬勃发展。

（三）实现了项目与资本的双向奔赴

项目为王，资本为要。新能源产业发展既要有优质的项目，又要有充足的资金作保障。"为项目找资本、为资本找项目"。常州已连续18年举办科技经贸洽谈会，持续打造常州与国内外经贸、科技、产业、人才、资本对接合作的平台。18年来，累计近400个项目在历届经洽会开幕式上签约，超1500个项目在经洽会举办期间实现开工、竣工或投产。2023年前8个月，常州就落户200个新能源产业项目，总投资超900亿元，储备项目199个。逐鹿新能源，常州加快推动项目与资本市场对接，培育壮大新动能多层次资本市场，赋能"新能源之都"建设。依托"龙城金谷"持续引入新能源领域投资机构和各类产业资本。深化"点实成金"投融资系列路演，举办新能源主题资本对接活动。2021—2022年，全市47家新能源企业获得私募股权投资超500亿元，多家头部私募基金落户常州。2022年通过资本市场募集资金172.3亿元，占比62.65%。截至2023年底，已经上市的96家企业中，融资总额超1773亿元，新能源产业链上市公司38家，占比40%，总市值占比超过六成。

总规模为50亿元的常州新能源产业投资母基金正式启动。截至2023年，常州市已经组建了10支新能源领域子基金，总规模超百亿元，累计投资本地新能源项目28个，撬动超200亿元社会资本。由市、区两级国有资本出资设立的主投新能源领域的基金已达29支，总规模为318亿元，已累计投资常州市本地新能源项目80个，撬动超300亿元社会资本。打造全生命周期金融服务体系，设立总规模100亿元的龙城科创发展基金，下设产业投资基金和天使投资基金。2023年起，市级产业投资基金与科创基金连续三年以不低于50%的额度投向新能源产业，引导各类资本投早、投小、投硬科技，以"项目＋资本"为企业插上腾飞翅膀、加快裂变扩张。

（四）实现了城市与人才的双向奔赴

人才是城市发展的第一资源。竞逐新能源产业、建设新能源之都，需要一大批高端人才和技能型人才。打造人才近悦远来"梦工场"，常州构建多层次人才体系,加快人才科创集团建设运营,更大力度实施"龙城英才计划",持续开展"名城名校合作行 创新创业赢未来"活动。面向高科技企业、高校和科研院所,全面推广"双岗互聘",引导人才向科技、生产一线流动。先后出台多项人才引育政策,全域布局建设 10 万套人才公寓,人才公寓 3 年免费入住、青年驿站 3 个月免租,让广大青年人才"来时一个包、安下一个家、共建一座城",全力营造支持最强、服务最优、保障最好的创新创业创造氛围。

2022 年,常州引进博士人才比 2020 年增长了 200%,引进硕士人才增长近 30%,仅新能源汽车产业就吸引了各类人才近 6000 人。2012 年至 2022 年新增人才 83 万人,人才总量达到 150 万人,省双创团队入选数量全省第二,每万名劳动者中高技能人才数连续 10 年居全省第一。2023 年常州引进人才创新高,突破 12 万人,其中硕博研究生 6000 人,人才"虹吸效应"初步形成,青年人才正向这座新能源之都和万亿之城集聚。随着新能源之都建设对青年人才吸引力和需求度的不断增长,厚实的育才"土壤"、强大的留才"磁场",将在常州进一步形成城市与人才双向奔赴的生动局面。"全国青年最向往城市",正在这座新能源之都演绎人才与城市相互成就的现实图景。

进入新时代,常州提出了"勇争一流、耻为二手"的城市精神,对标一流、争先进位,以担当实干展奋进之姿,以奋进之姿创一流业绩。实施"532"战略,重塑城市发展定位;产业从"无中生有"到"有中生优""优中做强",新能源之都成为城市发展名片;"两湖"创新区、"高铁新城"建设逐步打破城市发展天花板,长江大保护破解"化工围江"难题,新一轮太湖综合治理高质量实现了"两保两提"新目标,推动探索"守好绿水青山、换来金山银山""重现绿水青山、留住金山银山""绘就绿水青山、创造金山银山"转换路径,"六个常有"托起群众满满的幸福,"危污乱散低"综合治理、公共安全体系建设、人才公寓建设形成了改革的常州实践……正是靠着这种奋进姿态,常州才能在没有人口、土地、资源禀赋优势的条件下,高质量迈入万亿之城,成为我国城市高质量发展的典范,呈现了以内涵式、高质量发展推进中国式现代化的常州模式。

四、 常州新能源之都建设面临的竞争压力与存在的问题

当前,全国新能源发展已成燎原态势,城市间竞争日趋激烈,新能源领域还存在一些不确定因素。常州新能源之都建设赢得起跑卡位的第一棒,但更要跑好下一程、领跑全赛程、跑赢新征程,必须居安思危,直面外部竞争压力与风险挑战,正视内部自身问题与短板。

(一) 常州新能源之都建设面临的外部竞争压力与风险挑战

1. 从国际上看,面临打压,风险加剧。 全球绿色低碳转型创新已经成为不可逆转的大趋势,中国新能源产业的发展顺应了这一趋势和高质量发展要求。然而,一方面,美国和一些西方国家或组织出于贸易保护主义,不断炒作以中国新能源产业为靶心的"产能过剩论""去风险论""中国见顶论",给中国的"新三样"贴上"产能过剩"的标签,并实施技术封锁策略,限制关键技术和设备的出口,企图通过开展反补贴调查、加征高额关税等手段,打压中国先进产业。另一方面,新能源产业特别是太阳能光伏、锂离子电池等,高度依赖稀有金属和关键原材料。国际市场上的资源控制和原料垄断可能会导致供应不稳定和价格波动,增加生产成本。对此必须有清醒的认识。

2. 从全国范围看,百舸争流,千帆竞发。 光伏发电方面,深圳力争"十四五"期间全市新增光伏装机容量 150 万千瓦;包头致力于打造"世界绿色硅都",2022 年全市光伏产业产值就超千亿元;全球出货量排名前十的光伏企业中有多家在安徽省布局发展。动力电池方面,四川宜宾打造"动力电池之都",2022 年动力电池已占全国新能源汽车动力电池装车量的 24.4%;江西宜春拥有全球最大的锂云母矿,2022 年锂电产业链营业收入已突破千亿元;福建宁德、四川遂宁、山东枣庄、江西新余等地都提出打造"世界锂都"或"亚洲锂都"。新型储能产业,广州力争 2027 年营业收入达到 1000 亿元;湖北提出到 2025 年全省新型储能产业营业收入达到 4000 亿元以上。氢能方面,佛山南海获"中国氢能产业之都"称号;北京打造具有国际影响力的新型储能和氢

能产业城市与科技创新中心；2022 年武汉市连续发布了多个文件，从燃料电池汽车推广、加氢站建设、补贴政策等方面着手加速打造"中国氢都"。新能源汽车方面，上海提出打造"世界级汽车产业集群"，2025 年新能源汽车年产量超过 120 万辆，新能源汽车产值突破 3500 亿元；广州、深圳均提出到 2025 年新能源汽车年产量超 200 万辆，合肥、西安均提出超 150 万辆；安徽省也提出打造"世界新能源汽车之都"，建设万亿级汽车产业集群。应用方面，截至 2023 年上半年，深圳新能源汽车保有量达 86 万辆，新车电动化渗透率超 60%，居世界前列。深圳还提出，到 2025 年深圳市将建设超充站 300 座，2035 年，超充站规模达到 2000 座以上。

3. **从省内范围看，你追我赶，蓄势待发。** 2023 年苏州提出用 5 年左右的时间打造万亿级汽车产业，到 2025 年建成有国际竞争力的新能源产业创新集群和创新应用示范区，全市新能源产业产值突破 4000 亿元。南京提出到 2025 年全市新能源乘用车产销量力争达到 100 万辆，主营业务收入超 3000 亿元，构建千亿级新能源汽车换电产业生态。无锡提出要打造具有国际标识度的"新能源装备之都"，发起设立了"长三角新能源装备产业生态合作组织"，2024 年无锡新能源装备核心产值有望突破 1000 亿元。盐城加快布局储能、氢能两大未来产业，超前布局新能源＋储能、新能源＋制氢等创新示范项目，构建"绿色制造＋绿电应用＋绿色服务"风电产业生态圈，建设世界级新能源产业集群。徐州的比亚迪动力电池生产基地总投资金额 100 亿元，规划产能 15GWh，已于 2023 年 1 月开工奠基。

4. **从产业发展状况看，喜中有忧，风险萌发。** 2023 年全年，光伏产业主产业的行业总产值超过 1.75 万亿元，若加上辅助材料和装备，总产值超过 2 万亿元，国内市场竞争较为激烈。同时，光伏产业还面临着技术迭代和国际环境两大挑战，光伏企业面临风险并重新洗牌也在所难免。动力电池产业也面临竞争白热化、同质化。电池企业的定价权被逐步削弱，车企也在向动力电池产业进军。比亚迪的动力电池业务市场份额已跻身第二位，广汽等车企也公布进军电池行业的相关规划。可以预见，今后几年电池企业也将面临严峻的考验。氢能产业目前仍存在产业创新能力不强、技术装备水平不高、部分关键核心零部件和基础材料依赖进口等问题。各地区氢能产业普遍存在重应用、轻研发,重短期效果、轻长期投入等问题,产业发展存在同质化苗头。氢能产业链"制—储—输—用"等环节系统全面的标准体系尚不健全,氢能应用场景主要集中在交通领域,产业化程度不高,商业模式和持续路径不清晰,投资预期不明朗。新型储能产业赛道仍然存在一些不确定性,比如原材料价格的巨大波动、价格机制未建立、商业模式尚待健全、安全性存在较大隐患、源网荷储的相容性有待优化等等;存在成本较高、储能系统利用率低、投资方收益水平整体偏低的情况。当前储能配置标准缺失,行业监管难度加大。

(二) 常州新能源之都建设存在的问题和短板

当前常州新能源之都建设虽然成效明显,但面对国际国内环境与竞争形势,对照城市发展定位和万亿之城再出发目标,特别是对标习近平总书记对江苏提出的"走在前、做示范"的重大要求,自身还存在一些问题和短板,需要客观面对并加以解决。

1. 科教资源不丰富,可持续发展的创新驱动与人才供给能力偏弱。 新能源科技含量高,技术迭代快、涉及范围广、产业链长。新能源之都建设需要有可持续的创新驱动和人才供给作支撑,常州在这上面仍存在短板。一方面,与上海、南京、合肥相比,缺少高水平大学与科研院所、高级别研发平台、高层次人才,导致创新策源能力弱,技术创新水平不够,推动新能源领域可持续发展的一些关键核心技术攻关与突破受到制约,难以形成强大的创新驱动力,不利于新能源产业可持续发展。另一方面,与深圳、苏州相比,缺少企业总部和链主企业研发中心,这导致对本地链上的大中小企业、上下游企业的创新引领带动作用不够,不利于构建良好的创新与产业发展生态,实现协同发展;同时,从长远看产业的安全可控性也存在隐患。另外,从目前常州高校新能源领域人才培养的数量与质量来看,都不能满足常州新能源之都建设的要求,技能型人才的供给能力还远远不够。

2. 产业发展不均衡,传统产业韧性减弱,未来产业无先发优势。 构建现代化产业体系,推动新型工业化,需要传统产业、新兴产业、未来产业统筹协调发展。目前常州产业发展存在跷跷板现象,经济增长点有短板。

从传统行业看,企业技术创新不足,新旧动能转换成效慢,"智改数转"网联成效不明显,拉动经济增长的持续性和稳定性不够。2021年机械、冶金、电子、建材、化工和纺织服装行业持续两位数增长,贡献巨大;2022年只有机械、电子行业保持两位数增长,冶金、纺织服装、建材行业等均有不同程度的下滑;2023年只有机械行业增长11.3%。传统产业的韧性与优势有减弱趋势,对经济增长的支撑能力与贡献度下降。

从新兴产业看,2022年、2023年新能源产业成为推动常州经济增长的最强劲动力。相比该产业,其他战略性新兴产业亮点不够,拉动经济增长的动力不强。目前包括新能源在内的新兴产业缺乏产业标准,缺少高峰型的龙头企业及世界科技型领军企业;产业集群化程度与水平不高,未形成企业间紧密协作、协同创新、资源集聚、降本增效、抱团发展的产业生态,规模效应和竞争优势未能充分体现,拉动经济增长的作用未充分发挥。

从未来产业看,常州氢能产业发展虽然已初见成效,但相比佛山、武汉等城市,没有先发优势,产业规划尚未出台、产业链不完整、产业集聚度不高、产业集群化还未形成、产业品牌和影响力还不够。2023年11月开始前瞻布局的合成生物产业,虽然发展态势良好,但在高质量项目与高层次人才招引、高水平研发和公共服务平台打造、优质企业培育等方面还面临许多困难,发展之路将会十分艰辛。

3. 产业延伸不充分,产业链不完整,智能网联汽车需要提速。 新能源产业是公认的绿色低碳产业,但伴随新能源汽车快速增长,车载动力电池将迎来大规模的"退役潮",我国现在新能源汽车动力电池累计退役量已超过20万吨,预计到2025年将达到78万吨。未来环保形势严峻,绿色低碳发展面临挑战。同时,退役动力电池回收产业未来也有很大的市场价值。据预测,到

2030年电池材料回收市场空间将超千亿元。目前常州新能源产业看似形成了"发、储、送、用、网"生态闭环,但实际上还缺少回收这个重要环节。没有这一环节,新能源产业链就不算完整,就不能实现新能源产业真正的绿色低碳循环发展。

常州虽然在智能网联汽车方面布局较早,但发展不快,在新型交通基础设施建设、高级别自动驾驶车辆道路测试能力、示范应用范围、推进"新技术、新产品、新模式"应用等方面还存在短板,与无锡相比还存在较大差距。

4. 示范应用不突出,城市文化缺少"新能源化", 品牌IP未能深入人心。 建设新能源之都,不仅要打造优势产业,还要推动新能源技术、产品在社会面的示范应用,创造绿色低碳的生产生活方式,实现高质量发展与高品质生活的良性互动。常州作为新能源之都,目前在全国全省范围内的多元场景示范引领作用还不够突出,公共区域、居住区及农村充换电设施不完善,充电设施共享能力不强,能源互联网、公共算力、车联网及智能网联汽车基础设施建设有待加强;"见车率""见桩率""见板率"三率与深圳、东莞、佛山相比还有差距。快充及超充还未布局,加氢站数量偏少,"油气氢充服"等一体化多功能的综合服务站还是空白。在全社会开展新能源科学知识的传播、普及力度不够,新能源元素未能很好地融入城市发展理念和文化建设中,新能源城市的辨识度、显示度、感受度不高,缺少新能源特质。大部分老百姓对新能源城市的认知比较浅显、意识不强,品牌IP未能深入人心,绿色低碳生活方式的理念还需增强。

五、 以新能源之都建设擘画中国式现代化常州蓝图的深度思考与战略路径

2023年,常州成功迈入"GDP万亿之城",成为全国第25个GDP万亿城市,也是长三角第9个万亿成员。万亿之后新能源之都大旗如何扛稳、扛久?万亿之后城市的发展动能怎么接续?万亿之后经济新的增长引擎在哪里,如何以新能源之都擘画好中国式现代化常州蓝图?这些都值得深度思考。

为此,常州必须紧紧以习近平总书记赋予江苏的"四个走在前""四个新"重大任务为战略指引,[①]始终立足服务全国全省大局在推进中国式现代化中走在前、做示范的使命担当,把自己置身于长三角城市群、全国26个万亿之城和全球视野的坐标系里,站在新的更高的起点上,去审视、去定位、去谋划未来的发展蓝图;必须牢牢把握"在高质量发展上走在前列"这个总目标,完整、准确、全面贯彻新发展理念,以满足人民日益增长的美好生活需要为出发点和落脚点,更好统筹质的有效提升和量的合理增长,在扬优势、补短板、强弱项、增动能上拿出解决问题的常州路径,形成常州方案,使新能源之都建设真正成为推动城市能级跃升、再创城市辉煌、书写中国式现代化常州答卷的先手棋、突击队、新标志。

(一) 推进科技自立自强要寻求新突破,不断塑造高质量发展新动能

面对世界范围内新一轮科技革命和产业变革形势,常州应紧紧扭住高水平科技自立自强这个牛鼻子,坚持创新在现代化建设全局中的核心地位,以科技创新塑造高质量发展新动能,在推进中国式现代化建设中走在前列。

1. 科教资源瓶颈上寻求新突破。 大力实施平台与人才的"双引双育"工程,加大对大院大所大校、企业总部及链主企业研发中心的招引,加强与澳门特区的深度合作,积极引入高校和医疗资源;加快推进智能制造龙城实验室建设,围绕新能源领域创建江苏省实验室和国家级创新平台,培育一批国家级产业创新中心、技术创新中心和制造业创新中心,加快打造产业创新高端引领、开放创新示范先行、全域创新活力迸发的长三角产业科技创新中心。

畅通科技、教育、人才的良性循环,统筹人才战略和人口战略,全力打造全国青年创新创业最向往城市,实现从聚人才向增人口提素质并重转变。尽快设立"常州人才日",不断打造常州"龙城英才计划"升级版,开发新能源产业人才地图,持续深化"名城名校合作行,创新创业赢未来"活动,推行"公聘民用""双岗双聘双考核"的引才模式,探索柔性引才聚才用才激励机制,用好

---

① 《在建设中华民族现代文明上探索新经验》,《新华日报》2023年7月13日。

人才公寓,做好"产城人"融合的服务文章,构建全方位、全要素、全周期的人才服务生态;统筹协调在常高校及中职教育资源,构建以新能源领域为重点的新兴产业和未来产业的人才培养体系,加强各类技能人才供给,深入持久推进"青春留常"计划。

2. 关键核心技术攻关上寻求新突破。 定期发布技术攻关指南,聚焦主攻方向,深化"揭榜挂帅";尽快出台相关实施办法,推行首席科学家负责制,依法赋予首席科学家技术路线决定权、经费使用权和资源调度权;优化攻关路径,实行政产学研高效联动、军民深度融合,构建龙头企业牵头、高校院所支撑、各创新主体相互协同的创新联合体,催生出更多"靶向"创新成果。

3. 科技成果转化上寻求新突破。 建立有利于促进新能源领域科技成果转化的激励机制,鼓励新能源企业与高等院校、职业院校、科研机构构建联合体实施科技成果转化,畅通成果转化通道,建设高水平孵化育成体系;完善科技金融、技术交易与服务、知识产权保护等政策措施,打造科研和成果转化一体化平台,全方位促进成果转化。

(二)提升整体竞争优势要把握新趋势,不断锻造经济增长新引擎

深刻认识和把握当前世界产业发展的新形势、新趋势,正确应对风险挑战,以产业振兴为基础,筑牢实体经济"压舱石"。坚持以科技创新促进产业创新,统筹推进传统产业蝶变升级、新兴产业裂变发展、未来产业前瞻布局,坚持做到"三箭齐发""三管齐下""三轮驱动",加快形成新质生产力。加快构建以"1028"产业体系为骨干的常州现代化产业体系,不断形成产业发展的先导优势、特色优势和综合竞争优势。以整体竞争优势的提升推动经济的可持续增长。

1. 传统产业要焕发新活力。 焕发传统产业活力的根本在于推动生产工艺和设备彻底改造升级、更新迭代,实现人工智能赋能。加快推动设备更新,推进"智改数转"和网络化连接,加速新旧动能转换,真正实现高端化、绿色化、智能化、融合化发展。坚持传统产业与新兴产业在发展政策上的同等性,加大金融对传统产业转型升级的支持力度,发挥创新在产业转型升级中的引领作用,提高劳动生产率和全要素生产率,构建梯级升级的产业链条,以实现产业价值链向高端的延伸,推进上下游、大中小企业的产业链接,向中小企业延伸产业链和资本链。以"智改数转网联"打造传统产业"智造"新名片,加快数实融合步伐,持续推进数字产业化。

2. 新兴产业要增强新动力。 以龙头企业、链主企业等牵头建立新型合作体系,促进产业链上下游、大中小企业融通创新,推动创新链、产业链、供应链、数据链、资金链、服务链、人才链全面融通,形成大企业扎根抱团,大中小企业互促共生、融通发展的产业发展生态。引导科技、金融、人才、数据等要素资源加速向优势集群汇聚,打造出更多专业化、差异化、特色化的产业集群。加快构建常州新能源产业发展体系,编制新能源产业规划,加强产业链招商,巩固优势产业,补齐产业链短板,完善本地配套新能源产业的供应链体系;建立优质企业梯队培育体系,打通进阶式成长"快车道",推动形成创新型中小企业、专精特新企业、独角兽企业、上市企业的协同发展的格局;推动新能源产业标准建设,争取地方标准上升为国家标准、行业标准。不断放大新能源领跑优势,深化"智改数转网联"和绿色制造,实施新一轮"十百千"工程。通过持续锻造新质生产力,催生发展新动能,有效推动新兴产业高质量发展。

3. 未来产业要培育新潜力。 氢能产业方面,以"一基地、一示范区、两中心"为引领,加快打造常州"氢湾",注重氢能产业链上、中、下游的统筹,推进氢能"制、储、运、加、用"全链条发展,打通产业链,构建产业闭环;积极推进常州西太湖氢能研究中心、常州氢科学与工程研究院等氢能产业创新平台建设,建成氢燃料电池混合动力机车、微型太阳能制充氢一体机等特色生产基地。

全力推动合成生物产业发展,打造一支专业化的投资开发队伍,全力谋划项目开发和实施,形成"开发一批、建设一批、投产一批、储备一批"的滚动发展格局;加快提升合成生物产业园区的功能配套和产业孵化能力,引导更多资本投早、投小、投硬科技,激发创新创业活力,增强产业集聚度,实现产业集群化。积极发展第三代半导体、新型储能、低空经济等成长性未来产业,推动新型储能规模化发展、商业化应用；超前布局类人机器人、柔性电子等前沿性未来产业，成立未来产业学院、未来产业（技术）研究院和实验室，建设未来产业先导区，形成产业发展的新潜力。

（三）推动绿色低碳发展要拓展新领域，不断构筑产业发展新赛道

坚持以"两山"理念为指导，因地制宜、深化拓展"两山"理念转化路径，拓展新领域，构筑新赛道，全面促进能源低碳化、清洁化、融合化发展，实现高水平保护与高质量发展良性互动。

1. **产业链条再延伸。** 加快建立"1＋N"动力电池回收体系，形成"发储送用回网"的产业闭环，构建产业生态新格局。"1"是加快建立长三角退役动力电池回收中心。针对目前长三角地区这一空白，常州应积极寻求政策支持，突破政策法律障碍，抢先布局，占领制高点。"N"是鼓励新能源汽车及动力电池企业布局动力电池回收、梯次利用业务和商业模式创新，争取多家企业进入国家新能源汽车废旧动力蓄电池综合利用行业规范名单，形成"车企—电池厂—回收企业"的回收产业闭环，并实行全生命周期溯源动态管理。

2. **产业发展再融合。** 加强制造业和服务业深度融合、实体经济和数字经济融合、新能源与其他产业融合，提供更多的绿色系统解决方案，开发更多智能化、绿色化的融合产品，形成"新能源＋"融合发展模式。探索运用合同能源管理、EOD（生态环境导向的开发模式）、组合开发等不同开发模式和商业模式，一体化推进项目策划实施，为其他行业推进节能减排、加快绿色发展提供绿电支撑。

3. **智能网联汽车再提速。** 加强基础设施建设，夯实产业发展基础；构建车路云一体化基础环境，打造三级测试体系，增强测试验证能力；大力推动车联网先导区建设，建立标准体系，开展丰富的车联网场景示范应用，探索智慧城市、智能交通、智能汽车与智慧能源的深度融合一体化；构建安全保障体系，完善安全管理机制。

（四）建设新能源之都要创造新生活，不断打造新能源城市新品牌

立足"新能源、新生活、新城市"定位，建设新能源之都，要打造产业发展聚链成群、创新生态开放融合、应用场景示范引领、生产生活绿色低碳的新能源之都品牌城市。

1. **大力实施基础设施建设提档工程。** 科学制定新能源应用领域基础设施建设规划，出台管理办法，全面系统推进充换电、能源互联网、公共算力、车联网及智能网联汽车等领域基础设施建设，打造"算力常州"，夯实新能源在社会生活应用中的基础。

2. **大力实施新能源产品示范应用提质工程。** 以创建国家公共领域车辆全面电动化先行区为突破点，打造更多集成常州制造、融合智能技术、服务模式领先的新能源示范应用场景，为新能源推广应用贡献"常州方案"。在"两湖"创新区建设新能源产品应用先行区，开展"光储充检"一体化、零碳示范园区的建设，打造成碳中和实践先行区和践行低碳城市理念示范区，探索常州城乡建设的绿色生态新模式。

3. **大力实施"五率"提升工程。** 新能源汽车见车率方面，鼓励消费者购买、使用新能源车辆，推动公共领域车辆全面电动化。光伏电池见板率方面推广光伏一体化建筑、光储直柔建筑、智慧微电网创新低碳场景，加快屋顶分布式光伏应用，让光伏与建筑、城市相融。充电设施见桩率方面，推进新老住宅区充电桩建设，推动公共区域充电桩建设并鼓励对公众开放，安全有序推进加油(气)、充换电等业务一体的综合供能服务站建设。充换电及加氢见站率方面，加快布局覆盖常州市域的充换电网络，增加充换电站密度，打造"平均巡站时间小于5分钟，平均服务半径小于1公里"的服务生态圈，稳步系统推进加氢站建设。提前布局"油气氢电服＋光伏"六位一体的综合加能站，探索建立制氢加氢一体站。社会公众见行见效率方面，在城市理念与文化建设中全面融入新能源元素，体现新能源特质；在全社会普及推广新能源科学知识，增强绿色低碳发展意识，大中小学教育教学内容中要注入新能源内容；加大对新能源城市名片的宣传,打造品牌 IP,让新能源走进"千家万户",深入人心,更让绿色低碳发展理念和生活方式成为社会公众的普遍认知与自觉行动。

(五) 推动万亿之城再出发要坚持发展不动摇,不断书写好中国式现代化新答卷

实现万亿不是终点,是新征程上新的起点。再出发,就是要把发展旗帜举得更高、斗志激发得更强,再展雄风,再攀高峰、再创辉煌,就是坚定不移围绕"国际化智造名城、长三角中轴枢纽"城市定位,坚持高质量发展不动摇,大力实施"532"发展战略,全力推进新能源之都、"两湖"创新区建设,加快锻造新质生产力,真正在推动中国式现代化中走在前、做示范,不断书写好中国式现代化常州新答卷,以一域之光为全局添彩。

1. **坚持以新能源之都建设引领产业发展。** 一座城市的崛起,离不开一个或一批战略性、引领性、支柱性产业的拔地而起。江苏省委书记信长星2023 年在常州调研时指出,新能源产业涵盖面广、上下游关联产业众多,要持续完善产业链、构筑生态圈,共同打造自主可控、安全可靠、竞争力强的现代化产业体系,加快培育高质量发展新增长极。① 2023 年底,江苏省委、省政府出台了支持常州新能源产业高质量发展的意见,②赋予常州"全力打造代表江苏高质量发展水平、具有国际竞争力的新能源产业高地"重大任务。因此,常州要坚决扛起使命担当,始终把发展经济的着力点放在实体经济上,大力推进新型工业化,以建设新能源之都为引领,加快构建现代化产业体系,全力争创国家级战略性新兴产业集群。围绕 10 大先进制造业集群和 28 条重点产业链(即 21 条优势产业链和 7 条未来产业链)开展服务,推动产业集群向高而攀、向新而行。加强开放合作,深度融入全球产业链,推动产业高端化、智能化、绿色化、融合化发展,加速新能源"新三样"出海步伐。

2. **坚持以服务构建新发展格局撬动高质量发展。** 加快构建新发展格

---

① 《树立新标杆 塑造新优势 奋力打造国际化智造名城 长三角中轴枢纽》,《新华日报》2023 年 4 月 28 日。
② 《关于支持常州新能源产业高质量发展意见的通知》,2023 年 12 月 25 日。

局,是撬动高质量发展的战略基点。常州处于长三角核心区的中心,具有"一点居中、两带联动、十字交叉、米字交汇、左右逢源"的区位优势,因此要通过增强要素集聚"向心力"、扩大协同发展"朋友圈"、畅通现代化常州的"主动脉",来推动形成多层次、多样性城市发展生态,构建更加开放、协同的发展格局,扩大城市辐射力和影响力,打造成为现代城市网络中至关重要的"节点"。进一步提升创新能力、产业竞争力和发展能级,积极融入并服务"一带一路"、长三角一体化发展、长江经济带建设,加速融入上海、南京、杭州三大都市圈,加强苏锡常协同发展,深化苏皖合作示范区建设,畅通国内国际双循环,在服务构建新发展格局上承担更多责任,在区域一体化高质量发展上体现更大作为。

3. **坚持以"两山"理念为指引推动绿色发展。** 在中国式现代化建设征程上,最大的机遇是生态、最大的价值是生态、最大的潜力是生态。坚定不移地实施"双碳"目标,走绿色发展之路。加大生态环境投入,持续开展长江大保护,全面深化太湖综合治理,坚持"山水林田湖草"综合治理,纵深推进"危污乱散低"综合治理。以"新能源、新生活、新城市"引领经济社会发展全面转型,不断擦亮绿水青山底色,全域创建国家级生态文明示范区、"两山"实践创新基地,实现城与自然、人与自然共生共荣,展现出既有产业高原、又有创新高峰,既有青山绿水、又有乡愁古韵的中国式现代化常州画卷。

4. **坚持以人民为中心促进融合协调均衡发展。** "城市是人民的城市,人民城市为人民。"[①]坚持以人民为中心的发展思想,既是城市治理的目标,也是做好各项工作的使命。加快城市更新步伐,加强保障性住房规划建设,加大老城厢改造力度。聚焦安民守底线,全面深化"1+29"公共安全体系建设。加快城乡融合发展,加速常金同城化、常溧一体化,深化宁锡常接合片区国家城乡融合发展试验区,畅通城乡双向流通渠道。全面推进乡村振兴,推动农村一二三产业融合发展,深入实施"双百"行动计划和农民收入十年倍增计

---

① 《习近平:城市是人民的城市,人民城市为人民》,《人民日报》2019年11月4日。

常
州

划,扎实推进共同富裕。大力实施美丽乡村"十百千"工程,全面提升乡风文明水平。

立足人口发展新常态,把人口、产业和城市高质量发展紧密结合起来,一体考量,一体推进,以"全覆盖""全周期"为目标,统筹打造"六个常有"民生名片,推动社会保障更加公平持续、教育医疗更加优质均衡。进一步完善各类人才就业创业支撑体系,坚持减负、稳岗、扩就业并举,积极拓宽市场化社会化就业新空间。推动文商旅深度融合,唱响"江南美食之都""乐园之都""青春乐都"品牌,打造高品质、高体验感的文旅消费目的地。

课题负责人:张忠寿 常州工学院新能源产业发展战略研究院院长、教授

承担单位:常州工学院

课题组主要成员:张羽程、贲友红、李芸达、周密、商燕劼、张媛媛

南 通

提升『四大能级』打造高质量发展重要增长极

2020年11月,习近平总书记在南通考察时感慨"一桥飞架南北,天堑变通途",点赞南通"好通"、沧桑巨变、生活幸福。2023年2月,省委书记信长星到南通调研时强调,"要登高望远、把握机遇,充分发挥通江达海、紧邻上海和国家战略叠加的优势,敢为善为、敢为人先,奋力打造全省高质量发展重要增长极。"

作为江苏唯一滨江临海的城市,南通处在长江经济带发展、长三角一体化发展等重大战略和共建"一带一路"等重大机遇的叠加区域,具有很大发展潜力和空间,在江苏发展全局中具有独特地位和重要作用。通过联动落实国家战略、深入参与江苏"1+3"重点功能区建设,南通正在聚力建设长江口产业创新协同区、打造通州湾石化双循环基地,加快跨江融合、向海发展,着力建设上海大都市北翼门户城市、全国性综合交通枢纽城市、富有江海特色的现代海洋城市、国家历史文化名城,扎实推动中国式现代化南通新实践取得新进展新突破。

"中国式现代化江苏新实践市域探索研究·南通篇"通过分析南通"好通"的交通优势和发展状态,展望了"天堑变通途"带来的"一通百通"美好前景,提出结合自身禀赋和发展态势,以"好通"提升发展层次,激发发展潜力,支撑重大发展使命。通过提升交通能级,打造长三角北翼枢纽之城;提升创新能级,打造上海国际科创中心北翼副中心;提升产业能级,打造长三角高端制造新中心;提升城市能级,打造上海大都市北翼门户城市……为实现中国式现代化南通新实践提供可行路径。

习近平总书记擘画了以中国式现代化推进中华民族伟大复兴的宏伟蓝图,要求江苏在推进中国式现代化中走在前、做示范。南通是江苏唯一滨江临海的城市,处在长江经济带发展、长三角一体化发展等重大战略和共建"一带一路"等重大机遇的叠加区域,经济体量和发展质量走在苏中苏北城市前列、紧随苏南发达城市,在江苏发展全局中具有独特地位和重要作用。近年来,南通坚持以习近平新时代中国特色社会主义思想为指导,扎实推进高质量发展,加快建设制造强市、海洋强市,奋力打造全省高质量发展重要增长极。继 2020 年跻身 GDP 万亿元城市行列后,南通 2023 年地区生产总值超 1.18 万亿元,增长 5.8%;总量列全国大中城市第 23 位,地级市第 9 位;连续六年获全省高质量发展综合考核第一等次,实现全国文明城市"五连冠""满堂红",全国卫生城市"五连冠",全国双拥模范城市"七连冠":中国式现代化南通新实践实现良好开局。对照中国式现代化发展目标和先进地区发展水平,南通仍存在一些短板和不足。当前,南通正深入贯彻落实习近平总书记对江苏工作重要讲话重要指示精神,牢牢把握高质量发展这个首要任务,抢抓"好通"机遇,以改革创新为根本动力,以跨江融合为战略路径,加快培育发展新质生产力,奋力建设"枢纽功能优、产业实力强、城市能级高、制度环境好"的江苏开放门户,全面展现具有江海特色的现代化形态。南通借"好通"之势,以"好通"引领交通、创新、产业、城市等"四大能级"提升,正积极探索符合自身实际的现代化建设新路径。

一、"好通"引领"四大能级"提升是南通现代化的必由之路

习近平总书记点赞"南通'好通'"。"好通"既是南通交通条件的格局性变化,也是南通在"好通"加持下,滨江临海资源优势加速释放、国家战略叠加红利加速转化的"一通百通",是南通全方位、深层次融入上海苏南的大势所趋,可以说是从交通联通到区域互通、发展融通的一种规律性变化,标志着南通在长三角区域发展大局中,从此进入了"左右逢源"的发展新阶段。抓住用好"好通"机遇,放大独特的资源禀赋优势,锻造长板、补齐短板,可以更好走

出一条符合南通实际的现代化建设之路。

（一）回顾过去，"好通"成为南通现代化的先导和支撑

拥有地理区位、交流融通、开放制度等优势，是大多数地方实现大发展大跨越的要件。上海、宁波、苏州等城市起步时就在这些方面拥有相对优势，并伴随优势的不断提升而加速发展。南通发展的综合条件中，曾经一个明显的短板就是交通，向南与上海、苏南因长江天堑而难以融通，向东淤泥质岸线使港口发展困难重重。历史上，南通一直在努力发展交通、争取"好通"。张謇在南通探索早期现代化，以建设青三铁路、天生港码头等交通设施和创办大达轮步公司等运输事业为先行，建成"中国近代第一城"。改革开放之初，南通把港口、机场发展作为先手棋。进入21世纪，苏通大桥、崇启大桥等通道先后建成，拉开了南通十多年加速发展的序幕。进入新时代，随着交通基础设施建设加快，南通进入"好通"新境界，将更好引领和支撑现代化建设。这集中体现在三个方面：一是"好通"极大提升发展层次。江海天堑成坦途极大弥平了地理条件上的先天不足，突破了千百年来制约南通发展的严重桎梏，使南通与周边特别是江南先进城市的同台竞技成为可能。二是"好通"深度激发发展潜力。南通可以便捷融入全球资源要素配置网络，江海资源、实体经济、开放基础等优势充分发挥，将更加紧密融入世界经济和产业体系，为高质量发展提供强劲动能。三是"好通"支撑重大发展使命。交通区位之变带来战略地位之变，南通在长三角一体化发展中地位日益凸显，必然会被赋予促进区域协同发展、服务构建新发展格局的重任。阔步新征程，南通一定会闯出"好通"引领中国式现代化新实践的独特路径。

（二）把握现实，提升"四大能级"是南通现代化建设的重中之重

西方世界长期发展形成了以工业化为核心的经典现代化理论。中国式现代化在经济建设、政治建设、文化建设、社会建设、生态文明建设等各个领域都明确了发展目标。习近平总书记要求各地全面把握中国式现代化的科学内涵和本质要求，立足实际，发挥自身优势和特色，稳步前进，把中国式现

代化的美好图景一步步变为现实。江苏省委也要求各地要探索各具特色和内涵的现代化形态。全面推进中国式现代化南通新实践,要坚持两点论和重点论的统一,既要统筹兼顾、协同发力,以系统观念全面协调推进各领域现代化建设,也要结合自身禀赋、发展态势等因素,从各项战略任务之间的逻辑性出发,把握其主次、先后、因果等关系,以交通、创新、产业、城市等若干重点领域突破带动全面提升,实现更高质量、更有效率、更加公平、更可持续、更为安全的发展。

1. 交通是现代化的开路先锋,南通需要更好实现"一通百通"。 交通等基础设施建设促进了地区经济发展,特别是我国基础设施投资对于私人投资具有较强的挤入效应,这对经济增长产生了显著的正向作用。[①] 回顾南通这几年的发展,经济总量跨过万亿台阶,众多项目纷至沓来,很大程度得益于交通改善。国家规划中明确南通要与苏州、无锡"组团"打造全国性综合交通枢纽。近年来,南通交通基础设施规划建设取得长足进步,但对照现代化目标还有不少短板亟待补齐。一是沿海关键性枢纽设施有待提升,没有 20 万吨级以上码头,集装箱泊位仅有 2 个,现有码头以液化品、件杂货等功能为主,以就近服务临港企业为主,34.7% 的货物吞吐量来自南通本地。二是江海河集疏运体系尚不完善,难以覆盖南通全域并延伸到市外腹地,江海河直达系统尚未激活。三是跨江城际交通短板仍然突出,规划过江通道的密度只有南京的 1/5,至上海的铁路客运班次密度只有无锡的 1/10 左右,而平均通行时间和票价都是无锡的 2 倍。四是信息基础设施相对滞后,宽带用户(含固网、移动网)平均下载速率仅为 87.7Mbps,5G 用户占移动电话用户比重仅为52.3%,部分片区 5G 基站尚未覆盖,工业互联网标识解析二级节点仅有 3个。南通要加快实现更高水平的"天堑变通途",更好支撑保障现代化建设。

2. 创新是现代化的第一动力,南通需要加快壮大发展动能。 历史经验表明,那些抓住科技革命机遇走向现代化的国家,都是科学基础雄厚的国家;

---

① 刘勇政、李岩:《中国的高速铁路建设与城市经济增长》,《金融研究》2017 年第 11 期。

那些抓住科技革命机遇成为世界强国的国家,都是在重要科技领域处于领先地位的国家。对城市发展来说也是如此。科技创新能力不足恰恰是南通发展最突出的短板。一是创新主体活力不足。南通高新技术企业数量约4000家,而苏州有1万多家;南通省级以上企业研发机构数量只有苏州的1/3、无锡的2/3;R&D经费投入强度只有2.75%,而全省平均水平为3.2%,苏州、南京、无锡都在3.5%以上;南通有效发明专利量不到5万件,苏州有近20万件。二是源头创新比较薄弱。南通普通高校仅有9所,与广州(82所)、合肥(60所)、南京(53所)等科教资源发达城市不可同日而语;南通尚无双一流建设学科,省级以上科技创新平台数量只有苏州的1/3、无锡的1/2,国家级重点实验室、科技服务平台尚未实现零的突破。三是创新生态不够完善。南通省级以上众创空间、孵化器数量只有苏州的1/4、南京的1/3,大部分孵化载体还停留在提供场地、物业等基础服务阶段;技术攻关"揭榜挂帅"、产业创新联合体建设等方面也处在探索起步阶段。南通要立足市情实际,学习借鉴合肥、苏州、无锡等城市抓产业创新的经验,推动科技创新关键变量加快转化为现代化建设最大增量。

3. **产业是现代化的物质基础,南通需要牢牢把握强市之要。** 现代化产业体系是现代化国家的物质技术基础,是推进中国式现代化的重要支撑。南通是中国近代民族工业发祥地之一,制造业占地区生产总值比重近40%,工业对经济增长贡献度超50%,是名副其实的立市之本、强市之要。但南通目前仍处在工业化中期向中后期过渡阶段,与先进城市存在一定差距。一是产业质效缺乏竞争优势。南通2023年规上工业总产值1.37万亿元,而苏州约4.5万亿元,无锡约2.5万亿元;亩均税收不到10万元,仅为苏州、无锡的1/3。二是产业集群标识度不够高。全省正在重点打造10个国家级先进制造业集群、16个省重点集群,其中南通只有船舶海工、高端纺织两个国家级集群;省重点集群方面,南通只在高端纺织、高端装备2个集群上优势相对明显。三是企业发展有"高原"缺"高峰"。南通90%以上制造企业处在产业链中低端,大多从事配套环节,生产中间产品,具有较强行业整合力、自主创新力和品牌影响力的领军型、"链主"型企业较少,"2023 江苏民营企业制造业 100 强"榜单中,南通仅 3 家企业入围,而苏州、无锡分别有 27 家、24 家。南通要认清差距、放大优势、找准路径,持之以恒拓增量、优存量、提质量,加快构建现代化产业体系,为现代化建设筑牢雄厚基础。

4. 城市是现代化的空间载体,南通需要着力提升幸福成色。 习近平总书记在南通考察时说"大家生活在这样的城市很幸福",既是对南通优美生态环境的肯定,也是对广大江海儿女携手共创美好生活的勉励,对南通更好满足人民对美好生活的向往,推动城市高质量发展尤具意义。南通与上海、苏南隔江相望,而长江南北两岸的城市从空间形态、功能品质到经济密度、人口集聚度,都存在较大的发展落差,这种差距既有以倍计的体量之差,也有相距十年左右的质态之差。南通常住人口城镇化率比全省平均低 3 个百分点左右,比无锡、苏州低近 10 个百分点,中心城区首位度偏低,经济总量、常住人口都只占全市 1/5 左右;沿江沿海地区发展不均衡,沿江地区以全市不到 1/3 的面积,集聚约 1/2 的人口,贡献了约 1/2 的经济总量,沿海地区发展尚处在蓄势突破阶段。第七次人口普查数据显示,南通总和生育率只有 0.96,下辖一些县市甚至低于 0.9,这不仅远低于能够世代更替的 2.1,也低于全国全省平均水平。南通要正视和解决城市发展问题,打造高品质空间载体,让广大群众共享现代化建设成果。

(三)面向未来,"好通"带动和支撑"四大能级"提升

提升"四大能级"关乎南通现代化建设全局,必须立足"好通"基础、紧抓"好通"机遇、放大"好通"优势,稳步提升"四大能级",推动现代化行稳致远。

1. "好通"引领构建高能级交通体系。 习近平总书记点赞的"好通"主要得益于交通基础设施的长足发展,"八龙过江"已成其六,通州湾新出海口开港运营,"二环四射三通道"高速公路主骨架、"三横五纵"内河干线航道网络等基本成形,"好通"既是对现有交通建设的精准评价,也是对未来交通发展的殷切勉励。"好通"加快枢纽提级。南通贯通江海,过去由于建港技术等因素限制,主要发展沿江和内河港口,港口等级、吞吐量都很有限。当前,通州湾新出海口建设已经破局起势,南通可以大力推进高等级海港码头和航道规划建设,全面提升在区域港口群中的地位和作用,早日成为名副其实的新出海口。"好通"促进网络互联。借助跨区域、高密度的过江通道,南通可以南向融入长三角交通主骨架,北向强化与市内交通衔接,实现与上海苏南的交通一体化、生活同城化。"好通"推动运输增效。南通拥有海铁联运、水水中转优势,铁路专用线、疏港铁路、内河航道等工程加快规划建设,可以大力发展江海联运,有针对性地强化与沿江沿海港口及内陆无水港业务协同,构建江海联动的特色交通体系。

2. "好通"助力激活高能级科技创新。 经济地理学的研究指出:对于城市尺度而言,创新活动倾向于在规模较大且拥有广泛对外联系的城市中发生。[①] 区域一体化发展追求各类要素跨地域流动的额外成本降低乃至趋近于零,是区域创新的重要支撑。[②] 从实践看,无论是美国依托 101 公路发展起来的硅谷,还是我国依托 G60 高速公路发展起来的科创走廊,都是交通大通道促进生产、科创等要素空间布局优化,带动所在区域的腾飞。目前,南通已成为长三角技术转移的承接中心之一,不仅从邻近的上海、苏州等市承接了大量技术转移,与浙江的宁波、温州等市也有较强的联系,甚至从安徽的合肥、芜湖也承接了一定的技术转移。[③] 长三角已形成以上海为核心、"宁—苏—沪—杭"为廊道的创新圈层结构,南通等城市呈现向圈层靠拢的趋势,其创新水平与参与区域一体化水平的耦合度处在第一梯队,两者呈现互促并进的良好状态。[④] 可见,交通基础设施跨越发展将有力促进南通更加紧密融入区域一体化发展,促进南通在科技创新上走在前列。奋进现代化,南通完全可以

① 张斌、沈能:《集聚外部性、异质性技术和区域创新效率》,《科研管理》2020 年第 8 期。
② 冯茜华:《城市群一体化发展指标体系研究》,《规划师》2004 年第 9 期。
③ 江苏省规划设计集团"长三角一体化发展水平研究"课题组:《长三角一体化发展水平研究(2期)——空间视角下的要素分流与结构分形》。
④ 王启轩、肖宏伟、张艺帅:《长三角区域创新与一体化发展关联性研究——演进格局与发展导向探讨》,《上海城市规划》2023 年第 5 期。

借势借力"好通"、深化创新协同,深度融入和撬动上述圈层格局,在长三角更高质量一体化发展中集聚科技资源、提升自身创新能力。

3. "好通"赋能打造高能级产业集群。 交通发展使资源要素高效便捷流通,促进经济跨越发展,特别是临港、临空、临站等枢纽型产业,受益于交通发展最直接、最明显。南通得益于"好通"带动,枢纽型产业已有很好的基础,完全可以突出重点,打造特色产业集群,成为"下一个万亿"的关键支撑。南通沿海钢铁、石化等重化工业为主导的临港经济正在集聚成势,可以链式发展高端装备、新材料等先进制造业,巩固发展港航基础服务业,探索培育航运金融、海事法律等高端服务业。同时,可以规划建设原油、LNG、粮食、有色金属等大宗商品储运基地,发展现货交易、期货交割、数据发布等功能。正在规划建设的南通新机场定位为上海国际航空枢纽重要组成部分,可以积极引进货运基地航司和知名货代,积极发展航空保税物流、仓储服务,创新发展金融、会展等临空服务业,加快培育电子信息、智能制造等临空制造业。以"物流+产业"为主导的临站经济蓬勃兴起,南通正依托轨道交通优势,加快建设商贸服务型国家物流枢纽,可以构建多层级物流站点网络,助力南通主导产业降本增效;对大宗物资等重点物流品类,加快培育一批多式联运一体化服务主体,可以助推枢纽经济做大做强。

4. "好通"促进塑造高能级城市空间。 "好通"南通,最可贵的是要素富集、人才汇聚、活力充盈,城市呈现蒸蒸日上、日新月异的发展态势。"好通"为南通与上海、苏南同城化发展添劲赋能,不仅在交通上"天堑变通途",而且有效引导资源要素自由流动,长三角国家技术创新中心首个分中心、吴江产业园等落户南通,每年新招引项目中近70%来自上海、苏南,可以进一步融入区域一体化发展,与都市圈、城市群中心城市高水平协同,最终实现同城同质发展。"好通"为南通全域协调发展筑牢基础,人的全面发展是现代化的核心,对南通这样的多组团城市来说,关键是统筹市县、城乡、江海发展,稳步推进新型城镇化,让群众共享现代化成果,可以继续做大做强中心城市,提升人口、经济密度,同时,鼓励县、镇、村等特色化发展,优化江海生产力布局,形成市县、城乡、江海相得益彰的发展局面。"好通"为南通人口高质量发展引入源头活水,超少子化导致南通自然人口负增长态势难以逆转甚至持续深化,深度老龄化导致南通劳动年龄人口占比持续减少;在"好通"加持下,人口流入将持续增加,可以把鼓励生育、优化养育与人口导入结合起来,实现人口高质量发展,为城市发展增强动力活力。

二、 提升交通能级,打造长三角北翼枢纽之城

南通"好通"将继续带动基础设施高水平互联互通,这不仅能引领南通现代化新征程,还将有力支撑长三角建设世界级枢纽体系。南通要创造更高水平的"天堑变通途",就要放大通江达海的通道优势,把通州湾新出海口建设成为长江经济带出江入海重要门户;放大连通内外的腹地优势,打造公铁水、江海河集疏运体系;放大紧邻上海的窗口优势,协同打造服务构建新发展格局的国际性综合交通枢纽,着力打造综合客运枢纽、综合货运枢纽和信息枢纽,建设长三角北翼枢纽之城。

1. 打造以新机场为支撑的客运枢纽。 按照南通新机场与上海虹桥机场、浦东机场统一规划、建设、运营、管理的原则,加快把南通新机场建设成为上海国际航空枢纽重要组成部分,共建上海多机场体系主枢纽。一是推动南通新机场落地建设。推动沪苏省级层面尽快成立新机场建设工作领导小组,形成高位推进机制。聚焦发展定位,统筹长远和当前,坚持以国际标准、世界眼光做好规划设计,注重在体量规模、功能布局上与上海两大机场协同协调。突出智慧共享,在班次衔接、票务直连等方面与铁路、公交等高效协作,有效增强全旅程吸引力。二是完善空铁联运体系。纵观全球客运量靠前的机场,成功的经验之一就是建设以机场为核心的大联运枢纽。围绕打造"轨道上的新机场",加强对多层次轨道线网与空间融合的规划研究,构建与城市空间发展相衔接的轨道交通"四网融合"体系。借鉴英国希斯罗等机场建设高效集疏运体系的经验,打造综合交通换乘中心(GTC),紧密衔接航空、轨道交通、客运等不同运输方式,同步优化客运、公交路线,力促一次换乘即可抵达全市

主要区域、场所。**三是提升客运服务能级。** 着眼融入全球航空网络，积极承接上海国际航空枢纽部分航线转移，开通东京、冲绳、新加坡等热门航线。加密国内客运航线网络，拓展中西部地区航线，实现国内主要运输机场全通达。推动设施无人化、安检无纸化、乘机便利化，推动品牌化航线培育，争创国内机场典范。统筹抓好航空货运，加快打造枢纽辐射型航空物流枢纽。

2. 打造以通州湾长江集装箱运输新出海口为支撑的货运枢纽。 坚持江海联动、港产城融合，推进港口设施、交通联运、航运服务等发展，建设上海国际航运中心北翼江海组合强港。一是有序建设港航基础设施。科学安排沿江沿海港口码头、航道设施建设计划，与临港产业发展良性互动，实现以港兴产、港产联动。以系统思维推进大通州湾一体化发展，着眼各作业区发展定位和产业偏好，通州湾作业区以 10 万—20 万吨级码头为主，海门、吕四、洋口作业区以 5 万吨级以上码头为主，同步加快建设网仓洪、小庙洪等进港航道，推动形成千万标箱级集装箱泊位群、亿吨级大宗散货泊位群。围绕构建智慧化大物流体系，完善"一站式""一网通"等信息服务系统，大力推进新一代智能港口、自动化码头建设，推动船岸港信息互联互通、共建共享。二是着力完善江海联运体系。发挥江海联运高效低费优势，大力发展公铁水空管多式联运，加快形成"铁路进港区、内河到码头、港口通大洋"综合集疏运体系。依托国家干线铁路货运网，加强直达港区的铁路专线和疏港铁路建设，力促尽早实现铁水联运无缝对接。完善"八龙过江"格局，建设一批通达新出海口、直通作业区的高速公路、快速路，形成便捷高效的公路运输网。积极参与"水运江苏"建设，推动通州湾、海门港等疏港航道建设，持续提升内河航道通航能力。三是全面增强港口服务功能。积极参与跨区域港口联盟、港航联盟建设，逐步加密近洋航线、拓展远洋航线，实现与世界主要港口互联互通，有效提升南通港口在"一带一路"中的品牌效应。加快推进口岸开放、通关一体化建设，打造以保税物流服务为核心，集口岸通关、保税加工等功能于一体的物流服务体系。主动融入上海国际航运中心建设，深化与上港集团、江苏省港口集团等合作，推动长三角沿江沿海港口港政、口岸等管理协同，共建世界级港口群。

    3. **打造以新一代信息基础设施为支撑的信息枢纽。** 以城市数字化转型为目标,加快信息基础设施建设,推动信息技术与产业发展、城市管理、生活服务、社会治理等深度融合,打造长三角信息化发展高地。一是加快网络基础设施建设。建设高速大容量光通信传输系统,大力推广 5G 行业虚拟专网,推动 5G 网络城乡全面深度覆盖,重点区域建成 5G 精品网络。全面推进IPv6 规模部署,基本完成骨干网、城域网、接入网和内容分发网络等基础设施的 IPv6 改造升级,全面提升网络流量优化调度能力。积极培育发展空天网络与未来网络,参与国家低轨通信卫星、地面信息港项目,建设卫星互联网地面设施。二是统筹存算基础设施建设。参与长三角生态绿色一体化发展示范区数据中心集群建设,推进"老旧小散"数据中心节能增效改造,创建国家级绿色数据中心。推动高通量云计算平台、智能融合网络平台等设施建设,加快数据中心从"云+端"集中式架构向"云+边+端"分布式架构演变。加快政务大数据中心同城生产中心、同城灾备中心建设。三是加快融合基础设施建设。推进工业互联网行业数据中心和边缘工业数据中心建设,鼓励集群龙头企业建设标识解析二级节点及数字运营中心。推进智慧交通与物流、智慧能源、智慧水利、智慧环保、智慧市政、智慧公共服务、智慧教育等公共服务基础设施和平台建设,实现信息资源共享。利用上海国际网络节点辐射效应,推动与上海信息化建设规划衔接、标准统一、数据互联。

三、 提升创新能级:打造上海国际科创中心北翼副中心

    着眼推动科技创新和产业创新跨区域协同,长三角中心城市正携手共筑科技创新策源地、共育国际一流创新生态。长三角区域创新资源加速汇聚,科学技术加速融合,产业创新加速发展。[1]"好通"助力南通紧密融入长三角一体化发展,对南通更好对接上海等科创中心城市、提升自身创新水平有着

---

[1] 上海市科学学研究所、浙江省科技信息研究院、江苏省科技情报研究所、安徽省科技情报研究所:《长三角区域协同创新指数 2023》。

直接促进作用。南通应把握创新资源跨区域流动整合的历史性机遇，聚焦产业科技创新，在国家级科创平台建设上实现突破。要积极参与创新链与产业链跨区域合作，建成与上海、苏南等地创新链紧密融合的科技创新共同体，广泛承接上海等科创中心城市创新资源溢出；积极参与科技创新跨区域协同，共享上海全球科创中心、苏南国家自主创新示范区建设成果。通过积极推进创新生态共塑，营造更具全球竞争力的科技创新生态，逐步形成创新驱动的内涵型增长方式，着力打造"一区、一带、一廊"，即长江口产业创新协同区、沿沪宁产业创新带江北拓展带、沿海科技走廊，建设上海国际科创中心北翼副中心。

1. 探索打造长江口产业创新协同区。 参照长三角生态绿色一体化发展示范区经验，依托长江口资源禀赋和产业基础，强化功能互补、空间复合、创新融合，提升区域发展整体水平。一是打造协同发展产业集群。产业集聚或享有企业扎堆的"马歇尔效应"，或受益于大都市多元性的"雅各布效应"，以上海为龙头的长三角是我国产业集聚的高地。南通应深度融入长三角产业链补链固链强链行动，聚焦新一代信息技术、新能源、生物医药、汽车及智能装备、航空航天等战略性新兴产业，推动加强长三角集成电路、生物医药、新能源汽车、人工智能等产业联盟建设。聚焦第三代半导体、新型储能、前沿新材料、低空经济、合成生物等未来产业及科创研发体系，推动长三角新兴产业、未来产业蓬勃发展。大力发展特色海洋产业，辐射带动长三角北翼沿海地区崛起和海洋经济发展。二是构建协同发展空间格局。在长江北岸南通区域打造北岸先行区，构建"两轴带动、组团联动"的发展格局，即依托北沿江高铁和如通苏湖城际铁路，打造两条产业创新功能轴；依托国家级省级开发区、产业园区和特色小镇，打造若干特色鲜明的产业创新组团，强化与上海、苏南产业协同、创新融合。优选部分合作园区先行启动，探索"基地＋拓展区""总部＋协同中心""飞地孵化""离岸创新"等协同机制，积极推进启隆—海永科教城和通州湾示范区重点片区建设。三是创新协同发展体制机制。积极争取国家发展改革委和长三角区域合作办公室的支持，以合作园区为载体平台,以产业创新为重点领域,借鉴和集成长三角生态绿色一体化发展示范区等跨区域协同的改革创新做法,共同探索成本共担和财税共享、统计指标"双算"等利益分享制度,创新实施用地指标统筹、人才资质互认等要素流动机制,最大限度激发一体化发展的动力活力。

2. 策应打造沿沪宁产业创新带江北拓展带。 依托全线开工建设的北沿江高铁,打造以上海为龙头的沿沪宁产业创新江北拓展带。一是推动产业链创新链紧密结合。积极参与科技创新联合攻关,建立各地协同的组织协调机制、产业创新融合的组织实施机制、绩效导向的成果评价机制,以及多元主体参与的资金投入机制,合力推动重点产业链关键核心技术自主可控,实现项目、人才、基地、资金一体化配置。聚焦产业基础能力薄弱环节,推动在科技成果转化、主体培育、产业链保障能力等方面实现创新突破。推广科技成果惠民技术,完善民生领域科研体系,在长江北岸区域形成更丰富的示范应用场景。二是协同共建创新创业生态。构建以企业为主体的协同创新模式,引导龙头企业、领军企业牵头建立开放式创新平台,推动政策合力赋能、社会资源赋能、专业服务赋能,打造大中小企业跨江融通、"政产学研金服用"七位一体的创新生态。推动创新券政策互联互通,加大科技创新相关人才支持政策的协调力度,共同搭建科技领域干部人才交流大平台。三是深度融入全球创新网络。提升长江北岸国际创新资源集聚能力和创新策源能力,协同重点合作伙伴国家(地区)推进实施相关双边产业创新合作计划,鼓励世界500强企业、国际知名科研院校等来南通设立研发中心和联合实验室。加强长三角地区国际人才政策协调,共享海外引才渠道,探索国际人才互认,推动共建一批海外孵化(创新)中心、国际联合实验室等。

3. 协同打造沿海科技走廊。 充分用好沿海高等级公路、正在规划的沿海高铁等大通道作用,深入学习对接上海、青岛、天津和盐城、连云港等沿海城市,加快集聚海洋产业创新资源。一是建设海洋创新平台。聚焦海洋高技术领域,加强与国家级海洋研究机构合作,建设一批重大涉海科技创新平台,着力突破一批关键核心技术。加快推动东南大学南通海洋学院建设,积极布局海洋高等研究院、海洋产业科技创新中心、极地与极端环境模拟实验设施大科学装置等功能平台。在人财物使用、科研方向选择等方面,赋予高校、科研机构和科研人员更大自主权。二是培育海洋创新企业集群。聚焦海洋新兴产业,鼓励重点骨干企业牵头组建创新联合体,培育具有国际竞争力的领军企业。实施高新技术企业培育"小升高"行动,培育具有国际竞争力的独角兽企业、专精特新"小巨人"企业和单项冠军企业。三是培育海洋科创人才。支持南通大学新建微电子(集成电路)、人工智能、海洋等学院(研究院),加大人才招引力度,加强未来产业研究布局。支持更多高校在南通增设海洋类相关专业,加强人才载体建设,定制化培养海洋领域紧缺的高技能和职业技术人才。

四、 提升产业能级:打造长三角高端制造新中心

"点—轴"理论、"交通枢纽—经济枢纽—枢纽经济"梯次路径等研究都对枢纽经济发展作了很好的阐发。南通"好通"赋能下,资源要素加快集聚,产业跨区域协同具备了更多突破的可能和空间,尤其是与交通条件紧密关联的枢纽产业,将迎来新一轮发展的机遇期,实现集群发展、跨越发展。应充分放大滨江临海的区位优势,依托南通新机场、过江通道、通州湾新出海口等重大交通基础设施工程,坚持主导优先、龙头引领,进一步壮大重点制造业集群,促进上下游关联产业集群发展;坚持完善配套、优化服务,打造适宜产业发展的软硬环境;坚持产城融合、双向互动,为产业发展提供良好的空间支撑,着力打造"两区一基地",即国家级临空经济示范区、海洋产业高质量发展先行区、通州湾石化双循环基地,在协同长三角建设世界级产业集群中,努力成为长三角高端制造新中心,不断提升南通在全球产业链价值链中的地位和作用。

1. 打造国家级临空经济示范区。 依托南通新机场,重点发展与航空技术相关联的高端制造业、前沿科技产业及其他配套服务业,建设现代化临空产业集聚高地。一是场城融合规划园区。坚持规划引领,根据临空经济示范区同南通国际家纺产业园区地域相邻的现实,推动两个园区规划衔接、发展

协同、功能互补。突出以人为本,统筹生产、生活、生态三大布局,将机场噪声影响最小、公共事业配套最完备、交通通达性最强、生活环境最舒适的片区进行居民安置和商业开发。把握开发节奏,对物流货运、商业休闲、特色园区等板块,试点开发、适度留白。二是错位协同布局产业。以大飞机供应链配套等先进航空航天制造业为重点,放大南通电子信息、智能装备、新材料等关联产业规模优势,积极拓展通用航空、低空经济等领域,推动与上海"两场"周边高端航空航天产业协同化、差异化发展,共同打造长三角地区世界级航空航天产业集群。三是软硬结合建强功能。组建临空经济区管委会和国有开发平台,与机场集团共同负责临空经济区的开发建设和日常管理,成立由政府、企业等参与的会商机制,形成一体推进格局。参照法兰克福机场、郑州机场做法,同步建设物流园、仓储基地和制造业园区、科技综合体等载体,配套打造1—2条商业街区。增强口岸平台功能,提升区域一体化通关等服务水平,加强金融保险、会计审计等生产性服务业支撑,打造空港综合保税区及跨境电商示范区。

2. 打造海洋产业高质量发展先行区。 全面落实海洋强省部署要求,加快推动海洋产业高质量发展,构筑拥有核心竞争力的现代化海洋产业体系,培育万亿级蓝色经济。一是加快强链补链延链。紧盯世界500强和国内500强、央企、国企等,加快突破一批重特大海洋产业项目。聚焦海工船舶、海洋新能源、海洋生物医药等产业链关键环节、重点领域,强化精准对接、招引落户,推动海工、风电等领域领军型、科技型企业做大做强、筑群强链。抢先布局海洋新领域、新赛道,培育发展细胞和基因技术、深远海开发、现代海洋服务等新兴产业。二是推动产业转型发展。完善海洋产业扶持引导政策体系,持续深耕海洋工程装备、海洋船舶工业,推动向海洋油气装备、LNG运输船等高技术高附加值高端领域迈进,建设世界级海工装备和高技术船舶先进制造业集群。大力发展海上风电、海上光伏等新能源产业,统筹近远海相关基础设施布局,探索构建以新能源为主体的新型电力系统,形成更多可复制可推广的模式经验。加快推动海洋渔业、海洋旅游等传统产业提档升级,开展数字化绿色化发展试点探索,进一步做强做优传统产业。三是激活海洋创新动能。支持省船舶与海工装备技术创新中心等涉海科创平台建设,在南通创新区建设海洋高端装备、海洋新能源等高能级研发平台,争取在国家、省重点实验室建设上有新突破;引导中远川崎、招商重工等龙头企业进一步做强省级以上技术中心,整合优势科创资源,聚力开发更多前沿科技产品,提升企业国际竞争力。深入实施关键核心技术"揭榜挂帅"机制,主动对接上海长兴岛海工船舶建造基地、张江生物医药基地等,合作开展科技创新联合攻关,协同推进涉海科技成果应用,突破更多"卡脖子"技术。

3. 打造通州湾石化双循环基地。 以通州湾新出海口建设为抓手,加快集聚石化、钢铁等临港产业,着力构筑服务构建新发展格局的重要支点。一是加强规划研究。坚持"整体规划、点面结合、远近兼顾",谋划推进临港重化工业+临港先进制造业、现代服务业的"1+2"产业模式,通州湾发挥核心带动作用,洋口港、海门港、吕四港等片区围绕集装箱和 LNG、粮油、煤炭等大宗货物转运等不同功能,推动临港产业特色发展、集约发展。二是建设特色基地。原油方面,在通州湾冷家沙等区域建设原油储运、中转一体化基地,既作为我国原油储备的重要补充基地,也作为海湾地区国家向世界其他国家和地区能源再出口的离岸基地。大宗商品方面,依托通州湾主体港区,规划建设可储运粮食、稀有金属矿石、铁矿石等大宗商品的基地,平时按照市场规则作为物流基地正常经营轮转,急时按照国家需要实现保障供应安全功能。石化产业方面,依托通州湾绿色化工拓展区,积极打造上海漕泾石化基地拓展区,建设从油气到终端消费产品的全产业链绿色石化基地,加快推进中石油新材料、华峰新材料等重特大项目建设,推动形成长三角石化产业南宁波舟山、北南通连云港的"双备份基地"格局。三是增强贸易功能。着眼沿海港口贸易所需,积极融入服务共建"一带一路"倡议,规划建设物流中心、大宗商品交易平台、跨境贸易中心,加强与全国三大期货交易所对接,鼓励发展大宗商品期现货交割。建立国际航行船舶保税燃油供应中心,大力发展船用保税油业务,吸引更多国际航行船舶靠泊和货物中转。培育发展船代、货代、理货、报

南通

关等基础服务业和航运金融、海事法律、船舶交易等高端服务业,为壮大临港产业、港口贸易做强软服务功能。

五、 提升城市能级:打造上海大都市北翼门户城市

东亚和南亚较发达地区将面临的问题是,城市性质的多样化。[①] 南通城市建设要深入践行人民城市理念,以交通、创新、产业等领域的发展为支撑,打造现代化高品质的人民城市,增强城市吸引力、创造力、竞争力。南通要遵循城市发展规律,把握阶段性特点,积极参与上海大都市圈国际分工合作,主动融入以都市圈、城市群为主要形态的新一轮城镇化布局;做好市县联动、城乡融合、陆海统筹的文章,打造全域协调的现代化空间格局,形成跨江融合发展格局;推动人口高质量发展,以高质量人口支撑现代化,着力打造沪苏跨江融合试验区、江苏国家新型城镇化综合改革试点先行区、人口高质量发展试点城市,加快建成上海大都市北翼门户城市、富有江海特色的海洋中心城市,成为名副其实的"北上海""新苏南"。

1. 打造沪苏跨江融合试验区。 联动落实长三角一体化发展、长江经济带高质量发展两大战略,积极参与共建上海大都市圈卓越的全球城市区域。一是共建产业和科技创新高地。紧扣《上海大都市圈空间协同规划》赋予南通的专业性全球城市功能定位,拉长智能制造、科技创新等关键领域长板,形成一定的全球控制力和影响力。强化与上海、苏南的产业创新协同,推动土地、人才、科创资源等要素跨区域协同畅通,建好长江口产业创新协同区等战略性平台。二是共享国际品质公共服务。参与共建大都市圈国际品质的服务设施群,加快基本公共服务标准化管理,循序渐进推进基本公共服务与上海苏南同城同质,加强教育、医疗、养老等领域合作,共享高品质教育医疗资源。对标国际高标准市场规则体系,对接上海、苏南拓展实施"一网通办""跨省通办"等服务举措,建成长三角市场化、法治化、国际化一流营商环境示范

---

① 乔尔·科特金:《全球城市史》,社会科学文献出版社 2014 年版,第 3 页。

区。三是共塑江海文化魅力家园。放大南通江海生态旅游资源优势,繁荣发展上海大都市圈江海特色文化,打造一批规模大、特色鲜明的龙头型文旅项目,作为城市精神标识和文化地标的"燃爆点"。结合长江国家文化公园建设,在共建长江口文化保护体系上下功夫,与上海苏州协同打造若干世界级旅游品牌与游线,合作举办大型文体赛事活动。

2. 打造江苏国家新型城镇化综合改革试点先行区。 加快城乡融合、江海联动、向海发展,打造全国城乡区域协调发展引领区、全国富有江海特色的海洋中心城市。一是统筹市县联动发展。围绕增强核心城市功能,着力把南通主城区建设成为具有国际影响力的现代化城区,加快在经济、金融、贸易、科技创新等功能建设上取得新突破,打造一批高品质教育、文旅、医疗等公共服务项目。支持各县(市)、区立足自身禀赋各扬所长,加快与主城区有机融合、错位发展。二是统筹城乡融合发展。构建包容发展的城市环境,增强城市就业吸纳能力,加强城镇多层次公共服务供给,推进农村转移人口市民化;促进城乡要素合理有序流动,推动城乡产业融合发展。深入实施"乡村振兴百村示范、农村人居环境千村整治"工程,探索打造农村新型居住社区,不断增强农民集中居住的意愿和吸引力。三是统筹陆海一体发展。以打造江苏沿海高质量发展先行区为目标,以建设通州湾新出海口为抓手,让蓝色经济为城市发展贡献更大力量。把科技创新作为推动海洋产业转型发展的第一动力,培育壮大海工装备和高技术船舶、海洋新能源、绿色石化等产业,加快构筑现代化海洋产业体系。统筹沿海沿江区域交通、产业、岸线等优质资源,打造沿海城市核心、宜居乐业的通州湾新城,健全洋口港片区、吕四港片区生产服务功能,构建"一核两片区"的滨海城市格局。

3. 打造人口高质量发展试点城市。 要把人口高质量发展摆上经济社会发展重要位置,切实加强人口形势研判、分析和政策应对。一是健全生育支持政策体系。探索建立家庭、企业和政府之间生育成本的合理分担机制,研究发放育儿现金补贴,扩大普惠性托育、学前教育有效供给,发挥南通基础教育优势,有序推进学前教育、高中教育纳入义务教育阶段,健全女性带薪育儿制度,优化落实产假、哺乳期假等制度,依法保障女性平等就业和劳动权益,营造社会各界积极参与的生育友好环境。二是深化青年发展型城市建设。持续优化青年人才津贴、高层次创新人才薪酬奖励、青年人才驿站等政策,营造让青年更顺心的就业环境、更安心的居住环境、更有为的发展环境,吸引更多通籍青年和人才回乡创新创业。深化与东南大学战略合作,加快与南通大学融合发展、协同创新,推进高等教育、职业教育与劳动力市场需求接轨,着力培养创新型、应用型、高技能、高素质大中专毕业生和技能劳动者。三是积极应对人口老龄化。稳步推进养老、医疗等领域社会保障制度改革,大力发展现代养老服务业,扩大普惠养老服务有效供给,推动养老服务资源向居家养老、社区养老聚集,有序实施渐进式延迟法定退休年龄政策。加快培育发展银发经济大市场,引导老年人以志愿服务形式积极参与基层民主监督、移风易俗、民事调解、文教卫生等活动,把增进老年人福祉、扩大内需消费、发掘经济新动能有机结合起来。

课题负责人:姜勇　南通市委办副主任
课题组成员:靳金桥、龚卿、陈孙伟

连云港

发挥后发比较优势　擘画先至美好篇章

　　山海相拥、依港而兴，作为首批沿海开放城市、江苏构建"一带一路"交汇点的重要支点城市，连云港承载国家"一带一路"倡议、长三角区域一体化发展、国家东中西区域合作、江苏沿海地区发展、淮海经济区协同发展等重要使命。2009 年 4 月，习近平同志视察连云港时指出，"孙悟空的故事如果说有现实版的写照，应该就是我们连云港在新的世纪后发先至，构建新亚欧大陆桥，完成我们新时代的'西游记'"①。"一带一路"倡议提出后，习近平总书记先后 5 次亲自见证连云港的中外合作项目，作出了"打造标杆和示范项目"的重要指示，为连云港服务"一带一路"建设指明了前进方向、提供了根本遵循。

　　《连云港市国土空间总体规划（2021—2035 年）》明确提出，深化"一带一路"交流合作，积极融入长三角一体化发展等国家区域重大战略，深入实施"1＋3"重点功能区战略，着力建设"一带一路"强支点、沿海高质量发展增长极、美丽宜居山海城市。

　　连云港始终牢记习近平总书记"后发先至"的殷殷嘱托和"打造标杆和示范项目"的重要指示，扎实推进"一带一路"强支点建设，新亚欧陆海联运通道更加便捷通畅，"两基地、一班列"建设水平显著提升，与沿线国家和地区的全方位合作持续深化，高质量发展"后发先至"，其势渐成、其时将至。

　　"中国式现代化江苏新实践市域探索研究·连云港篇"聚焦贯彻落实好新发展理念，探索连云港在推进中国式现代化中实现后发先至的路径，争取到 2035 年建设成为：充分展现中国气派、江苏高度的双向开放门户；产业链、创新链迈上中高端的临港产业基地；山海和谐交响、文明协调发展的生态宜居城市；城乡融合并进、百姓安居乐业的共同富裕典范。

---

① 《连云港：建"一带一路"强支点，写新时代"西游记"》，中共江苏省委新闻网，http://www.zgjssw.gov.cn。

习近平总书记对连云港未来发展寄予殷殷嘱托、作出重要指示，连云港如何在推进中国式现代化进程中实现后发先至，成为摆在全市上下的一个时代课题。连云港是一座多重国家战略交汇叠加的城市，加快高质量发展，实现后发先至是一个继往开来、接续奋斗的过程。全市将着眼于我国现代化"两步走"战略安排及国家战略与市"十四五"规划目标相衔接，瞄准2025年、2030年、2035年三个时间节点，制定实施一系列行动方案，扎扎实实、踏踏实实推动习近平总书记重要讲话精神在连云港落地落实、变成生动实景。

一、 连云港推进中国式现代化中实现后发先至的理论背景和理论依据

连云港一直以来沐浴着习近平总书记的关心关怀，2009年寄予连云港"后发先至"的殷殷嘱托，党的十八大以来5次见证连云港"一带一路"国际合作项目，2018年8月对王继才同志先进事迹作出重要指示，2022年出访中亚期间发表署名文章提到连云港，2023年9月向中欧班列国际合作论坛发来重要贺信，2023年10月宣布将"办好中欧班列国际合作论坛"作为中国支持高质量共建"一带一路"八项行动中的一个重要内容。2023年5月，省委书记信长星在连云港调研时强调，高质量发展"后发先至"，连云港其势渐成、其时将至。① 省长许昆林在连云港调研时指出，要全面融入长三角发展、做足陇海线文章。② 习近平总书记对连云港发展的重要指示、省委省政府对连云港加快发展的决策部署，为连云港推进中国式现代化新实践提供了根本遵循，指明了前进方向，也对连云港提出了一个重要课题：在推进中国式现代化中连云港何以实现后发先至。

连云港市第十三次党代会提出，连云港追求的"先至"，是高质量发展、高层次开放、高颜值家园、高效能治理和高品质生活之"至"。连云港"十四五"

---

①《信长星在连云港调研时强调 高水平建设"一带一路"重要支点 努力实现高质量发展后发先至》，连云港市人民政府网，http://www.lyg.gov.cn/zglygzfmhwz/gcyw/content/22026f14-1ac0-44e9-ab16-0e28130dbb6a.html。
②《许昆林在连云港、盐城调研时强调 深度融入国家战略 聚合要素提升能级 加快打造沿海高质量发展新高地》，江苏一带一路网，http://ydyl.jiangsu.gov.cn/art/2021/11/1/art_76281_10092686.html。

规划提出,全面开启基本实现现代化新征程,加快建设"强富美高"新港城,奋力实现连云港在新时代高质量发展"后发先至"。《连云港市国土空间总体规划(2021—2035)》提出,到2035年,连云港全面建成"一带一路"强支点、沿海高质量发展增长极、美丽宜居山海城市。全国性综合交通枢纽地位进一步巩固,国际枢纽海港全面建成,继续扩大在共建"一带一路"国家、地区的影响力;成为长三角北翼新增长极,现代服务业体系完善,海洋经济规模效益显著,现代化农业快速发展;生态环境根本好转,人与自然和谐共生;成为生活便捷、社会文明程度高的美丽山海港城,全面展现"强富美高"连云港新风貌,为全省全国现代化建设做出先行示范。

后发地区如何加快发展,是发展经济学永恒的主题。后发能不能实现先至,后发何以先至,世界各国各地都在进行艰苦的实践探索,专家学者也对此作出了诸多不同解释,主要体现为后发优势理论和后发劣势理论。

后发优势观点代表专家林毅夫指出,一个发展中国家如果懂得利用后发优势,技术创新和产业升级的速度就应该比发达国家更快,因为模仿学习的成本总比自己发明低,而且风险比自己发明小。[①] ① 后发国家和地区在推进现代化时的认识比先发国家推进现代化时的认识更加丰富。② 后发国家和地区可以大量采用先进发达国家和地区的技术、设备和相应的组织架构。③ 后发国家和地区可以跳过先进发达国家和地区所走过的一些阶段,特别是技术发展阶段。④ 对标先发地区,后发地区可以对现代化有更多的预测和规划。⑤ 先发地区可以对后发地区提供必要的支持和帮助。比如,二战后东亚出现了经济快速增长的现象,被称为"东亚奇迹",首先日本,接着亚洲"四小龙",它们的技术创新主要靠引进国外技术,然后在生产过程中加以改良,凭此基本上维持了三四十年,或更长时间的经济快速增长。我国改革开放以后,前二三十年经济发展的速度和质量大幅提高,相当大的原因并非我国在高精尖产业的国际竞争中取得突破,而主要是通过引进国外技术、管理获得

---

① 林毅夫:《后发优势与后发劣势——与杨小凯教授商榷》,《经济学》2003年第3期。

较快发展。

后发劣势观点代表专家杨小凯指出,落后国家模仿技术比较容易,模仿制度比较困难,因为要改革制度就会触犯一些既得利益者,因此落后国家会倾向于技术模仿。但是,落后国家虽然可以在短期内取得非常好的发展,也会给长期的发展留下许多隐患,甚至长期发展可能失败。① ① 在发展导向上,突出经济发展而忽略社会其他方面均衡进步,造成了社会经济结构失衡。② 在发展动力上,过分强调投资和技术对于经济增长的短期效果,而缺乏对于制度建设的重视。③ 在发展依靠上,更多指望吸纳外部的资金和引进外部技术,经济上容易呈现为依附型发展。④ 在发展模式上,粗放外延型发展更为普遍,而集约内涵型发展则难以建立。比如,20 世纪 80 年代我国家电产业的发展基本是以国有企业为主导的,这个发展过程是个典型的用技术模仿代替制度改革的过程,成套设备的进口是技术模仿,不搞私有化就是用技术模仿代替制度改革。这种后发劣势的最重要弊病并不是国有企业效率低,而是将国家机会主义制度化,政府既当裁判又当球员。在这种制度下,国有企业效率越高,越不利于经济长期发展。

后发劣势又可分为内源性后发劣势和外源性后发劣势。内源性后发劣势观关注后发地区自身不足对其发展所形成的制约,主要包括资本积累困难、技术创新乏力、产业分工低端、社会转型滞后、制度变迁受阻。外源性后发劣势观强调外部环境对于后发地区所形成的制约,主要是指先发地区与后发地区形成"中心—边缘"的不平等关系,全球化进程中跨国公司加快发展更加强化后发地区的劣势,这些让后发地区难以跨越发展。②

连云港在推进中国式现代化中深入贯彻落实党的二十大精神,发挥后发优势,规避后发劣势,探索实践后发先至新路径,关键是贯彻落实好新发展理念:坚持创新发展,建设创新型城市;坚持协调发展,加快补齐短板弱项;坚持绿色发展,厚植山海生态资源优势;坚持开放发展,加快建设"一带一路"强支

① 杨小凯:《后发劣势——共和与自由》,《新财经》2004 年第 8 期。
② 苏炳杰:《论后发优势与后发劣势——评杨小凯、林毅夫之争》,《商》2015 年第 31 期。

点;坚持共享发展,打造宜居宜业城市。

二、 连云港在推进中国式现代化中实现后发先至的基础条件和问题短板

近年来,连云港坚持以习近平新时代中国特色社会主义思想为指导,深入贯彻落实党的二十大精神,以习近平总书记对江苏、对连云港工作的重要讲话重要指示精神为工作主题主线,牢固树立"后发先至"目标追求,完整、准确、全面贯彻新发展理念,加快服务新发展格局,扎实推进经济社会高质量发展,高水平全面建成小康社会,中国式现代化连云港新实践迈出坚实步伐。

一是加快构建现代产业体系,产业特色凸显。坚持"发展第一要务"不动摇,构建起"两轴五片多园区"的产业空间布局,加快强链补链延链,形成石化、钢铁等临港工业和新医药、新材料、新能源、装备制造等特色主导产业。2023 年,三次产业结构优化调整为 10∶46∶44。国家级石化产业基地发展如火如荼,盛虹炼化、卫星石化、中化国际、新海石化等石化产业集群进入丰产期,石化产业产值 2054 亿元。"中华药港"初具规模,核心区一期建成投用,恒瑞医药、正大天晴、豪森药业、康缘药业连年入围"全国医药工业百强",生物医药产业入选国家先进制造业集群,成功创建国家区域医疗中心,规上医药企业产值 627 亿元。新材料产业持续壮大,形成以高性能纤维及复合材料、硅材料、化工新材料等为代表的特色产业板块,高性能碳纤维复合材料获国家科技进步奖一等奖,新材料产业产值 823 亿元。新能源基地加快构建,建有总装机容量达 914 万千瓦的世界最大核电站,徐圩核能供热、抽水蓄能电站、海上光伏、海上风电等项目加快推进,打造品种最全的世界级清洁能源基地。打造海洋强市持续发力,跻身国家级海洋经济发展示范区,获批国家级沿海渔港经济区和海洋牧场示范区,成立涉海产学研合作联盟,全省首个海洋技术创新中心实体化运行。高效低碳燃气轮机国家大科学装置等一批设备填补国内空白。全市 GDP4364 亿元,上市企业 13 家,规上工业企业 1476 家,年产值超百亿元企业 11 家。

二是积极打造标杆和示范项目,交汇点建设步伐加快。抢抓"一带一路"重大机遇,务实推动"一带一路"强支点建设,加快构建东西双向开放高地。[1]东方大港加速崛起,30万吨级深水航道全面建成,盛虹30万吨级原油码头投入使用,现有远近洋等各类航线121条。全面深化与上海港多元合作,"连申快航"实现每日一班。中哈物流合作基地形成连云港基地、霍尔果斯东门无水港双向对流布局,上合组织国际物流园获批"国家级示范物流园区",完善里海供应链基地布局。国际班列联通国内5大过境口岸,形成6条线路;连徐联建"一带一路"新亚欧陆海联运通道标杆示范加快推进。成功搭建中欧班列国际合作论坛、全球公共安全合作论坛等高层级平台,办好丝路物博会、上合组织圆桌会议等国际展会活动。自贸试验片区、综保区、跨境电商综试区联动发展,自贸试验区承接省级赋权192项,探索形成创新经验177项。持续深化"放管服"改革,推进"一件事一次办"、不对应审批和"综合查一次"改革,相关工作得到中央深改办和国办推广,营商环境持续优化。口岸扩大开放不断加快,获批国家智慧口岸试点建设。2023年,港口吞吐量达3.2亿吨,集装箱量为613.7万标箱,开行国际班列806列。整车出口量突破30万辆,跻身全国机械设备和车辆外贸出口口岸前三名。哈萨克斯坦过境中国的货物80%以上由此出海,成为中亚地区与我国中西部最便捷的出海口。

　　三是推进城乡融合发展,城乡面貌不断刷新。市县两级国土空间总体规划获批实施,划定"三区三线",城乡空间格局进一步优化。滨海特色风貌更加彰显,高起点建设云台山森林公园、海州湾海洋公园、临洪河滨海湿地公园,有序推进环云台山、环锦屏山城市绿脉和沿河生态绿廊建设,精心打造"蓝湾百里",山海相拥的生态优势进一步彰显。成功举办第十二届省园博会,园博园和渔湾欢乐城建成开园,全市林木覆盖率达27.4%,高标准创成国家森林城市,获批省级生态园林城市。城市更新有序实施,海绵城市试点项目通过验收,顺利通过国家节水型城市复查。连淮、连宿高速建设加快推进,

---

① 马士光:《在"一带一路"交汇点建设中展现强支点新作为》,人民网, http://js.people.com.cn/ n2/ 2023/0531/c360303 - 40439081. html。

一批断头路、铁路地涵实现贯通,城市主干道更加畅达。扎实推进全国市域社会治理现代化试点,城市文明水平显著提升。大力提振县域经济,全面推进乡村振兴,农村人居环境和农民住房条件明显改善,创成省级传统村落5个、省级特色田园乡村35个,城乡环境卫生清理整治案例全国推广。农业农村现代化加快推进,实现农业全面升级、农村全面进步、农民全面发展,农业连续稳产增产。2023年,城乡居民人均可支配收入35983元,增长6.8%。其中,农村居民人均可支配收入为24411元,增长7.7%。

四是动真碰硬推进环境整治,生态建设水平显著提升。牢固树立"绿水青山就是金山银山"理念,在全国地级市中率先完成战略环评,建立以空间红线优化布局、环境质量底线和资源利用上线调控结构、环境准入负面清单推动产业升级的"三线一单"管理模式。持续推动低端低效产能淘汰化解,深入推进化工行业整治提升,推动化工园区提档升级,关闭退出化工企业266家,完成1400余家"散乱污"企业的关停、搬迁、升级改造。连云港石化产业基地先后获批国家生态工业示范园区、中国智慧化工园区、中国绿色化工园区。推动海洋碳汇开发利用,着力打造蓝色碳汇功能示范区,加快建设美丽连云港。深入打好碧水、蓝天、净土保卫战,2023年,全市$PM_{2.5}$平均浓度32微克/立方米,连续三年达到国家空气质量二级标准,国省考断面优III类水质达93.3%,近岸海域海水优良率达96.8%,创有监测记录以来最优水平。大力完善环保基础设施,城镇污水处理能力提升至72.1万吨/日,危废处置能力增长到16.8万吨/日。连岛入选全国首批"和美海岛",建成省级盐河水利风景区,石梁河水库创成部级"幸福河湖",蔷薇河流域农田退水循环利用做法在全省推广,生物多样性保护"月牙岛模式"成为省级示范,市民对生态环境状况的满意率逐年提升。

五是践行以人民为中心的发展思想,民生答卷更有温度厚度。始终践行以人民为中心的发展思想,大力发展民生社会事业,着力健全就业产业协调联动、就业公共服务体系和职业技能培训制度,积极拓展新就业形态,打造重点群体就业、灵活就业和自主创业"组合拳",每年新增城镇就业5万人,牢牢稳住就业基本盘。紧盯群众急难愁盼问题,每年组织实施一批重点民生工程和惠民实事,教育、医疗、住房、养老、社保、文化等事业实现长足发展,义务教育集团化办学覆盖学生占比超99%,全省率先通过国家卫生城市复审,"先诊疗后付费"群众满意度提升至95%以上。树牢底线思维、强化忧患意识,扎实开展危化品、城镇燃气、道路交通、建筑施工、森林防火、海洋渔业等重点领域风险隐患排查治理,安全生产事故起数、死亡人数连年实现"双下降",扎实推进法治连云港、平安连云港建设,连续2年入选全国健康城市建设样板市,获评全国居家和社区养老服务改革试点优秀城市,群众获得感幸福感安全感持续增强,社会大局持续保持和谐稳定。

对照习近平总书记"后发先至"的殷殷嘱托,对照省委、省政府打造"一带一路"强支点的明确要求,对照广大干群"争先进位"的迫切期盼,工作中仍存在明显差距和不足。

一是综合实力与战略地位还不匹配。综合实力不强仍是连云港最大的市情,在江苏13个设区市中,连云港的经济总量靠后,人均GDP仅为全省均值的63%。无论是以首批14个沿海开放城市,还是以陆桥沿线重要节点城市,或者以长三角41个城市为参照,连云港发展水平均处于中等以下,与其优越的资源禀赋、地理区位,与其首批沿海开放城市、"一带一路"重要节点城市、东中西区域合作示范区、自由贸易区等国家战略定位不相称。习近平总书记殷切期望连云港实现"后发先至",辩证地说明目前连云港尚处在"后发"状态。从客观原因来看,连云港原有经济基础比较薄弱,又远离上海等大城市,难以得到经济辐射。从主观原因来看,城市思想观念转变、体制机制创新等还需要努力,在抢抓多重叠加国家战略机遇上仍需有更大作为。

二是核心战略资源港口优势发挥不够明显。从港口自身看,因港口功能、通关水平、航班航线等方面的限制,提供的主要还是船货代服务、引航拖轮服务、客货班轮运输等港口航运初级阶段的服务。口岸环境、市场环境、信息环境有待完善,与国际航运配套的金融、保险、贸易服务业务亟待发展,港口缺乏参与更大范围扩张的竞争力,对中西部地区货源的吸引力不够,沿陇海线地区甚至苏北一些城市舍近求远,选择走上海港、青岛港。从港口与产业互动看,本地产业对港口上量贡献不大,据统计,连云港本地货源占港口吞吐量的比重在20%左右,青岛比重超过60%,日照超过40%,大连超过35%,苏州及苏南地区货源在太仓港的比重超过60%。从港城互动来看,港口与城市、旅游、社会事业发展水平整体不高,港口、城市、工业、旅游互相争夺发展空间。城市尤其是东部地区的商务环境还需大力营造,社会服务体系和各类要素市场还不够发达。

三是城市国际化水平有待提高。连云港中心城市为双城发展格局,全市政治文化经济的重心是新海城区,东部城区主要是服务港口,但人口数量不足20万。有限的城市资源、旅游资源、海洋资源、岸线资源的整合程度还不高,资源利用碎片化、配置低效化现象突出,发展不够紧凑,中心城市的承载和辐射带动能力偏弱。开放型经济总量小,西向贸易交往是连云港的传统优势,但是西向贸易无论从规模还是种类都相对较小较少。连云港与日韩一衣带水,但对日韩、港台的开放合作上与周边盐城、淮安等城市都有差距。在城市国际化方面,缺乏系统化制度设计,城市提供国际服务的功能偏少,国际化色彩不够鲜明。品牌价值评估机构GYbrand从经济实力、治理能力、文化体验、居住生活、城市形象、发展潜力等方面对各城市进行综合评价分析,发布2023世界城市排名500强榜单。新亚欧大陆桥经济走廊中国境内的支点城市中,西安排第115名、郑州排第142名、徐州排第474名,连云港未进入榜单。

四是加快发展支撑保障不足。产业结构偏重,过去二十年,钢铁、石化等一批临港重化工业项目相继落户,全市经济进入以重化工业为主的发展阶段。2023年,全市石油化工、化学制造、黑色金属冶炼等六大高耗能行业产值占全市的63%,综合能耗占全市的97%。经济以重工业为主的结构性矛盾在短期内不会改变,导致全市的单位GDP能耗值偏高,给绿色发展带来巨大挑战。能耗指标不足,连云港是国家规划建设的七大石化产业基地之一,一大批重大石化项目等相继进入投产达效期,能耗指标基数小、增长快、增量空间与发展需求矛盾突出。专业人才缺乏,连云港经济水平与苏南城市、沿海发达城市相比还有一定差距,紧缺急需的人才引进困难,很多优秀人才纷纷流向上海、苏南等地区。2023年,全市人才资源总量98.3万人,高层次人才5.8万人,仅占全省总量的6.3%和4.5%。市内仅有本科院校2所、高等院校6所、中职院校12所,高校、院所等平台载体数量有限、层次不高,制约了人才引育用留。

三、 连云港在推进中国式现代化中实现后发先至的路径选择和重点任务

在推进中国式现代化连云港新实践征程上,坚持以习近平新时代中国特色社会主义思想为指导,全面贯彻落实党的二十大精神和习近平总书记对江苏、对连云港工作重要讲话重要指示精神,完整、准确、全面贯彻新发展理念,坚持稳中求进、以进促稳、先立后破工作基调,建设好"一带一路"强支点、沿海高质量发展增长极、美丽宜居山海城市,在全力推进中国式现代化中实现后发先至。

(一)坚持创新发展,全面建设发展质量更高的实力连云港。聚焦经济建设这一中心工作和高质量发展这一首要任务,加快实施创新驱动发展战略,因地制宜发展新质生产力,统筹推进传统产业升级、新兴产业壮大、未来产业培育,围绕主导产业链,扎实做好强链补链延链文章,推动创新链产业链资金链人才链深度融合,为高质量发展后发先至赋能。主要抓手为"12345"。

"1"即规划建设花果山科创走廊。 充分发挥花果山科创走廊的创新策源作用,构建"一轴两核三区"科创空间结构,有效激发重大科技基础设施创新效能,推进科技、教育、人才、产业一体化部署,打造江苏海洋经济开放创新先导区、长三角北翼绿色创新样板区、全国科产教城一体化融合创新示范区、"一带一路"协同创新高地的"三区一高地",使之成为江苏具有全球影响力的产业科技创新中心建设的重要梯队。

"2"即战略布局两个大科学装置产业园。 围绕高效低碳燃气轮机大科

学装置发展,推进高效低碳燃气轮机完成调试,加快提升科研试验服务能力,吸引更多的企业来连寻求服务合作。强化高效低碳燃气轮机科技论坛成果转化,推进建设燃气轮机产业园,打造整机和部件的示范验证基地,促进"两机"装备产业快速发展。围绕海上大科学装置发展,推进太湖实验室连云港中心加快科研人才集聚,完善省海洋资源开发技术创新中心机制,推动海洋高端装备研发、智慧互联、蓝碳实验室等平台实体运行,争取产出更多优质科研成果。瞄准深海领域,依托太湖实验室连云港中心,推进7000吨级试验船2024年底前下水,布局深海装备产业园,对接引入中船澄西等资源,加快形成新一代绿色智能船舶产业体系。

"3"即壮大三大地标产业集群。 加速培育石化、新医药、新材料三大知名度高、竞争力强的地标产业集群。石化化工产业以万亿产业集群为目标,推动产业向下游工程塑料、膜材料、高性能纤维、特种橡胶等领域延伸,全力推动减油增化项目开工建设,积极争取炼化二期项目落地。横向发展石化生产服务业,推动产业基础高级化、产业链现代化。医药产业坚持研发、转化、制造、市场全产业链发展战略,更加注重医药创新,更加注重干细胞等新业态,推动泰连锡生物医药集群向世界级先进集群迈进,真正叫响世界知名的"中华药港"品牌。新材料产业依托石化产业优势,规划布局化工新材料及其下游产品。加快建成3万吨碳纤维首条生产线,不断提高产品质量和生产效率,拓展应用领域,成为全国碳纤维产业的引领者。加快打造硅材料特色产业集群,形成硅材料产业区域品牌,构建国内领先的新材料产业基地。

"4"即开辟四条发展新赛道。 积极培育壮大海洋经济、数字经济、绿色能源、生物合成(制造)等新兴产业,在"换道超车"中加快后发先至。崛起海洋经济。加快推进海洋装备业、海洋生物医药、海洋新材料、海洋新能源等产业发展。加快建设国家级渔港经济区、海洋牧场示范区,推动海洋传统产业转型,探索南极磷虾下游深加工路径,推动海洋产业由点到面破局发展,打造"蓝色引擎"。提升数字经济。大力推进新型工业化,提升产业数字化水平,加强集成电路、物联网、大数据、算力等基础支撑产业布局,做大做强市大数据中心,加快打造"千兆城市",全方位优化数字经济发展生态。[①] 突破绿色能源。大力推进核电、风电、光伏等新能源项目建设,前瞻布局零碳负碳、新型储能、绿色氢能等未来产业,开展氢气"制储运"和新型储能关键核心技术攻关,持续优化城市能源供给来源,打造长三角种类齐全的新能源基地。攻关生物合成(制造)。积极招引抗体药物、抗体融合蛋白等项目,布局生物质能源、生物农药、生物基材料等新兴领域,加快形成新质生产力,奋力崛起区域经济新高地。

"5"即五大抓手营造良好创新土壤。 强化政策支撑,落实深化科技体制改革三年攻坚方案,推进项目梯次储备体系建设,营造与产业接轨的创新生态。强化平台建设,完善"国、省、市"三级重点实验室梯队,巩固产业创新"高峰"优势。强化创新主体,支持创新型领军企业牵头组建创新联合体、人才攻关联合体等共同体,持续推进瞪羚企业、科技上市企业、独角兽企业培育,建设省、市级工程技术研究中心。强化校企联盟,对接中国石油大学、中国海洋大学等重点高校,签订校地合作协议,推进建立市新医药、装备制造业等产学研联盟,推进"一带一路"技术转移中心实体运行。强化技术攻关,推行"揭榜挂帅",引导医药链主企业加快推进国家级重点攻关任务,推动创新产品研发,开展市级创新产品和首台(套)认定,争取在提升创新竞争优势上实现新的突破。

(二)坚持开放发展,全面建设开放层次更高的活力连云港。充分发挥连接东西、沟通南北的区位优势,不断增强海陆转换、辐射全球的港航功能,推动"千万标箱、东方大港"建设跃上新台阶,"标杆和示范项目"打造达到新高度,国家东中西区域合作示范区服务功能不断完善,新亚欧陆海联运通道更加畅通,打造"一带一路"强支点。[②] 主要抓手为"1231"。

"1"即高站位建设一个东方大港。 完善以港口为核心的综合集疏运体系,推动中转港、货物港向枢纽港、贸易港、金融港、智慧港升级。推进实华30

---

① 李文:《中国式现代化的开端:工业化道路的选择》,《长江论坛》2024年第2期。
② 张国桥:《构筑"一带一路"交汇点的强支点》,《群众》2019年第16期。

连云港

215

万吨级原油码头、30万吨级航道改扩建,以及徐圩四港池进港航道扩建等项目,建好自贸区港航发展中心、超大型智能化集装箱中心、国际粮食集散中心、绿色专业化大宗商品集散中心、液体散货中心等"五中心"。推进"水运江苏"连云港新实践,尽早实施宿连航道连云港区疏港航道二级整治工程等重点项目,积极畅通内河运输网络,支持培育内河运输精品航线,推动内河集装箱高质量发展。加强与上海港合作,加快两地两港业务融合发展,打造"连申快航"精品航线,协力开拓国际市场。加强与青岛港、日照港合作,取长补短,协调发展。推进"智慧口岸"建设,打造全国口岸数字化转型示范样板。积极争取汽车整车进口口岸、大宗商品交易中心资质,做强做优"海河江、铁公水"多式联运品牌。

"2"即高层次融入两条开放轴线。 东西轴线,做足陇海线文章。聚焦高质量共建"一带一路"八项行动,持续放大中欧班列国际合作论坛溢出效应,加强陆海通道战略研究,开辟"中哈第三过境通道",与哈萨克斯坦合作推进阿克套港集装箱枢纽项目,谋划融入跨里海运输通道和中吉乌运输通道双线布局的中长期战略,寻求与阿塞拜疆、格鲁吉亚等国家开展通道运输合作。联合徐州申建中欧班列陆海集结中心,加快淮海经济区协同发展,在此基础上,努力推动以连云港为东方起点的新亚欧陆海联运通道上升为国家战略。南北轴线,积极融入长三角发展。认真落实江苏沿海地区发展规划,加强滨海城乡特色风貌塑造,打造长三角重要的产业承载地,以连云港沿海产业带壮大江苏沿海发展经济带,推动中国沿海经济带的发展。深化南北挂钩帮扶合作,着力推动共建园区高质量发展,努力在产业合作、科技交流、文化旅游等领域形成更多成果。高水平举办全球公共安全合作论坛、上合组织国际圆桌会议、丝路物博会、农洽会、国际医药技术大会等重大论坛展会,进一步密切与共建"一带一路"国家和地区务实合作,宣传推介连云港。

"3"即高质量建设三个重要载体。 发挥中哈物流合作基地、上合物流园和中欧班列平台纽带功能,加强双向开放,推动向更高质量、更好效益、更加安全方向发展。提升中哈物流合作基地功能配套和运营水平,提升基地服务品质,拓展全程代理运输、拆装箱等业务;加快建设霍尔果斯—东门无水港9条宽轨铁路,开工建设阿克套港集装箱枢纽合作项目,实现三节点枢纽一体化运作。优化上合物流园功能布局,建设皮带机廊道、集装箱集结中心等重点项目,推动上合物流园与港口深度联动。重抓国际班列扩量提质,健全以客户为中心的市场开发机制,协同加快"连淮徐"组合枢纽建设,主攻苏鲁豫皖,深入陇海沿线,巩固铁矿石、煤炭等散货基本盘,拓展集装箱多式联运优势,加快"新三样"市场增量。完善"保税＋出口"混拼、"船站直取"零等待等便利模式,争取铺划中蒙图定班列线路,搭建陆海联运数据大通道,巩固在中亚的主通道地位和双向过境业务全国领先优势。

"1"即高水平推动自贸区制度创新。 深入贯彻自贸试验区提升战略,补齐载体平台建设短板,拉长国际枢纽海港长板,加固特色产业发展底板。深入攻坚制度创新核心任务,发挥"口岸＋班列"特色优势,联合徐州打造新亚欧陆海联运通道合作的先导区、示范区,在物流一体化、通关便利化、政策协同化等方面开展"先行先试",以点带线,向沿线城市复制推广。深入开展外贸企业培育计划,探索建立"白名单"制度,梳理自贸试验区内外贸企业存在的堵点、痛点和难点,形成企业制度需求清单,按照自主探索创新与复制推广相结合原则,立足需求开展政策设计,在金融、税收、通关便利化等领域推出更多惠企举措。探索各县区、功能板块与自贸试验区市开发区区块设立"飞地",率先探索电商、物流、贸易等领域合作的财税分配和统计协调机制。建立包容审慎的制度创新风险分类分级管控机制,不断优化制度创新实施路径。

(三)坚持协调发展,全面建设整体效能更高的韧性连云港。积极融入全省"1＋3"重点功能区建设,深化陆海统筹、彰显山海特色,一体推进海滨城市建设与城市有机更新,扎实推动港产城一体化高质量发展。全力壮大县域经济、推进乡村振兴,引导各县区找准路径、各展所长、错位发展,加快推动农业高质高效、乡村宜居宜业、农民富裕富足。主要抓手为"城市、县区、乡镇、乡村"。

　　"城市"——打造美丽宜居山海城市。 深入落实新一轮国土空间总体规划,构筑"一湾、两脉、三核、四组团"的中心城区空间结构,即由海州、连云、徐圩、赣榆共同构成的海州湾海陆交汇带的"一湾",形成向海发展、陆海统筹的空间格局。由临洪河生态水脉、云台山生态山脉共同构成的"两脉",链接山海港城、蓝绿交融,形成连云港生态保育、旅游发展、特色塑造的重要走廊。由临洪河口湿地、前云台山、后云台山共同构成的"三核",形成两大生态廊道的重点展示区。由海州组团、连云组团、赣榆组团、徐圩组团共同构成的"四组团",海州组团打造辐射力强宜居宜业的活力主城,连云组团打造现代化新港城,赣榆组团建成近海亲海美丽副城,徐圩组团加快形成江苏沿海经济发展重要增长极。统筹空间、规模、产业三大结构,统筹生产、生活、生态三大布局,提高城市规划、建设、治理水平,加快各组团之间协同发展。高质量推动城市有机更新,巩固老旧小区改造成果,补齐城市公共服务设施,完善城市运营和应急指挥平台体系,打造宜居、韧性、智慧城市。通过科学规划、合理疏导,把有限的资源空间摆布好,推动港产城深度融合发展。

　　"县区"——全面壮大县域经济。 海州组团优化产业发展空间,促进产业向绿色环保模式转变,科学推进无锡连云港工业园区、云台山南片区发展。连云组团着力发展新兴产业,保障开发区新医药、新制造、新材料发展空间,以自贸试验区为引领发展外向型制造业,集聚开放型经济。赣榆组团作为苏鲁边界现代化海滨门户,着力打造江苏省东北部临港工业基地。徐圩组团围绕"生态、智能、融合、示范"的理念,打造万亿级石化产业集群。东海县瞄准打造国际知名的水晶之都、长三角硅材料产业基地持续发力,灌云县加快向长三角绿色食品名城、江苏现代化工业港城、苏北大健康生态慢城迈进,灌南县持续打造江苏沿海新兴制造业基地、灌河流域美丽宜居城市。每个县区结合自身优势,选定1—2个主导产业,打造具有地方特色的产业集群。到2025年,各县区打造2—3条特色产业链,形成2—3个百亿级产业集群,赣榆区、海州区、连云区在全省55个市辖区中分别进位5个、3个、2个位次,东海县在百强县中再进位5个位次,灌云县、灌南县在省内40个县(市)中进位不少于3

个位次。

　　"乡镇"——打造宜业宜居新型空间。 高水平建设区域中心城,提高城市首位度。规划东海、灌云和灌南 3 个地区县城中心城市,培育成为在苏北区域具有辐射和示范作用的综合性节点城市。构建"集聚、紧凑、高效"的城镇体系结构,着重完善 18 个重点特色镇的社会管理、公共服务和涉农服务功能,根据资源条件差异化发展旅游休闲、农业观光、创新创意等,鼓励促进有能力在城镇稳定就业和生活的农村人口向城镇集聚。其中,中心城区周边重点特色镇依托邻近中心城区的区位优势,积极承接中心城区的功能转移,大力发展科技创新、文化休闲产业和配套居住功能,优化提升文化、教育、卫生健康等设施;具有支柱产业的重点特色镇发挥各自优势,强化综合服务和重点产业功能,完善公共服务与交通设施配置。控制 42 个一般镇镇区发展规模,完善生活居住和公共服务设施配套,满足周边城乡居民的基本公共服务和就业需求。

　　"乡村"——全面推进乡村振兴。 学习浙江"千万工程"经验,加快和美乡村建设,有力有效推进乡村全面振兴,加快建设农业强、农村美、农民富的连云港样板。全面落实耕地保护和粮食安全责任制,推进农村一二三产业融合发展,构建优质粮食、绿色蔬菜、规模畜禽、海淡水产等农业全产业链集群,壮大茶叶、蓝莓、樱桃、中药材等乡村特色产业,扎实推进"一村一品"示范村建设。强化盐碱地综合开发利用。发展数字农业等新业态,培育"网红经济",完善农村电商、冷链物流等设施,拓宽农民增收渠道。持续实施乡村建设和农村人居环境整治提升行动,集中力量抓好、办成一批群众可感可及的实事。加快构建自治、法治、德治相融合的乡村治理体系,提升乡村治理水平。优化乡村就业创业环境,大力打造"金镶玉竹"乡土人才工作品牌,培育一批农村致富带头人和高素质农民。深化农村土地制度改革,推进农村资源要素市场化配置,创新思路盘活闲置农房、学校和宅基地等,持续壮大村级集体经济,为乡村振兴注入更强动力。

　　(四)坚持绿色发展,全面建设家园颜值更高的美丽连云港。以碳达峰、碳中和为引领,依托山水林田湖草相互交融的自然生态基底和海上有岛、城中见山、山海相拥、城海相融的资源禀赋,高质量推进产业生态化、生活低碳化、能源绿色化,持续优化城乡人居环境,打造让生活更美好的公园城市和田园乡村,成为美丽江苏、美丽中国的生动样板。主要抓手为"三个导向"。

突出目标导向,建设美丽家园。 围绕"美丽中国""美丽连云港"建设重要目标、"碳达峰、碳中和"长远目标,以及生态文明示范市建设这个近期目标,加快推动经济社会发展绿色化、低碳化,加快建设人与自然和谐共生的现代化。重点是抓园区、抓产业、抓企业,一方面"做减法",全面推进清洁生产,聚焦化工、钢铁等重点行业精准施策,推进能耗"双控"向碳排放总量和强度"双控"转变。严把新上项目能效关,推动"两高一低"项目转型升级,依法依规淘汰落后产能和化解过剩产能。另一方面"做加法",深入推进循环园区、循环经济建设,支持新能源、生物医药、科技环保等绿色低碳产业发展,带动企业绿色化、智能化、融合化发展,持续提升企业的"含金量""含绿量"。加快徐圩新区绿色金融改革创新试验区建设,推广"苏碳融""环保贷""节水贷"等绿色金融产品。推进公共机构能耗统一管理,县级以上机关单位均建成节约型机关。

突出问题导向,补齐生态短板。 坚持精准治污、科学治污、依法治污,打赢蓝天保卫战,协同推进 $PM_{2.5}$ 和臭氧双控双减,推动工业污染减排,全面深化友好减排,扩大行业范围;推动扬尘治理地方立法工作,重点整治建筑工地、码头、渣土场、堆场、货场、停车场等点位扬尘问题,促进扬尘治理再上新台阶。深入开展餐饮油烟整治,全面消除可视化油烟排放问题。打好碧水保卫战,加快幸福河湖建设,发挥"河湖长制"作用,推动跨界污染联防联控,强化农业面源污染防治,城镇生活污水污染治理,整治城区黑臭水体。严格落实区域补偿制度,通过财政倒逼属地履行治污责任。打好净土阵地战,全面推进"无废城市"建设,保障用地安全。强力推进中央生态环保督察反馈问题、长江经济带生态环境警示片披露问题、省政府挂牌督办问题整改,绝不留尾巴,不留后遗症。确保 $PM_{2.5}$ 浓度、优良天数比率、45 个国考断面优Ⅲ类比例、近岸海域优良水质面积比例等重点指标年年向好,并形成长效机制,杜绝反复。

突出结果导向,提升生活品质。 结合国家生态园林城市、国家历史文化名城、智慧城市等建设,坚持山水林田湖草沙一体化保护和系统治理,按照"一湾、两廊、十带、多点"生态布局,加大生态保护修复力度,着力提升生态系统多样性、稳定性、持续性,筑牢美丽连云港屏障。推进美丽海湾建设,重点推动连岛港口区、海头镇沙滩段创建国家级美丽海湾优秀案例,加强海岸线资源保护,巩固提升"和美海岛"创建成效,打造"水清、岸绿、滩净、湾美"的美丽景象。合理利用城市边角地、闲置地,实施绿化,拓展城市绿脉,提升城市功能品质,把"城市中的公园"升级为"公园中的城市"。另一方面,把生态与生产、生活结合起来,把生态与现代农业、海洋经济、休闲旅游、健康养生等产业结合起来,让绿水青山生出金山银山。通过接续努力,让港城天更蓝、山更绿、水更清,充分焕发生态之美和自然之美,谱写好人与自然和谐共生的中国式现代化连云港篇章。①

(五)坚持共享发展,全面建设生活品质更高的幸福连云港。把人民幸福安康作为推动高质量发展的最终目的,②把强化基层治理和民生保障作为促进共同富裕、打造高品质生活的基础性工程,加快实现更高水平民生"七有",让港城发展更有温度、群众幸福更有质感,让共同富裕在现代化建设中更加充分显现。主要抓手为"强化社会保障、繁荣社会事业、创新社会治理"。

强化社会保障。 聚焦就业创业富民,更加突出就业优先导向,落细就业优先政策,提升稳岗扩岗水平,开展"就业援助月""招聘夜市""直播带岗"等活动,开展补贴性职业技能培训,落实创业扶持措施,擦亮"创响港城"品牌。大力弘扬工匠精神,开展"企业新型学徒制"培训,联合培养技能型产业工人,加快建设一支知识型、技能型、创新型产业工人大军,让连云港逐步实现本地充分就业、高质量就业。健全分层分类的社会救助体系,加大对返贫监测对

① 吴迪:《连云港顺势而为向海图强之我见》,《大陆桥视野》2022 年第 12 期。
② 费丽明、刘学军、马丽:《奋力推动高质量发展继续走在前列》,《唯实》2024 年第 4 期。

象、零就业家庭等困难群体支持力度。发展惠民性商业补充医疗保险,全面推行职工长护险制度。加快完善生育支持政策体系,提升居家社区养老服务水平,增设一批社区助餐点、村级养老互助睦邻点,发展银发经济,推动人口高质量发展。扩大住房公积金覆盖面,支持新市民、青年人及多子女家庭合理住房需求。更加注重关爱保障困难弱势群体生活,加快推进保障性住房建设,扎实做好社会救助等工作。

繁荣社会事业。 加快教育、医疗、文化等普惠性社会事业发展,提供更加均衡、更高质量的公共产品和公共服务,让幸福生活触手可及。提升教育发展质量,深入实施基础教育提质扩优专项行动,实施锡连名师培养"双导师"项目。强化学前教育、特殊教育普惠发展,推进义务教育优质均衡县区创建。坚持普通高中优质特色发展,实施高品质高中创建、特色高中培育、县中提优行动。推进江苏海洋大学滨海校区建设,创成连云港师范学院,提升康达学院、连云港职业技术学院、连云港工贸高职校、中医药学校等综合实力。深化健康连云港建设,加快市传染病医院、市中心血站异地改建与赣榆区妇幼保健院等项目建设。强化公立医院绩效考核,深入实施基层医疗卫生机构"双提升"工程,开展全科医师规范化培训。完善分级诊疗制度,推动优质资源下沉,不断提升县域内就诊率。健全儿童青少年心理健康干预体系,畅通心理健康服务"绿色通道"。扩大"先医后付"覆盖面和应用场景,优化群众就医体验。促进中医药传承创新发展。丰富公共文化服务供给,实施艺术精品工程。深入实施地域文明探源工程,开展第四次全国文物普查。完善四级非遗保护名录,推动优秀传统文化创造性转化、创新性发展。协同发展群众体育、竞技体育和体育产业。创建国家体育产业基地、国家体育旅游示范基地。针对每年政府重点推出的 50 件民生实事项目,既要注重"投入",更要注重"产出",把有限的人力物力财力用在"刀刃"上,争取花小钱办大事、不花钱办成事。

创新社会治理。 贯彻总体国家安全观,坚持底线思维,统筹发展和安全,扎实推进安全体系和能力现代化建设,保持社会大局和谐稳定。深入推进省级安全发展示范城市创建,持续抓好重大事故隐患专项排查整治,坚决防范重特大安全事故发生。建设市县强对流灾害防御中心,提高海洋气象监测预警和极端天气应对能力。实施药品监管能力全面提升工程,守护饮食健康,确保"舌尖上的安全"。防范化解风险。统筹化解房地产、地方债务、中小金融机构等风险,严厉打击非法金融活动,坚决守住不发生系统性风险的底线。深入实施国有企业改革深化提升行动,加快存量国有资产盘活利用,增强核心功能、提高核心竞争力。纵深推进基层综合执法改革,构建共治共享的城乡基层治理格局。深入推进信访工作法治化,提升初信初访和信访积案化解质效。积极创建全国社会治安防控体系示范城市,建设更高水平的平安连云港。持续开展"八五"普法和"法润港城"活动,增强全民法治观念,持续提升社会治理效能。

四、 连云港在推进中国式现代化中实现后发先至的观念支撑和要素保障

连云港在新时代新征程上,要规避后发劣势,发挥后发优势,积极引进发达地区的资本、技术和人才,学习发达地区的经验制度,让要素禀赋结构得到快速提升,从而产生"跳蛙效应",不断缩小与发达地区之间的发展差距,赶上并超过发达地区,这是连云港在推进中国式现代化中实现后发先至的关键所在。

一是转变思想观念,以新理念引领经济社会发展。发展理念是否对头,从根本上决定着发展成效乃至成败。连云港必须坚持把创新作为第一动力、协调作为内生特点、绿色作为普遍形态、开放作为必由之路、共享作为根本目的,坚持质量第一、效益优先,更加注重均衡发展,更加注重集约发展,更加注重制度建设,切实转变发展方式,加快推动地区发展质量变革、效率变革、动力变革。抓住主要矛盾和矛盾的主要方面,不断增强政策措施的有效性和精准性,通过重点突破带动贯彻新发展理念整体水平提升。学习好运用好习近平新时代中国特色社会主义思想的立场观点方法,从系统论出发优化经济治

理方式,统筹兼顾、综合平衡,突出重点、带动全局,提高统筹谋划和协调推进能力,充分用好连云港经济发展具有的良好支撑和有利条件,推动经济高质量发展不断取得新成效。

二是创新体制机制,以制度建设激发内生动力。坚持先立后破、谋定后动,建立健全市级宏观调控机制,处理好政府和市场、国企和民企、财政和金融的关系,建立公平、开放、透明的市场规则;在引进集聚资本、技术、人才等先进发展要素的过程中,更加注重创新与制度建设。更好发挥政府作用,把有限的资源支持能力用在能够最大地支持连云港产业升级、形成竞争优势的地方,在经济运行的各个领域和各个环节,严格把好质量关,促进微观产品、服务质量以及宏观经济增长质量"双提高"。抓住经济运行中的生产要素高效配置这个关键,推动生产要素向优质高效领域流动,实现各方面效益的最大化。理顺政府和市场关系,坚持市场在资源配置中起决定性作用,建立有效市场和有为政府,全面推动各领域改革向纵深迈进,充分激发各类经营主体的内生动力和创新活力。建立健全有利于推动高质量发展的考核体系,实行严格的激励机制和约束机制,创建和完善有利于高质量发展的制度环境。强化各类改革创新举措系统集成,以优质的制度供给、服务供给、要素供给不断增强发展环境的吸引力和竞争力。

三是优化政务服务,营造极具优势的营商环境。以营造市场化、法治化、国际化一流营商环境为引领,持续深化"放管服"改革,全力打造群众办事更省心、企业投资更舒心、项目审批更暖心的政务环境,不断擦亮"连心城、贴心港"营商品牌。优化政务环境,加快审批权限向基层延伸,推动市区同权、重心下移、联网审批。深化工程建设项目审批制度改革,打造重大项目全生命周期管理服务平台,深化"互联网+监管",推广基层综合执法"综合查一次",用法治为市场主体保驾护航。坚持把企业的"问题清单"变为政府的"履职清单",加快构建"15分钟政务服务圈",推行免证办、掌上办、自助办、跨域通办。打造"苏服办"连云港总门户,建设市县一体化政务数据共享交换体系,有效支撑"一网通办、一网统管"。拓展"苏企通"服务功能,"即申即办""免申即享",推动惠企政策向企业"精准推送"。加强知识产权创造、保护、运用和服务,建成中国(连云港)知识产权保护中心。构建亲清政商关系,支持民营企业发展壮大,为企业发展提供全生命周期保障,用实际行动留住青山、赢得未来。

四是广泛汇聚人才,发挥好第一资源的带动效应。围绕打造"一带一路"区域人才中心和创新高地战略目标,深入实施人才强市战略,构建完善人才引进、使用、评价与激励机制,强化引进人才与本地人才的良性互动,以此广汇天下英才,同时避免虹吸效应、避免劣币驱逐良币。聚焦"引得进",深入实施"花果山英才计划",建立重点产业人才直评机制,建立市级高层次人才事业编制"周转池",大力引进产业急需紧缺人才,激发人才创新创造活力。树立"企业认可就是人才"的理念,让用人主体发挥能动作用,当好选人用人主角。聚焦"育得好",实施"百企千才支持计划""产业工匠锻造计划"等,全周期赋能、全场景服务,支持人才企业发展壮大。聚焦"用得上",根据石化、生物医药、新材料等重点产业链发展需要,推动人才开发与产业发展深度对接、融合聚变,以产业链激活创新链、集聚人才链,实现各尽其才、各美其美。聚焦"留得住",推行人才服务"一卡通",扩大购房券发放范围,扩大生活补贴发放范围,推进高品质人才社区建设,加大人才子女入学保障,努力构筑良好的人才生态环境。

课题负责人:张国桥　连云港工贸高等职业技术学校党委书记

承担单位:连云港市社科联

课题组成员:吴迪、孟昶酉、史纪磊、王兰舟

淮安

坚持生态优先　打造绿色高地

淮安地处"1+3"重点功能区中永续发展"绿心地带"——江淮生态经济区的核心区,是江苏"美丽中轴""绿心地带",也是长三角经济圈和环渤海经济圈交汇节点城市,承担着展现全省生态价值、生态优势和生态竞争力的重要使命。2013年全国两会期间,习近平总书记在参加江苏代表团审议时,对淮安提出殷殷嘱托:"把周总理的家乡建设好,很有象征意义。"2021年5月30日,习近平总书记给淮安市新安小学五(8)中队的少先队员们亲切回信,勉励孩子们结合自身成长实际学好党史,以英雄模范人物为榜样,从小坚定听党话、跟党走的决心。2023年省委书记信长星在淮安调研时强调,要牢记习近平总书记殷切嘱托,彰显深厚底蕴,突出特色优势,擦亮城市名片,奋发有为、真抓实干,在新征程上把周总理的家乡建设得更加美好。

《淮安市国土空间总体规划(2021—2035年)》明确提出了构建"1核2带3片区"的发展战略("1核"指的是淮洪涟一体化都市区核心;"2带"指的是大运河文化带和淮河生态经济带;"3片区"是淮安南部水乡、中部都市和北部田园)。

"中国式现代化新实践市域探索研究·淮安篇"在综合借鉴国内外绿色发展实践经验基础上,从规划布局、产业发展、环境保护、制度建设等方面集成创新,努力在探索推动绿色发展、建设中华民族现代文明、打造高素质干部队伍上更好展示"象征意义"。

逐梦现代化,淮安将牢记习近平总书记殷殷嘱托,聚焦打造"绿色高地、枢纽新城",全面建设长三角北部现代化中心城市、全国性综合交通枢纽、江淮现代产业高地、大运河人文魅力名城,以敢为善为的能力本领、奋发有为的精神状态,重塑"壮丽东南第一州"繁华盛景,为"扛起新使命、谱写新篇章"作出更多淮安贡献!

习近平总书记在学习贯彻党的二十大精神研讨班开班式上发表重要讲话强调，一个国家走向现代化，既要遵循现代化一般规律，更要符合本国实际，具有本国特色。中国式现代化既有各国现代化的共同特征，更有基于自己国情的鲜明特色。党的二十大报告明确概括了中国式现代化是人口规模巨大的现代化、是全体人民共同富裕的现代化、是物质文明和精神文明相协调的现代化、是人与自然和谐共生的现代化、是走和平发展道路的现代化这五个方面的中国特色，深刻揭示了中国式现代化的科学内涵。淮安作为周总理家乡，要牢记和践行习近平总书记"把周总理家乡建设好，很有象征意义"重要嘱托，在建设中国式现代化的探索与实践中要全面贯彻党的二十大精神，结合淮安的实际，全面推进中国式现代化江苏新实践的淮安探索。

淮安具有良好的生态基础，这是淮安最亮的底色，可以在生态优先绿色发展上展示淮安探索。在接下来的时期内，是牢记和践行习近平总书记嘱托、更好展示"象征意义"再出发的关键时期，处在"十四五"发展规划中期的承上启下重要节点，做好各项探索工作意义重大。淮安将围绕贯彻党的二十大精神这条主线，聚焦高质量发展这一首要任务，落实省委十四届四次全会、五次全会精神，深入推进淮安的总体发展战略，坚持稳字当头、稳中求进，补短强特，坚持项目为王、环境是金，坚持系统观念、底线思维，更好统筹生态保护和经济社会发展，更好统筹发展和安全，推动经济运行整体好转、持续向好，推动各项工作展现新气象、新作为，确保践行习近平总书记嘱托要求再出发、为推进中国式现代化淮安新实践开好局、起好步，在全省"走在前、挑大梁、多作贡献"中展现淮安担当。

一、 国内外绿色发展的探索与现实困境

（一）国内外绿色发展的探索实践模式

习近平总书记指出："绿色发展，就其要义来讲，是要解决好人与自然和谐共生问题。"[①]绿色发展实质是实现经济社会发展方式的"绿色化"，核心在

---

① 中央党史和文献研究院主编：《习近平关于社会主义生态文明建设论述摘编》，中央文献出版社2017年版，第28页。

于协调经济发展与环境保护之间的矛盾,进而实现人与自然和谐共生。国内外一些先行地区在绿色发展的道路上积极探寻经济发展与生态保护和谐统一的可行路径,形成一些可借鉴可参考的实践模式。

1. 绿色自然资源增值模式:生态保护与修复治理的探索实践

绿色发展的基础在于筑牢生态本底。一些地区通过对自然基础、生态资源实施原真性保护、系统性治理、综合性开发,有效维护和持续改善生态系统功能,从而促进生态资源的价值提升和"外溢"。江苏省徐州市贾汪区潘安湖地区,曾是贾汪区面积最大、沉降最严重的采煤塌陷地,自 2010 年启动生态修复以来,先后投入 20 多亿元实施"基本农田再造、采煤塌陷地复垦、生态环境修复、湿地景观建设"综合整治,最终蝶变为国家级湿地公园。① 20 世纪 90 年代,江苏省江阴市境内 35 公里长江岸线超过 2/3 被开发,环境污染问题严重,2016 年江阴市开始狠下决心实施"三进三退护长江"战略,建成城市"生态 T 台",实现长江保护、环境改善、经济发展协同并进。② 对于次发达地区而言,当前生态环境开发强度还不大,未来应当结合绿色、可持续发展理念开发,从而促使地区生态资源不断增值。

2. 绿色资源运营转化模式:生态产业化的探索实践

绿色发展的关键在于生态优势转化。一些地区通过发挥地方绿色禀赋优势,推动绿色资源转变成经济资源、生态环境转化为生产要素,促进绿色生态赋能产业经济,形成"生态+产业"多元融合发展模式。浙江省湖州市安吉县是"两山"理论诞生地,在痛下决心关停采矿企业后,依托丰富的竹林和白茶资源发展深加工、乡村旅游产业,用绿水青山敲开了经济发展的新大门,走出了一条生态美、百姓富的绿色发展之路。③ 福建省南平市在全国首创"水美

① 自然资源部办公厅:《关于印发〈生态产品价值实现典型案例〉(第一批)的通知》,自然资办函〔2020〕673 号。
② 自然资源部办公厅:《关于印发〈生态产品价值实现典型案例〉(第二批)的通知》,自然资办函〔2020〕1920 号。
③ 自然资源部办公厅:《关于印发〈生态产品价值实现典型案例〉(第三批)的通知》,自然资办函〔2021〕2375 号。

城市"建设,将水流域治理与资源开发利用、产业发展、全域旅游紧密结合,创新"商、居、文、游"一体的水岸经济模式,打响"水美经济"品牌,激活了绿色经济新动能。对于生态禀赋较好的次发达地区,不能"守着金饭碗去讨饭",应当积极推动绿色生态资源以生产要素形式参与产业发展、经济活动,培育绿色产业,壮大绿色经济。

3. 绿色技术创新改造模式:产业生态化的探索实践

绿色发展的重点在于推动绿色转型。一些地区通过引入绿色技术对传统产业实施生态化改造,或者运用创新手段推动传统产业转型与新经济形态深度融合,发展新兴产业,形成绿色低碳生态经济体系。福建省宁德市坚持以绿色引领传统产业转型,将之前以电机电器等为主的传统产业结构,升级成为锂电新能源、新能源汽车、不锈钢新材料、铜材料等四大主导产业生态圈,打造出具有鲜明宁德标识的全球产业地标。德国鲁尔工业区针对产业结构偏重、能源结构偏煤的问题,积极实施结构调整和技术改造,发展太阳能、光能等新能源,并将区域范围构建成为链状绿地空间结构,实现从一个以煤炭和钢铁为基础的旧工业区向以高新产业为主的新型经济区的绿色转型。[①]次发达地区应当积极运用绿色技术和创新手段推动产业转型,实施针对性、精准化的产业生态化政策措施,着力构建可持续发展的绿色产业体系。

4. 绿色生态价值变现模式:生态产品价值实现机制的探索实践

绿色发展的保障在于制度机制创新。一些地区通过探索运用科学方法对生态资源、生态产品进行资产确权、价值核算,创新设计促进生态产品市场化交易的规则、制度、政策,搭建形成推动生态资源价值转化和变现的有效通道。浙江省丽水市创新出台全国首个市级《生态产品价值核算技术办法(试行)》《生态产品价值核算指南》地方标准,建立市县乡村四级 GEP(生态系统生产总值)核算体系,有效破解了"绿水青山"可量化、可交易、可增值、可转化

---

① 谷树忠:《产业生态化和生态产业化的理论思考》,《中国农业资源与区划》2020 年第 10 期。

问题。^① 湖北省鄂州市探索生态价值核算方法,统一计量自然生态系统提供的各类服务与贡献,将结果用于各区之间的生态补偿,推动"好山好水"价值实现与转化。澳大利亚实施土壤碳汇项目,市场主体通过运行土壤碳汇项目获取碳信用额度,将其出售给政府、公司或其他私人买家,促进土壤碳汇价值的实现。次发达地区应充分发挥政府主导作用,通过政策创新、制度构建、机制改革等手段激活市场主体活力,切实打通生态资源、生态资本、生态资产的相互转化通道。

(二)绿色发展的现实困境

国内外先行地区的成功实践,为绿色发展积累了经验、探索了路径,形成了一些样本和模式,但总体来说,我国绿色发展仍处于起步阶段,绿色生产生活方式和空间正在形成之中,有利于绿色发展的体制机制还不完善,尤其对淮安等次发达地区而言,经济总量、人均占有量等主要指标与发达地区仍有一定差距,尚处于产业转型发展的关键阶段,面临着经济增长与环境保护的双重压力。

1. 经济发展扩大投资需求与资源要素约束趋紧的矛盾

当前,次发达地区仍处于新型工业化、城镇化进程加速推进的关键时期,发展方式仍然以规模驱动、资源消耗、资本依赖为主要特征。^② 在"碳达峰、碳中和"目标背景下,土地、资金、能源等要素持续趋紧,次发达地区稳增长、促发展压力大。次发达地区通过增加投资、扩大规模来拉动经济增长的传统思维惯性较为强烈,面对较重的产业转型任务,推进战略性新兴产业发展动力不强,低消耗、低排放的新经济发展不足,绿色发展任重道远。

2. 绿色生态资源丰裕与生态产品供给不足的矛盾

次发达地区相对于发达地区,国土开发强度低,原生态的自然环境、生态

---

① 张波、白丽媛:《"两山理论"的实践路径——产业生态化和生态产业化协同发展研究》,《北京联合大学学报》(人文社会科学版)2021年第1期。
② 董庆前、李治宇:《碳排放约束下区域经济绿色增长影响因素研究》,《经济体制改革》2022年第2期。

禀赋保持较好,但同样也存在生态资源开发利用水平不高、生态产业化发展不充分的问题。以淮安市为例,依托"绿水净土""好山好水"的生态资源,创成了127件农产品地理标志证明商标,但其中像"盱眙龙虾""洪泽湖大闸蟹""淮安大米"等拥有一定价值的品牌不多,反映生态优势挖掘不够,优质生态产品供给不足,"生态＋产业"深度融合发展亟待破题。

3. 公众生态需求增长与保护环境压力增大的矛盾

随着人民群众对美好生活需要的日益增长,对于生态改善、环境保护的关注度也越来越高,对绿水青山、蓝天净土的渴求也越来越强。但是由于次发达地区财政压力较大,对于生态环境保护和治理投入不足,部分公共基础设施不能满足发展所需,加之生态环境的敏感性、脆弱性决定着生态保护工作的长期性、艰巨性。

4. 推动生态资源价值转化与运营保障机制不匹配的矛盾

对于次发达地区而言,虽然拥有山水林田湖草等丰富的生态资源,但是在生态价值确权评价、运营管理方面缺少统一的制度设计,[1]大多仍然停留在地方试点阶段,且评价标准、核算方式不一,还没有形成像土地、矿产资源那样相对成熟的市场化交易体系,生态价值难以快速变现。[2] 同时,绿色发展是系统性工程,发改、工信、农业农村与自然资源、生态环境等部门职能职责有所不同,尚没有形成相对协调一致的联动机制。

（三）绿色发展的战略方向

根据国内外先行地区绿色发展的成功实践,次发达地区推进绿色发展,需要在宏观上把准战略方向、在微观上创新思路举措,做到以下四个"坚持",切实走出一条符合本地实际的生态优先、绿色低碳高质量发展之路。

1. 坚持 GDP 和 GEP 协同增长

实践证明,当前遇到的环境问题大多是由于过分追求 GDP 增长速度而造

---

① 杨济菡、王玉茹:《双循环新发展格局下知识产权制度创新——以绿色低碳经济为中心》,《青海社会科学》2020 年第 6 期。
② 刘庆堂:《绿色发展理念的内涵与价值解读》,《西部学刊》2021 年第 21 期。

淮安

成的,"简单以 GDP 论英雄"显然已经不符合新的形势和要求,必须坚持"有所不为才能有所为",坚定不移走生态优先、绿色发展之路,追求既有"含金量"又有"含绿量"的高质量发展。次发达地区务必要从思想上廓清经济发展与环境保护的辩证统一关系,学习借鉴浙江丽水等地区将 GEP 纳入考核"指挥棒"体系的做法,构建科学可持续的考核体系,促进 GDP、GEP 协同增长,推动经济发展与环境保护由"两难"向"双赢"转变。

2. 坚持后发优势和比较优势叠加发挥

经济学中反梯度转移理论认为,低梯度的落后地区,可依靠其丰富的资源优势,引进大量的资金、技术等要素,推动该地区产业结构的高级化,实现超越性发展。[①] 次发达地区处于相对低梯度地区,但也客观上形成了"自然生态保持较好"的比较优势[②]和"船小好调头"的"后发优势"[③],完全可以充分借鉴发达地区发展的经验和教训,发挥自然生态比较优势,抓住现有"技术红利",在发展方式、发展模式和发展路径上进行集成创新,充分释放"两个优势"的叠加效应。

3. 坚持产业生态化和生态产业化融合并进

产业生态化是基于产业角度研究产业绿色化转型,生态产业化是立足生态角度研究生态资源转换方式,二者融合并进是发展生态经济、实现绿色发展的重要路径。次发达地区既应积极运用绿色理念、生态技术指导推进传统产业转型升级、节能减排,建立资源节约型和环境友好型的产业体系,又应注重推动生态资源转化为生产要素,运用"生态＋产业"融合发展思路,促进生态产业多元化发展,从而实现产业生态化与生态产业化的良性互动、协调并进。

4. 坚持体制机制改革与政策制度创新双管齐下

生态资源、生态环境转化为现实生产力,需要科学高效的体制机制与精

---

① 王嘉鑫、孙梦娜:《绿色发展与治理转型的"波特假说之谜"——基于碳风险下企业降杠杆的证据》,《经济管理》2021 年第 12 期。
② 厉以宁:《承接产业转移和次发达地区面临的机遇与挑战》,《中国市场》2011 年第 46 期。
③ 谷树忠:《产业生态化和生态产业化的理论思考》,《中国农业资源与区划》2020 年第 10 期。

准有效的政策制度做支撑。党中央、国务院出台生态产品价值实现机制的实施意见,从国家层面搭建了生态资源转化为生态要素的现实通道。从地方层面讲,尤其是次发达地区,既需要深化体制机制改革,又要着眼政策制度创新,逐步建立有利于生态资源保护利用的财政、税收、价格、投融资政策制度,以及排污权、碳排放权等方面的市场化交易机制。

二、 生态优先绿色低碳建设美丽淮安的机遇与挑战

淮安是苏北重要中心城市,南京都市圈紧密圈层城市,淮河生态经济带首提首推城市。随着新发展格局的加快构建,国家支持自主创新、"新基建"等推动新旧动能转换政策的大力实施,国家和省一系列重大战略在淮安交汇叠加,自身区域交通条件的显著改善,生态、文化等资源优势的日益彰显,淮安将迎来一个大有可为的黄金发展期。

(一) 淮安生态优先绿色发展的实践机遇

2017 年 5 月,江苏提出了"1+3"功能区的战略构想,对全省发展格局进行重构,搭建新的战略载体,实施重点功能区战略,把全省分为几个大的功能区。构想的主体功能区之一就是依托淮安、宿迁以及苏中北部部分地区打造江淮生态经济区,重点是沿洪泽湖、高邮湖、骆马湖的生态经济区建设,将其打造成江苏最有生态价值、生态优势、生态竞争力的地区。这一战略构想旨在重塑江苏经济地理版图,强化主体功能区建设,是推进江苏区域统筹协调发展的重大举措,也是生态优先绿色低碳建设美丽淮安的重要实践探索。

1.江淮生态经济区概况

江淮生态经济区,地处江苏中部腹地,包括淮安、宿迁两个设区市全域以及里下河地区的高邮、宝应、兴化等 17 个县(市)、区,土地总面积接近 2.7 万平方公里,占江苏总面积的 25.25%。江淮生态经济区水网密集,生态资源相当丰富。2021 年统计数据显示,这一区域常住人口 1348.41 万人,占全省常住人口的 15.85%;区域生产总值 12371.77 亿元,占省 GDP 的 10.63%。

区域内洪泽湖、骆马湖、高邮湖、淮河、京杭运河等多个中大型湖泊和河流流经区域,水面面积占区域总面积超过 1/5,占全省水面面积近 1/3。江淮生态经济区是全面配合国家大运河文化带和国家江淮生态大走廊划定的功能区经济区,也是江苏省"1+3"重点功能区战略的一部分。

表 8-1　江淮生态经济区地区分布

地区等级	淮安	宿迁	盐城	扬州	泰州
县(市)、区	清江浦区、淮安区、淮阴区、洪泽区、涟水县、金湖县、盱眙县	宿豫区、宿城区、沭阳县、泗阳县、泗洪县	建湖县、阜宁县	宝应县、高邮市	兴化市

江淮生态经济区是江苏省地理位置上较为中心的区域,是扬子江城市群、沿海经济带、徐州淮海经济区中心城市的共同腹地和后花园,这一区域生态资源最集中,土地开发强度最低,近年来在探索生态优先、绿色发展路子上有了一定的工作基础,经济社会发展也取得了长足进展,但发展不够充分、增长不可持续、群众不够富裕的问题仍摆在我们面前,要实现更高水平的发展,重现这一区域在全省乃至全国发展版图中的历史辉煌,必须在生态上做足文章。建设江淮生态经济区示范区,明确建设目标、找准建设路径,走出一条"绿色生产力"的高质量发展之路,既是淮安建设"绿水青山"的急迫问题,也是打造"金山银山"的现实问题。

2. 江淮生态经济区发展现状

一是经济规模不断壮大。近年来,江淮生态经济区经济综合实力、产业发展、民生状况、发展动能转换、城乡面貌和生态环境等方面都取得了显著成效,经济保持平稳较快发展,主要经济发展指标迈上新台阶。2022 年,在全国 283 个设区市 GDP 排名中,江淮生态经济区淮安、宿迁两市进入前 100 名;兴化、沭阳、建湖 3 个县(市)进入全国县域经济与县域基本竞争力百强县(市)。2022 年,地区生产总值比 2012 年初期翻一番;三次产业产值均有重大增长,尤其是第三产业增幅最为明显,产业结构得到进一步优化。人均地区生产总值增长接近一半。居民人均可支配收入增长 30%以上，人民生活水平得到大幅度提升。

二是产业发展质量明显提升。产业结构明显优化，2022 年生态经济区两个设区市淮安、宿迁三次产业结构分别为 9.4∶42.4∶48.2、9.1∶44.9∶46.0，其中淮安实现服务业增加值 2280 亿元，占 GDP 比重高出第二产业 5.7个百分点。宿迁服务业发展速度比国内生产总值高 1.3 个百分点，服务业对宿迁经济发展贡献明显提升。与此同时，农业现代化持续推进，工业经济加快发展，新一代信息技术、新材料、新能源等新经济、新产业、新业态发展势头良好。

从三次产业发展情况来看，江淮生态经济区农林牧副渔总产值与从业人员数量不断提高，农业机械化水平显著提升，单位农作物种植面积化肥使用量明显下降，这显示出经济区农业发展的生态化、有机化水平有所提升。粮食产量、油料作物、肉类和水产品产量都有一定程度的增长。经济区工业经济发展迅速，在工业企业单位数下降的情况下，工业总产值大幅增长，这显示出经济区工业生产效率和质量有所提高。经济区服务业产值在各项指标提升上明显快于第一、第二产业，这显示出经济区消费拉动经济增长的能力在快速提高。

三是生活水平不断提高。江淮生态经济区的各项民生指标在近年来取得了一定程度的增长。2022 年，江淮生态经济区常住居民人均可支配收入、各县区城镇居民和农村居民可支配收入，增速均高于全省、全国平均水平，农村低收入人口已整体实现 4000 元以上的脱贫目标。此外，生态经济区的教育、医疗卫生等与民生密切相关的公共事业也取得了一定程度的发展。基础教育均等化水平、医疗卫生服务能力不断提高，社会救助体系日趋健全，社会保障水平稳步提升。

四是环境保护初见成效。江淮生态经济区各地不断加强生态管控，生态资源保护和开发也取得一定实效。淮安市科学划定了全市地理空间的功能分区，划定了 79 块生态红线区域，获批生态文明先行示范区、国家低碳试点城市，宿迁市荣获中国人居环境奖以及中国最具生态竞争力城市、绿色模范城市称号。江淮生态经济区是全省重要的生态功能区，也是江苏实现生态优先绿色发展的示范区。江淮生态经济区的生态本底条件较为优越，生态类型多样，突发性恶性自然灾害发生频率低，人居环境优良。经济区具备利用生态条件实现转型发展的独特优势。

五是生态本底条件优越。经济区境内有京杭大运河、淮河、沭河、泗河、灌河等河流，以及白马湖、骆马湖、高邮湖、洪泽湖等大中型湖泊，水环境容量大，自净能力强；丘陵、低山、湿地、平原等多样的地貌交错分布，突发性恶性自然灾害发生频率低，生态类型丰富，人居环境优良；可开发面积全省最大，集聚人口较多，绿色产业潜力较大。

六是生态富民取得突破。江淮生态经济区积极开展依托生态优势推进创新创业、带动群众脱贫致富的探索，涌现了一批具有可推广性的典型经验，为经济区超越传统工业化模式、实现绿色发展提供了有力支撑。例如，宿迁市大力实施"一村一品一店"提升行动，推进生态农业与电商结合，带动群众创业致富。2022年，宿迁平均每9人就有一人从事互联网创业及相关产业，电子商务交易额实现2200亿元，同比增长10%；盱眙县每4人就有1人从事龙虾产业，农民收入1/5来自龙虾产业，盱眙龙虾品牌价值位居全国淡水产品之首，超300亿元。在探索"非工致富"的同时，经济区持续加强对传统高污染、高耗能产业改造提升力度，大力发展生态型高科技产业和循环经济，制造业形态加速变轻变绿。

（二）淮安低碳建设美丽淮安的现实挑战

1. 统筹协调难度高，产业发展空间分散

当前，江淮生态经济区整体发展缺乏统筹协调，产业规划大多立足本地经济发展的需要，对自身经济区总体功能布局、产业定位考虑不足，没有从更高的层次、更大的空间范围规划本地的产业发展方向，存在产业重复建设和产业资源分散现象，基础设施不能共享，造成资源浪费。同时，受限于行政区经济的发展模式，经济区之间的合作机制尚未形成，政府间竞争依然存在，使

得经济区产业发展空间破碎。

2. 传统产业绿色化程度低，转型意识不强

江淮生态经济区是传统农业区，农业产值比重在江苏最高，但绿色优质安全高效的现代农业发展明显不足，农业的优势与潜力还需要进一步挖掘；传统工业占比大，战略性新兴产业发展不足，造纸、化工、印染、酿造、食品、冶炼等六类重污染行业产值约占工业总产值的三成；传统服务业比重过大，现代服务业尤其是生产性服务业发展严重滞后。尽管生态经济区各地大力推行绿色发展战略，相继出台了相关政策推动产业绿色化发展。但是地方政府当前投入不足，方法和措施成效不显著，传统产业的绿色转型升级和新兴产业的培育发展力度不强。

3. 绿色产业集聚程度不高，布局分散

经过多年的培育和发展，江淮生态经济区绿色产业有一定发展基础，部分产业园区已经形成产业集群的发展态势，但产业布局分散。江淮生态经济区内二十二家省级及以上产业园区都把轻纺、装备产业、电子信息作为主导产业，但一大批与轻纺、装备产业、电子信息相配套的零部件企业分布零散，重点产业有"点"缺"面"，集群发展特色不明显，缺乏合力，难以转化为产业优势，导致经济区的土地资源得不到集约利用、浪费严重。且同类企业分布于不同工业园区，企业之间难以实现信息与技术资源的共享，环境污染得不到集中治理，不利于实现产业规模效应和可持续发展。

4. 产业布局与主体功能不匹配，生态环境日趋严峻

江淮生态经济区现有产业布局与主体功能区生态优先绿色发展的要求差距较大，部分地区的生产力布局与环境承载力不匹配，一些地区的人口和经济活动聚集程度超越资源环境承载能力。过度开发利用河湖资源，围湖造田、填河开发、网箱养殖导致湖泊面积持续萎缩以及环境污染是这种不匹配的突出反映。洪泽湖从解放初期的 2684 平方公里萎缩到现在的 2465 平方公里；里下河地区湖荡面积从解放初期 1000 多平方公里萎缩到现在不到 60 平

方公里。超出生态环境承载能力的过度开发,导致资源与要素配置的效率损失,造成环境污染、生态失衡。

三、 建设生态优先绿色低碳美丽淮安的路径探索

绿色发展是对生产方式、生活方式、思维方式和价值观念的全方位、革命性变革。淮安市作为发达省份江苏省的次发达地区,处于中国南北地理分界线上,是一座"漂浮在水上的城市",拥有独特的生态禀赋优势,承载着打造江淮生态经济区"绿心地带"的重大使命,在推进绿色发展的道路上,始终坚持将绿色生态作为最稀缺资源、最宝贵财富,谋划确立打造"绿色高地"战略定位,在综合借鉴"四种模式"基础上,从规划布局、产业发展、环境保护、制度建设等方面集成创新,探索出一条具有自身特色的绿色崛起高质量发展新路径。

(一) 建设绿色生态画廊,打造"江淮绿心"

建设"百里画廊"是淮安市抢抓大运河文化带、淮河生态经济带、江淮生态经济区等重大战略机遇,推动淮安绿色崛起、跨越赶超的战略性举措。2021年2月淮安市首次提出建设大运河"百里画廊"的初步战略构想,同步启动《淮安市大运河百里画廊战略规划》编制研究,9月召开全市大运河"百里画廊"建设动员专题会议部署推进。2022年1月大运河"百里画廊"工程正式开工,3月制定出台《关于加快推进淮安市大运河百里画廊建设的实施意见》。规划设计上充分考虑"生产、生活、生态"相融合,坚持以生态为引领、文化为灵魂、旅游为载体、产业为支撑,综合考虑生态修复、景观塑造、文化保护、绿色航运等诸多方面,合理安排城镇建设、土地利用、产业发展、村落分布等功能布局,统筹带动沿线城乡建设、基础设施配套、人居环境改善,形成集景观、生态和经济于一体的绿色走廊,构筑淮河、大运河生态廊道纵横交错的"绿色枢纽"。项目策划上充分彰显"文化、生态、美景"相辉映,布局实施"淮上四卷·运河八园"项目,先行启动中国水工科技馆、板闸遗址公园、御码头运河文化美食中心等重点项目以及里运河文化长廊"四行系统"、环洪泽湖道路贯

通等配套工程建设,全面打造古今辉映的人文画廊、蓝绿交织的生态画廊、转型升级的富民画廊和美好幸福的宜居画廊,努力使之成为江苏大运河文化带精华空间、美丽淮安高质量建设示范区、大运河沿线最美旅游目的地。

（二）推进"333"主导产业，构建绿色产业体系

进入"十四五"时期,淮安市坚持以绿色发展引领产业转型,着力构建以"333"为主导的绿色产业体系,全面提升经济发展"含绿量""含金量"。依托"绿水净土",推动生态农业提质增效。淮安是平原水乡,兼具南北气候,是全国重要优质农副产品生产基地,农产品地理标志证明商标数量居全国设区市第一。面对农业大市向农业强市的转型任务,淮安市发挥自然生态优势,培育发展特优高效种植、特种健康养殖、特色生态休闲等特色生态农业,推动农业"接二连三"融合发展,实施以"淮味千年"为引领的品牌强农战略,"盱眙龙虾""洪泽湖大闸蟹"等农业品牌价值位居全国行业前列。运用绿色技术,推动制造业转型升级。淮安市始终坚持工业强市战略,培育了盐化工、钢铁、电子信息、食品等特色产业,但工业基础仍然薄弱、制造业层次不高,面对新一轮科技革命和产业变革趋势,坚持绿色化、智能化、数字化方向,积极引入绿色技术推动传统产业转型升级、节能降耗,构建以绿色食品、新一代信息技术、新型装备制造等制造业为主的"3＋N"绿色制造业体系,制定实施《百亿工业企业培育行动方案》《推进制造业高质量发展实施意见》等政策措施,努力打造具有重要区域影响力的制造业产业集群。利用"好山好水",推动生态文旅产业蓬勃发展。淮安市以创建国家全域旅游示范区为抓手,着力打造"运河三千里 醉美是淮安"生态文旅品牌,深度挖掘红色文化、美食文化、西游文化等特色资源,推进"生态＋文旅"融合发展,培育形成西游乐园、华强方特等旅游旗舰产品,国家和省全域旅游示范区数量位居苏北首位,走出了一条"好风景引来新经济"创新之路。

（三）保护高品质绿色生态，建设美丽人居环境

淮安市深入贯彻"美丽中国""美丽江苏"战略,制定实施《打造绿色高地

淮
安

推进美丽淮安建设实施意见》《淮安市美丽宜居城市建设工作方案》,创造干净整洁、美丽宜居的城乡环境。严守生态"红线",筑牢绿色本底。在苏北率先创成国家生态市的基础上,淮安市坚持实施最严格的生态环境保护制度、耕地保护制度和永久基本农田保护制度,科学划定6类42处国家级生态保护红线,构建"四湖拥林田、一山多廊道"的"江淮水乡"生态空间格局,实施洪泽湖、白马湖等重要湿地修复工程,促进生态系统自我调节和自然演化。坚守环境"底线",夯实绿色基底。淮安市持续打好蓝天、碧水、净土保卫战,获评全国黑臭水体治理示范市,公众生态环境满意率95.4%,位居全省第二。进入"十四五",淮安市坚持全链条防控、全形态治理、全地域保护,在全省率先启动应对气候变化"十四五"规划和碳达峰行动方案编制,深化河长制、湖长制、断面长制"三长一体"机制创新,持续开展"绿盾"专项行动,努力让天蓝水清成为淮安主色调。对标宜居"高线",厚植绿色家底。"十三五"期间,淮安市加强城市绿化规划建设,中心城区绿化覆盖率达到42.4%,人均公园绿地面积达到14.53平方米,实现从"绿在城中"向"城在绿中"的转变。"十四五"以来,淮安市以争创国际湿地城市和国家森林城市、国家生态园林城市为目标,开展"无废城市""绿岛"建设以及金湖县生态产品价值实现机制试点,推进"三高四河"沿线环境整治和绿色提升,高水平建设美丽乡村和美丽城镇,打造优美宜居生活环境。

（四）加强制度优化,形成绿色发展机制

淮安市坚持用改革创新的思路和办法来保障绿色发展,注重从法律法规、考核评价、责任追究等方面加强制度建设、完善体制机制,形成坚定不移推进绿色发展的鲜明导向。健全法规保护条例。2016年7月,淮安市颁布实施首部地方性法规,也是全国首部永久性绿地保护条例——《淮安市永久性绿地保护条例》。2021年4月,淮安市制定出台《淮安市湿地保护条例》,标志着湿地保护制度体系基本建立。这些条例的颁布实施,强化了对生态环境保护的法规制度刚性约束。健全考核评价体系。淮安市将环境保护工作列入全市高质量跨越发展考核体系、纳入领导干部实绩考核内容,生态文明建设投入占 GDP 比重保持在 3.5% 以上。围绕健全生态环境保护常态长效机制,积极探索绿色 GDP 考核评价体系,持续完善环境质量月度考核评价和环境风险防控机制,坚决守住生态环境安全底线。健全责任追究制度。淮安市在全省率先出台党政领导干部生态环境损害责任追究工作规程,探索开展领导干部自然资源资产离任审计,深化生态环境损害赔偿制度改革,形成推动绿色发展反向倒逼机制,推动生态环境保护守土有责、守土负责、守土尽责。

四、 加快组织推进,打造江淮生态经济融合发展示范区

江淮生态经济区,地处江苏中部腹地,包括淮安、宿迁两个设区市全域以及里下河地区的高邮、宝应、兴化等 17 个县(市)、区。其中,淮安占这一区域土地总面积的 37.1%,水面总面积的 56%,常住总人口的 33.8%,区域生产总值的 36.8%,土地开发强度仅为 16.9%,生态本底条件优越,生态资源丰富,人居环境优良,具备利用生态条件实现转型发展的独特优势。因此,把淮安建设成为江淮生态经济融合发展示范区,有利于江淮生态经济区深度融合发展,对于打破苏南、苏中、苏北三大板块的地理分界和行政壁垒,使全省进一步融合起来,形成更为强大的经济增长极,走出相对欠发达地区聚力绿色发展促进共同富裕的典型路径具有重要意义。

(一) 设立江淮生态经济区协调机构

按照"多中心管治"的思路,在淮安建立江淮生态经济区协调机构,该机构是带有半政府机构特点的常设机构,下设产业发展协调小组、专家咨询小组、规划建设小组等组织。主要职能是组织编制江淮生态经济区各项发展规划,解决江淮生态经济区跨界组织与管理问题;协调各主体功能区、行政管理委员会,是相对松散的组织,由江淮生态经济区内市、县主要负责人组成,负责明确地区间在交通、旅游、农业现代化等方面的制度政策冲突和利益权责,从而促进政策和制度的对接,加强市、县的沟通,发现协调发展的问题,并提出解决问题的方法。

淮安

（二）建立绿色考评体系，全力打造区域生态经济品牌

建立 GDP 和 GEP 双考核综合评价体系，探索生态产品价值实现，打造省级生态产品市场化交易办法和平台，力争在生态产品保护补偿、绿色金融发展、生态产品价值增值、生态环境保护激励等方面形成有显示度的重大成果，全力打造标识化的区域生态经济品牌。进一步增强淮安城市要素吸引能力，优化人口结构带动产业发展，积极布局适宜性数字产业，抓紧补齐公共服务、基础设施短板，形成经济效益、生态人文与民生福祉的叠加优势。

（三）加强生态经济区产业发展顶层设计，推进全方位高质量发展

加强江淮生态经济区产业发展整体规划，确定发展重点产业，引导产业资源整合，实施企业兼并和重组，将区域分工由产业推向产品，中心城市在发展优势产业的同时，加强信息、金融、营销、研发等生产性服务业发展。建立资源和要素流动机制与利益补偿相结合的发展机制，实施一体化市场政策，促进商品和要素自由流通。江淮生态经济区产业空间布局应该以集聚效益为目标，以产业园区（开发区）为平台，以交通干线为轴带，以建链、补链、延链、强链、引链为重点，加强全产业链整合，增强产业园区间的联系，推进产业分工和协作，发展一批优势明显、特色显著、亮点纷呈、实力强劲的产业集聚区，形成大农业产业、现代轻纺产业、大健康产业、现代装备产业、新能源、新材料、新一代信息技术绿色产业基地，优化产业布局，增加产业竞争力，推进产业全方位高质量发展。

（四）协同构筑绿色产业体系，打造绿色发展高地

牢固树立和践行"两山"理念，将生态环境容量、资源承载能力作为融入区域经济活动的重要条件，打破行政界限，发挥比较优势，协同构筑绿色产业体系。重点依靠生态经济区土地、水、湖等资源，以及光照、气候等条件，以产业化、集约化、生态化发展现代农业，形成特色、优质、高效、安全的农产品结构，推动生态绿色农业产业集群发展。形成以纺织服装制造业、木材加工和家具制造业、电子元器件制造业为主导的现代轻纺产业体系，以"健康＋食品""健康＋医药""健康＋养生""健康＋旅游""健康＋文化"等发展模式，打造生态经济

区大健康产业链。依托潜在比较优势，以新能源汽车、智能制造、石油装备等为核心，辅之以精密仪器与装备、"专精特新"装备，立足服务于大农业、大健康与现代轻纺产业的先进农机装备、健康与体育运动装备、机器人和智能制造装备的现代装备产业集群，依据未来产业发展方向和生态经济区潜在比较优势，打造新能源、新材料、新一代信息技术等战略性新兴产业的融合型产业集群。

（五）优化生态经济区绿色产业布局，推动产业集聚发展

根据经济区河湖纵横特点，综合考虑经济区地理分布、功能区定位，以集聚效益为目标，以新型工业化和新型城镇化为载体，以产业园区为平台，以主干交通线为依托，形成经济轴带，以增强产业集聚度和产业关联度为重点，优化绿色产业布局。加大淮安区域性中心城市建设步伐，成为先进制造业重要基地及江淮生态经济区商贸中心、物流中心、旅游中心和金融中心；依托运河、淮江公路、京沪高速、京沪铁路等交通运输走廊，以淮安、宿迁两个中心城市为支点，以铁路、高速公路、航空、水运为纽带，以沿线产业发展平台为载体，依托土地、水资源等资源优势，按照生态优先、因地制宜、集中布局、联动发展的原则，推动沿运河先进制造业产业带建设；高水平谋划里下河地区农业结构调整，着力发展绿色和有机农产品，推进装备制造、新材料、新能源等产业发展；利用环洪泽湖五河沿河流域资源，打造环洪泽湖生态农业全产业链；以湖泊、湿地、候鸟等为依托，打造环洪泽湖生态观光旅游带，高质量推进国家全域旅游示范区创建。

（六）推进产业绿色转型，释放高质量发展新动能

在传统产业发展的过程中融入绿色理念，把绿色理念贯穿产业发展全过程，推进企业完善工艺技术路线和布局，研发绿色设计产品，实施绿色供应链管理，采用先进适用清洁生产工艺技术和高效末端治理装备，加大废弃物资源综合利用，从源头推进产品绿色化，实现企业绿色发展；以全产业链的"绿色"转型为抓手，引导传统产业嫁接新兴产业，促进产业融合，延伸产业链条，推进传统产业向高端、绿色方向发展，充分利用并发挥新兴领域技术溢出效应，提供逆向传导机制为传统产业注入活力，推进传统产业绿色转型；通过产业融合或拓展全新的低能耗环节,包括绿色能源替代、制造业服务化等,创造新价值环节;加强研发和技术进步,实现高能耗环节向低能耗转变;构建绿色闭环产业链,强调资源、材料的回收和再利用,通过循环利用实现低能耗;严把产业准入关,注重生态化、绿色化发展,培育绿色产业园区、发展绿色能源,创新载体,突出重点,培育标杆,以园区骨干企业为主体,构建绿色企业联盟。

(七) 有机融合生态经济区绿色产业,提升区域竞争力

在生态经济区原有产业联系的基础上,以产业链为纽带,带动相关产业,延伸产业互动的深度,加强产业内部、产业之间的联动,完善产业链条,理顺企业关系,培育出具有灵活性、高成长性的产业集群;以大企业为龙头,加快生产要素市场化进程,深化各个层次和环节的专业化分工协作,形成并扩张产业链条,带动关联产业和企业的发展,构建江淮生态经济区绿色产业群,实现产业融合发展;以淮安、宿迁中心城市为核心,建立以垂直分工为主、水平分工为辅的产业分工体系,中心城市重点发展技术含量高、污染排放少、能源消耗少、附加值高的战略性新兴产业和现代服务业,而劳动生产率、资金利润率低的产业,逐步向周边县区转移;以产业园区为载体,紧紧围绕优势产业及其核心产品,在区域乃至更大范围进行产业整合,完善和拉长产业链条,重点推动食品、纺织服装、装备机械等产业整合。

课题组负责人:史修松　淮阴工学院教授

承担单位:淮阴工学院

课题组成员:谢善智、刘长平、仇桂且、孔德财

2023年12月3日，习近平总书记在盐城考察时强调，"民心向背决定着历史的选择，江山就是人民、人民就是江山"①。中国式现代化的本质是人的现代化，坚持以人民为中心的发展思想，站在人与自然和谐共生的高度谋划发展是深入贯彻落实习近平总书记考察盐城重要指示精神的必然要求；用好用足生态资源优势，加快发展绿色智能产业，把绿水青山转化为金山银山也是推进习近平总书记重要指示精神在盐城落地生根的题中应有之义。

盐城是江苏沿海地理中心城市、淮河生态经济带出海门户，是长三角北翼先进制造高地、淮河生态经济带出海门户、绿色宜居的国际湿地城市。作为苏北五市中唯一入列长三角中心区的城市，盐城锚定"勇当沿海地区高质量发展排头兵"目标定位，擦亮"世界自然遗产地""国际湿地城市"两张名片，凸显港口和腹地优势，坚定不移推动安全发展、绿色低碳发展、高质量发展，做大做强"蓝色板块"，力求推动工业经济迈向万亿台阶，努力在社会主义现代化建设上迈出坚实步伐。

"中国式现代化江苏新实践市域探索研究·盐城篇"基于人与自然和谐共生这一视角，在总结探索已有成效和主要经验的基础上，深入分析盐城发展面临的挑战，提出创新体制机制、加强协同治理、深入挖掘释放生态多元价值、打造绿色低碳世界级产业集群的思路建议，旨在为竞逐中国式现代化新赛道提供"走在前、做示范"的盐城探索、盐城经验。

---

① 《习近平在上海考察时强调 聚焦建设"五个中心"重要使命 加快建成社会主义现代化国际大都市》，《人民日报》2023年12月4日。

盐城坐拥江苏省最长海岸线、最大沿海滩涂和最广海域面积,绿色低碳发展是盐城独特的比较优势。在新时代新征程上,盐城市以习近平生态文明思想为指引,聚焦"碳达峰、碳中和"目标,在长三角一体化进程中主动践行"1+3"重点功能区战略,坚定不移实施"生态立市"战略,积极谋求人与自然和谐共生的现代化,探索走出了一条换道超车、后发超越的绿色转型、绿色跨越发展之路,相继建成全国文明城市、国家森林城市、全国水生态文明城市、国家生态文明建设示范市,拥有"世界自然遗产""国际湿地城市"两张国际名片,打造了长三角及我国东部沿海人与自然和谐共生的新地标,有力推动了习近平生态文明思想在盐阜大地落地生根、开花结果。

一、 盐城探索人与自然和谐共生现代化的显著成效

新时代以来,盐城上下始终坚持以习近平生态文明思想为指引,深入学习贯彻习近平总书记对江苏工作重要讲话、考察盐城重要指示精神,紧紧围绕"四个走在前"和"四个新"重大任务,积极探索人与自然和谐共生的现代化道路,为竞逐中国式现代化新赛道提供了"走在前、做示范"的可复制、可推广经验。

(一) 习近平生态文明思想落地生根

党的十八大以来,盐城市深入学习贯彻习近平生态文明思想,全力推进全域生态文明建设,以生态文明示范创建工程为抓手,有力推动了习近平生态文明思想在盐城落地生根、开花结果。2021 年 10 月,盐城以市域为单位成功创建"国家生态文明建设示范区",成为苏北及江苏沿海地区首个、全省第四个获此殊荣的设区市。截至目前,在盐城市 9 个县级行政区中,建湖、盐都、射阳、东台、大丰建成国家生态文明建设示范区,亭湖、滨海、阜宁、响水建成省级生态文明建设示范区,实现了省级以上生态文明建设示范区市域全覆盖,此外,盐城经济技术开发区也成功创建了国家生态工业示范园区。

肩负贯彻落实习近平生态文明思想的实践重任,盐城市盐都区始终将生态环境建设作为增进人民群众福祉、推进中国式现代化新实践的重要手段,

实施了加快生态文明建设、建设美丽盐都系列重要工程；坚决打好污染防治攻坚战，着力解决环境突出问题，努力提升生态环境质量，切实满足人民群众对优良生态环境的需要；贯彻落实新发展理念，坚持"人与自然和谐共生"的科学自然观，深刻把握"两山"理论所蕴含的思想精髓和高质量绿色发展的内在要求，推动全区产业结构、能源结构、农业结构调整，挖掘绿水青山的经济效益，拓宽"两山"转化通道，把全区水、湖、林、田自然优势转化为发展优势，着力提升绿水青山"颜值"，全力实现金山银山"价值"，形成了推动生态保护和经济发展互促双赢的良好局面。盐都区坚持生态优先、引领区域高质量发展的创新实践和实际成效，正是习近平生态文明思想在盐阜大地落地生根、开花结果的生动写照。盐都区也因此荣获全国"绿水青山就是金山银山"实践创新基地，成为全省首批同时获得国家生态文明建设示范区、全国"两山"实践创新基地双料"国字号"品牌的地区。

（二）生态环境质量走在前列

盐城市生态环境质量不断得到改善、持续稳定向好。一是大气环境质量保持全省前列。2023年，盐城市空气质量优良天数比例达83.4%，$PM_{2.5}$年均浓度28微克/立方米，空气质量为全省最优，居全国前列；自2016年以来，盐城全市环境空气质量综合指数连续七年位居全省第一。二是水环境质量稳居全省第一方阵。2023年，盐城实现国省考和入海河流断面水质优Ⅲ比例达100%。全市完成新造成片林1.5万亩，林木覆盖率25.2%。三是高标准落实土壤污染防治。盐城市严格执行建设用地土壤环境准入，落实土壤污染调查评估制度，开展完成全市耕地土壤环境质量类别划分、重点行业工业企业用地信息采集和土壤调查，建立疑似污染地块名录，定期发布土壤环境重点监管企业名单，与土壤环境重点监管企业签订污染防治责任书，稳步推进受污染耕地安全利用和治理修复。2023年全市受污染耕地和重点建设用地安全利用率双"100%"。盐城市生态环境治理领域成绩显著，自2020年起连续三年获江苏省政府督查激励，江苏省打好污染防治攻坚战指挥部办公室、省生态环境厅在 2021 年、2022 年、2023 年连续三年向盐城市委、市政府发来贺信,充分肯定盐城市在污染防治攻坚和生态环境改善方面取得的成效。

(三) 生态保护修复示范引领

盐城高度重视生态保护修复工作,坚决绘好美丽盐城的生态画卷,筑牢东部沿海生态安全屏障。以丹顶鹤和麋鹿两个国家级自然保护区为主体的黄海湿地,成功申报中国唯一滨海湿地类世界自然遗产,经国际湿地公约组织认证,盐城荣获"国际湿地城市"称号。盐城也是全国唯一同时拥有 2 处国家级自然保护区、2 处国际重要湿地、1 处世界自然遗产地的地级市,黄海湿地生态系统成为包括勺嘴鹬、黑嘴鸥等 17 种世界自然保护联盟(IUCN)濒危物种红色名录物种在内的 300 多万只候鸟的栖息天堂。东台条子泥岸段成为全国 8 个"美丽海湾(岸段)"优秀案例之一,建湖九龙口、阜宁金沙湖、盐都蟒蛇河、东台条子泥等生态保护修复项目入选江苏省"最美生态修复案例",东台条子泥、建湖九龙口、盐都大纵湖湿地列入江苏省"生态岛"试验区建设工作计划。2023 年 9 月,全球滨海论坛会议在盐城成功举办,向全国和世界展示了人与自然和谐共生的美丽盐城画卷。

在生态保护修复方面,盐城不仅打造了在全省、全国领先的实践样板,也为全球生态治理贡献了"盐城样本"。2021 年,盐城以恢复鸟类栖息地为目标的基于自然解决方案——盐城黄海湿地遗产地生态修复案例成功入选"生物多样性 100＋全球特别推荐案例"。该案例成功申报的背景是:受人类活动等因素的影响和干扰,黄海湿地生态系统在申报世界自然遗产前已遭到严重破坏,导致鸟类等动物栖息地减少,生物多样性丧失;申遗成功后,为改善生态系统遭到破坏的局面,积极探索黄海湿地世界自然遗产保护管理新路径,恢复鸟类栖息地的生态功能,保护鸟类迁徙通道,盐城在遗产地内开展了一系列以"基于自然的解决方案(NbS)"为技术理念,以生态重建、辅助再生、自然恢复、保护保育等为措施的生态修复项目。

位于盐城世界自然遗产地内的东亚—澳大利西亚迁徙路线上鸻鹬类重

要中转站的东台条子泥,由于围垦、非法捕猎、人为活动干扰等导致栖息地丧失,很多鸻鹬类面临着种群数量减少和分布范围缩小的威胁。为此,从2020年起,盐城东台市从就近的一线海堤内的围垦养殖区中专门辟出了一块720亩的土地,开始建立高潮栖息地。在建设过程中,湿地管理部门始终坚持"生态自然修复为主,人工适度干预为辅"的原则,严格落实尊重自然规律的方针,通过营造小型鸻鹬类栖息地和黑嘴鸥繁殖地、恢复裸滩湿地、建设微型岛屿等措施,最终建成了全国首个固定高潮位候鸟栖息地。"720"栖息地建成后不久,科研技术团队就在当地监测发现了1150只全球濒危鸟类小青脚鹬,而此前学术界曾经认为单个小青脚鹬种群的数量一般不超过1000只,这个发现一举打破了单个小青脚鹬种群总数的世界纪录。基于自然的解决方案(NbS)建成的"720"高潮位栖息地,在一年内即迎来了410种鸟类,其中新增22个种类,被央视《新闻联播》报道,称赞其为自然遗产生态保护修复的"中国样本"。

盐城以基于自然的解决方案为理念,对黄海湿地遗产地进行生态修复,有效保护勺嘴鹬等鸻鹬类鸟类,保障候鸟迁徙生态通道安全,保护滨海滩涂生态系统,保障区域生态安全,有效保护和恢复了区域生物多样性。通过对遗产地进行生态修复,使得生态环境高质量发展,人居环境得以改善,更好地满足了人民日益增长的对美好生活的需求;大大改善了城市环境及城市对外形象,增强了城市的吸引力,为城市中长期发展创造了有利条件;通过湿地修复、构建生态优势带动经济增长,提高了遗产地及周边居民生活质量,为生态旅游发展作了很好的铺垫。

盐城通过恢复湿地生态系统,发挥生态系统的生态功能,构建"自然、科普、生态"融为一体的自然遗产地,打造湿地保护利用与可持续发展的新模式,探索经济发展和生态保护相协调、促进人与自然和谐共生的新路径,为建设"美丽中国"和全球生态治理贡献了"盐城智慧",提供了"盐城经验"。

(四)绿色低碳发展提速增效

盐城市坚定不移走好生态优先、绿色转型之路,以绿色低碳发展示范区建设为契机,坚持产业绿色化、绿色产业化,加快建设产业结构优、规模效益好、绿色动能足的现代化产业体系。2022年盐城市GDP突破7000亿元,增长4.6%,增速全省第一,2023年GDP突破7400亿元,比2022年增长5.9%。在保持经济健康平稳发展的同时,盐城市奋力竞逐绿色低碳发展新赛道,晶澳光伏、耀宁锂电池等百亿级重大绿色化项目签约开工,全市创成省级以上绿色工厂18家,其中国家级3家;扎实推进节能降耗工作,牢牢守住"产业导向、项目准入、节能减排"三个关口,切实提高高耗能高排放项目准入门槛,加大落后过剩产能淘汰和传统产业清洁化改造力度;规范化工园区产业布局,关闭响水化工园区,取消阜宁化工园区化工产业定位,整治提升大丰、滨海化工园区,全市省级以上工业园区全部完成应急预案备案工作,全面完成化工生产企业关闭退出任务,低端落后化工生产企业基本出清;加快发展高新技术产业,成为苏北首个高新技术企业数量超千家的设区市,并获批国家创新型城市、国家"双创"示范基地。

盐城市深入践行"两山"理论,"生态+"经济加快发展,推动"生态+文旅""生态+康养"等深度融合。"十三五"以来,盐城全市9个县级行政区中有大丰、东台、射阳、盐都、亭湖5个地区创成省级全域旅游示范区,其中大丰创成国家级全域旅游示范区;九龙口、大纵湖创成国家湿地公园,大洋湾创成国家城市湿地公园,西溪、九龙口景区入选全国非遗与旅游融合发展优选项目,东台入选国家智慧健康养老示范基地,黄海海滨国家森林公园创成国家森林康养基地。2023年6月,"2023中国最美县域榜单"发布,江苏全省有4个县、区(市)入选,盐城市射阳县作为苏北唯一入选的县域城市荣登榜单。

其中,建湖县九龙口旅游度假区淮剧小镇是盐城打造的"生态+文旅"标志性项目。获得中央电视台连续多次报道关注的淮剧小镇项目,位于建湖县九龙口镇沙庄村,该村占地面积约300亩,有500余户村民,紧邻九龙口国家湿地公园,处于九条河流的交汇处,地理位置得天独厚,生态环境优越,沙庄古村历史文化底蕴深厚,是国家级非物质文化遗产——淮剧的发源地。淮剧小镇项目恢复"村在荡中,荡在村中"独特空间风貌,再现小镇四周河环荡绕、水网密布的原始生态风貌;文化内核上,打造"戏在村里,村在戏里"的特有精神特质,结合获文华大奖的淮剧《小镇》剧目,实景再现了《小镇》剧情里的18个场景节点,重点打造了剧场演出类、非遗体验类、文化体验类以及餐饮民宿类等四大业态。淮剧小镇项目在充分利用自然禀赋的基础上,有机植入具有鲜明地方特色的国家级非物质文化遗产淮剧、杂技元素,通过打造文旅融合典型业态,走出了一条融合"世遗+非遗"之美的生态文旅发展之路:深入挖掘当地淮剧、杂技、剪纸、舞龙等特色文化资源进行创意开发,充分依托湖荡自然生态优势和淮剧杂技文化元素,不断放大国家级非物质文化遗产的品牌效应;打造江苏淮剧和杂技传承基地品牌,建成淮剧杂技非遗传承基地,打造了"9+1"《小镇有喜》大型沉浸式演艺;与地方民政部门联合,开展集婚姻登记、婚纱摄影、婚礼举办、节庆祈福为一体的特色服务;精心创塑"九龙九鲜"特色餐饮品牌,打造舌尖上的九龙口。

九龙口旅游度假区先后获得国家湿地公园、国家4A级旅游景区、全国非遗与旅游融合发展优选项目、江苏省旅游度假区、江苏省生态旅游示范区等称号及荣誉,淮剧小镇2022年获评全省首批、盐城唯一的文旅融合发展示范区,2023年入选首批"长三角人文经济典型案例",九龙口景区建成全国首家碳中和景区、《中国国家地理》首个"双框之城"。

(五) 城乡人居环境持续改善

盐城市以建设绿色低碳发展示范区为指引,积极探索绿色宜居之城发展路径,让绿色成为城乡人居环境建设底色,推动盐城人居环境建设在全省做出示范、在长三角塑造特色、在全国提升影响,充分彰显"国际湿地、沿海绿城"的生态魅力、发展活力,加快建成人与自然和谐共生的美丽盐城。

一是城市能级提升成效显著。早在2019年10月,为打破区域发展不均衡、不充分的瓶颈,盐城市启动有史以来最大的城市改造工程——城北地区改造工程,规划改造面积达79.5平方公里,涉及亭湖区、盐都区、建湖县三个县级行政单位。改造工程开展以来,盐城市在城北片区推进棚改征迁,腾出空间14668亩,同步实施"百姓安居、服务惠民、项目招引、生态提升"四大工程,开工建设八大类132个项目,完成投资253亿元,基本实现"三年见成效"的阶段性目标。作为水网密布的"百河之城",盐城市坚持向水而行、以水利民,全面开展串场河、新洋港和通榆河"三河"全域整治,统筹兼顾人居环境、产业调整、文化记忆、社会发展,重塑水乡生态,围绕整治沿河水岸环境、完善城镇空间布局,累计实施沿河特色风貌塑造和生态廊道建设项目2150余个,完成投资293亿元,市县联动围绕空间特色风貌塑造和历史文化保护传承,因地制宜打造城水相依、绿廊环抱的景观廊道,"三河"全流域环境治理取得明显成效。立足全省最长海岸线的优势,盐城市加快推进沿海特色风貌塑造,编制完成《江苏省沿海"生态百里"特色风貌区设计方案》《盐城市沿海特色风貌塑造设计导则》《盐城市沿海特色风貌塑造三年行动计划》《盐城市沿海特色风貌塑造精华段实施方案》等;聚焦"生态百里"近期实施重点项目,以海堤公路为主线,遴选打造黄海观海廊道、世界自然遗产黄海湿地生态宜居示范区等人与自然和谐共生、集中展示盐城沿海风情的精华段和特色段,丰富亲海、近海、观海体验,向世界展示盐城沿海魅力风光的最具代表性海岸线;构建形成沿海特色风貌格局,打造更具诗情画意的世界级沿海城市,黄海湿地博物馆、陈家港"港城记忆"片区保护修缮等一批项目成功入选江苏省特色风貌塑造奖补项目。

二是城市更新建设提速增效。盐城市在城市更新建设中坚持规划引领,强化政策引导,先后制订出台《盐城市加快开展城市更新工作的实施意见(试行)》《关于实施城市更新行动的意见》《盐城市实施城市更新行动配套政策》《盐城市城市更新工作指引(试行)》《盐城市主城区城市更新专项规划(2022—2035)》等文件,明确城市更新工作的目标任务、实施步骤及保障措施,在全省首次开展城市更新体检评估,以体检和规划为基础,建立了城市更新市级项目库,首批90个城市更新储备项目入选,盐城市"加强城市更新工作考核激励""优化城市更新方案规划审批"两项经验做法入选首批江苏省实施城市更新行动可复制经验做法清单,盐城亭湖区朝阳片区城市更新等 6 个项目入选 2023 年度全省城市更新试点项目,累计入选项目数量位居全省第三、苏北第一。盐城市棚户区改造工作连续获得江苏省政府表彰激励;老旧小区改造系统推进、力度空前,按照组团式片区化联动改造思路,累计更新城镇老旧小区 412 个,29 个项目被评为江苏"省级宜居示范区"。盐城市在全省率先出台口袋公园技术导则,印发《盐城市城市公园绿地专项规划》和《盐城市绿道规划》。截至 2023 年 10 月,盐城市区建成区绿地面积 8509 公顷,绿化覆盖面积 9098 公顷,绿地率达 40.23%,绿化覆盖率达 43.02%,人均公园绿地面积 17.44 平方米,公园绿地十分钟服务圈覆盖率达 95.17%。2023 年盐城全市共完成新造成片林 1.47 万亩,林木覆盖率达 25.2%,高于全省 1.14个百分点,全域绿色空间体系基本形成。

三是农村人居环境明显改善。盐城市农民住房条件改善工作持续走在全省前列,2022 年启动新一轮农村住房条件改善工作,制定五年行动方案、完善农村住房动态数据库、编印农房规划建设导则、设计农房标准施工图集,在全省农房改善专项行动部署会上作经验交流,2023 年完成改善农房 1.9 万户。在全面推进乡村振兴战略背景下,盐城先行先试,编制实施《盐城市特色田园乡村示范区(带)规划》,引领全市特色田园乡村、传统村落、新型农村社区等串点连片聚集发展。截至 2023 年底累计创成省级特色田园乡村 83 个,总数位居全省第二,2023 年丁马港等 5 个村入选全国传统村落,穆沟等 14 个村入选省级传统村落。截至 2024 年 1 月,盐城市七批次共有 44 个村落入选江苏省级传统村落,总数位居苏北五市第一。

四是建筑产业绿色转型加快。盐城市加快推进绿色低碳城市建设,绿色建筑产业结构和产品体系得到进一步优化提升,产业链持续延伸拓展。在绿色建筑方面,城镇绿色建筑占新建建筑比例达 100%,南海未来城绿色低碳城区获批江苏省级绿色低碳城区,5 个项目获得省级绿色建筑发展专项奖补资金,盐城南洋国际机场 T2 航站楼及配套工程荣获 2023 年度"江苏省绿色建筑创新项目"二等奖。在产业体系方面,盐城市已经形成以新型干法水泥、砂浆、预拌混凝土、装配式构件、新型特种玻璃为主导的产业体系布局,共有建材企业 192 家,年开票销售达 2000 万元以上的规上企业有 156 家,全市建材产业全口径开票收入累计达 179 亿元,"横向覆盖全市域、纵向覆盖全链条、产品结构优势互补"的绿色建材产业体系初步形成。在园区建设方面,盐城市大市区一体推进建设盐东—特庸建材产业园、便仓镇建材产业园、城北物流园建材聚集点、冈中装配式构件产业基地,南翼有东台经济开发区、东台高新技术产业开发区建材产业园,北翼有滨海绿色建材产业园,目前全市已形成"一体两翼多点"的绿色建材产业布局态势。

二、 盐城探索人与自然和谐共生现代化的主要经验

(一) 思想引领,打好生态文明建设"整体战"

盐城作为"国际湿地、沿海绿城",始终高举习近平生态文明思想旗帜,在人与自然和谐共生实践中始终坚持高度衔接和深度融汇重大决策安排,正确处理好重点攻坚和协同治理、系统观念和一体化保护,着力打造生态优先和绿色低碳转型的城市典范等"四个关键取向",坚决扛起美丽中国建设的盐城责任。党的十八大召开以后,盐城市委、市政府深入贯彻落实党的十八大精神,以习近平总书记对江苏工作的重要指示和要求为根本遵循,作出了建设生态盐城、打造富有魅力的生态之都的决定,组织编制《盐城市生态文明建设规划(2013—2022)》,进一步提升全市生态文明建设水平,着力把盐城的生态优势转化为未来的发展优势。党的十九大召开以后,盐城以习近平生态文明思想为指导,深入贯彻落实党的十九大精神,制订了《盐城市生态文明建设规划(2018—2022)》,加快形成人与自然和谐发展的生态文明建设新格局,着力打造具有高质量发展内涵的国家生态文明建设示范市。2022 年以来,盐城深入学习贯彻党的二十大精神,坚持"站在人与自然和谐共生的高度谋划发展",生态价值持续彰显;全面落实江苏省委、省政府关于支持盐城建设绿色低碳发展示范区的意见,全力推进"绿色制造之城、绿色能源之城、绿色生态

之城、绿色宜居之城"建设,明确到 2030 年完成将盐城建设成为推动绿色发展、人与自然和谐共生示范城市的目标任务。为深入贯彻落实习近平生态文明思想以及国家、江苏省关于生态文明建设的新要求、新目标、新任务,盐城于 2023 年 12 月编制出台了《盐城市生态文明建设规划(2022—2030 年)》,通过生态制度、生态安全、生态空间、生态经济、生态生活、生态文化等六大体系建设,协同推动高质量发展与高水平保护,努力建成美丽中国的市域典范。可见,盐城持续推动生态文明建设和绿色发展之所以能够成绩斐然,根本在于党中央作出中国式现代化建设的伟大决策,在于习近平总书记对人与自然和谐共生现代化建设的掌舵领航,在于习近平新时代中国特色社会主义思想的科学指引。

(二) 克难奋进,打好生态环境治理"攻坚战"

一是坚持以高度的政治自觉高效落实中央生态环境保护督察中所发现问题的整改,把问题整改作为深刻领悟"两个确立"的决定性意义的重要手段,以及增强"四个意识"、坚定"四个自信"、做到"两个维护"的重要检验,切实扛起督察整改的政治责任,着力补齐生态环境保护"短板"。盐城市始终坚持问题导向、效果导向,动真碰硬、抓紧抓实突出生态环境问题整改工作,对历次督察交办和突出生态环境问题做到主动认领、认真核查、果断处理,紧盯闭环销号,全力攻坚重点领域和薄弱环节,确保按序时进度整改到位。目前,中央生态环境保护督察组进驻盐城前排查出的 407 项问题已完成整改 387 项,整改完成率为 95.1%;中央生态环境保护督察组交办盐城市的 1 项共性问题、2 项个性问题的整改正在严格按照序时推进;涉及盐城的 312 件信访件,已经完成整改 309 件,整改率达 99%,位居全省第一。同时以督察整改工作为契机,坚持健全长效体制机制,全面查摆制度机制中存在的薄弱环节,对已销号问题适时组织"回头看",对区域共性问题进行全面排查,做到"当下改"和"长久治"两手抓两不误。二是坚持将生态环境质量"只能更好、不能变坏"作为根本底线,持续改善生态环境质量。聚焦"增蓝天",持续推进"控扬尘、治臭氧、抓减排、强执法"行动,精准实施突出问题排查、企业集群整治、清洁原料替代、有机储罐治理、重点行业提升、氮氧化物协同减排等"治气"十大工程,严格落实预警管控、深度减排、扬尘清零等"八个到位",推行大气环境市县同治,先后编排实施超过 1200 项大气环境治理工程项目,对全市重点园区和重点企业实施"一园一策""一企一策"整治,对交通建设项目、公路扬尘、堆场码头扬尘污染实施最严格管控,交出了"蓝天保卫战"的盐城亮丽成绩单;致力"保碧水",坚持系统思维,统筹水资源、水环境、水生态协同共治,全面推动饮用水源地达标建设、农业面源污染治理、工业源污染治理、城乡生活污染治理、重点问题断面水质攻坚,打好水环境综合治理"组合拳",推动实施七大类 117 项重点工程,针对盐城全市 51 个省考以上断面实行"一断面一方案",全力攻坚水质达标;从严"护净土",推动盐城全市 178 家高风险地块落实风险防控措施,开展 34 条较大农村黑臭水体专项排查,加快"无废城市"建设,开展"无废园区"试点,争创"全国区域性特殊危险废物集中处置中心",持续推进地下水污染防治,在全省率先落实地下水污染状况调查及污染防治分区划分工作。三是坚持将人民群众的环境幸福感、满意度提升作为最高追求,切实解决突出环境问题。聚焦重点生态环境问题整改,坚持立查立纠、立行立改,持续抓好省政府挂牌督办重点生态环境项目,全力以赴抓好长江经济带警示片问题整改。同时,聚焦生态环境治理能力短板,完善信访工作机制,全力化解环境信访矛盾,以深入打好污染防治"九大攻坚战"为抓手,落实带案下访、"一案双查"等工作机制,集中化解越级重点信访、省市领导批示群众来信、省生态环境厅"厅长我留言"交办件等重点信访件,实现环境信访总量持续下降。聚焦群众关注的热点难点领域,着力解决餐饮油烟、尾气排放、扬尘、噪声、异味等人民群众反映强烈的突出环境问题。

(三)久久为功,打好生态保护修复"持久战"

盐城充分认识生态保护和修复的长期性、系统性、艰巨性,系统推进水林田湖草沙一体化保护和治理,全面加强生物多样性保护工作,实施重要生态系统修复工程,制订出台《盐城市黄海湿地保护条例》,完善湿地保护管理体系,加大湿地原真性和完整性保护,切实提升生态系统多样性、稳定性和持续性,牢牢守住生态环境安全底线,健全"国际湿地、沿海绿城"保障体系,打造一批全国生态保护修复"盐城造"样板,江苏大丰麋鹿国家级自然保护区就是其中的典型代表。

大丰麋鹿保护区于 1986 年建区,1997 年经国务院批准升格为国家级自然保护区,目前保护区总面积为 2666.67 公顷,其中核心区面积 1656.67 公顷,重点聚焦麋鹿保护。大丰麋鹿保护区依托 1986 年从英国引进的 39 头麋鹿,30 多年来坚持以麋鹿保护为核心,探索适合麋鹿种群的发展模式,把握麋鹿种群发展规律,采取有效管理措施,经过引种扩群、行为再塑、野生放归等系统拯救工程,截至目前麋鹿种群数量已经达到 7033 头,数量比建区时增长了近 180 倍,占全世界的 70% 以上。其中,野外种群数量达 3116 头,成为世界上麋鹿数量最多、基因库最丰富的野生麋鹿种群。大丰麋鹿保护区依托生态修复项目,不断提升生物多样性保护水平。一是实施亚洲开发银行贷款湿地保护项目。项目投资 4000 万元,重点开展麋鹿栖息地内水系改造、疏林地建设、巡护道路维护、植被恢复、不锈钢围网更换等工程,项目完成之后,栖息地内水系保持畅通,水质得到净化,原本退化的植被得以恢复,疏林地逐渐形成,生态环境得到极大改善。二是实施中央财政湿地保护项目。重点实施了植被改造、水系疏浚、生态补偿等项目,项目完成之后麋鹿栖息地植被得到进一步恢复,生物多样性逐步提高,所建成的麋鹿保护基础设施正在为生态保护发挥长效作用。三是逐步对人工湿地进行生境改造,增加了植被的空间异质性。湿地改造之后吸引了更多鸟类和其他野生动物到湿地内繁殖和栖息,生态环境的全面改善为生物多样性的提升创造了前提、提供了良好的条件。大丰麋鹿保护区坚持久久为功,通过保护与修复生态系统,建成了世界上最大的麋鹿自然保护区,彰显了盐城人与自然和谐共生、社会环境与生态环境平衡发展的美好图景。

（四）凝心聚力，打好绿色低碳转型"关键战"

一是发挥比较优势，构建绿色产业体系。盐城市立足省内最长海岸线、最大沿海滩涂、最广海域面积的优越自然禀赋，用好用足产业空间、承载能力、交通区位等方面的比较优势，顺应产业发展趋势，聚焦新能源、新材料、电子信息、大健康、数字经济、海洋经济，优化重点产业链，持续推动产业融合集群发展，打造链条完备、特色鲜明、优势突出的绿色现代产业体系。二是落实"两山"理论，做好生态旅游文章。盐城市深入践行"两山"理论，做好"生态＋旅游"文章，推动"美丽生态"加速转化为"美丽经济"，扛起省委省政府赋予的"建设世界级滨海生态旅游廊道"使命，整合旅游资源、做精旅游产品、做优旅游配套，持续擦亮"世遗"金字招牌；高水平建设农业强市，推动生态与农业持续融合发展，积极探索"为鸟留食"的"生态＋农业"模式，不断挖掘生态乡村多元价值，推动乡村旅游业等生态休闲农业迅速发展，激活了乡村振兴新动能。三是勇当"碳路先锋"，率先谋划"双碳"布局。作为江苏沿海地区"双碳"行动的主战场，盐城市积极推进"双碳"目标深化落地，推广湿地修复蓝色碳汇贷、碳配额保险等"金融＋生态"创新试点，成立沿海双碳产业发展（江苏）有限公司，整合碳汇资源，探索实施碳汇、开发、监测、交易等应用的制度体系及其实践路径，布局建设低（零）碳产业园区，力争在"双碳"行动中走在全省全国前列，推动高质量发展再上新台阶。

三、盐城推进人与自然和谐共生现代化建设面临的挑战

（一）正视差异化，绿色发展考核机制有待完善

盐城生态优势明显，但在现行的高质量发展综合考核机制下，缺乏差异化发展模式的考核标准，生态产品价值难以精准核算兑现，也无法作为明确指标纳入高质量发展绩效考核评价，导致在绿色发展考核机制方面难以实现新的突破。受 GDP 总量和增速、招商引资、固定资产投资等传统考核指标的制约和影响，当前盐城市对县区、县区对所辖乡镇的考核，同样难以立足生态

禀赋形成差异化和多元化的有效机制,追求"绿色 GDP"的导向在全市上下尚未形成普遍一致的高效行动,生态优势进一步转化为发展优势和竞争优势的动能不足、面临瓶颈,生态红利未能得到完全、充分、有效释放。

(二) 形成聚合力,生态环境协同治理有待加强

从盐城的实践来看,制约生态环境协同治理的行政区划壁垒尚未完全被打破,省、市、县三级治理主体之间的协同联动机制仍需完善。盐城市与相邻地级市之间,以及盐城市域内的相邻县区之间,有着共同的生态环境治理目标和需求,但因行政壁垒的阻隔,在现实中难以将协同治理、信息共享、联合执法完全有效落实到位,跨流域治理、跨区域协同的难题仍然有待进一步破解,特别是在县区一级,对于生态环境协同治理的内生动力不够强劲。此外,盐城市域内还存在相当数量的省属"飞地"和跨省"飞地",这些"飞地"与属地和周边地区的生态环境治理协同联动也存在一定的短板和盲区。

(三) 激发驱动力,绿色低碳转型步伐有待加快

当前,盐城绿色转型的驱动力还不够强劲,产业发展与生态环境保护良性互动、相得益彰的新格局尚未完全形成。一方面,在部分沿海港区,立足自然禀赋的"风光电"产业已形成一定规模,但尚不足以带动整体经济结构和能源结构的战略性优化调整;另一方面,从整体产业结构来看,盐城的钢铁、化工、造纸、纺织等产业体量大、占比高、布局散,绿色转型升级的任务重、压力大、难度高,如何推动传统产业绿色低碳发展从末端管控走向源头转型、过程治理和结构优化,已成为盐城高质量建设绿色低碳发展示范区及加快实现人与自然和谐共生现代化的"必答题"和"关键题"。

(四) 发挥能动性,绿色生态比较优势有待彰显

盐城的最大优势是生态,发展的优势依赖于生态。一方面,盐城拥有江苏最长的海岸线,在"双碳"背景下发展新型储能、氢能产业等未来产业具有无可比拟的比较优势,当前盐城对绿能产业的研究探索、谋划布局已经起步,但步伐仍然不够快,成效还不够明显;另一方面,盐城坐拥黄海湿地"世遗"资

源,生态品牌在长三角区域独树一帜,但进一步挖掘生态特色、探索合理利用的"世遗"后半篇文章尚未完全落实到位,一些地区和行业尚未把准生态优势转化为发展优势的明确定位,依托生态的竞争优势并不明显,绿水青山转化为金山银山的渠道不够畅通。例如,盐城是农业大市、产粮大市,但盐城大米品牌附加值不高、带动力不强,"好米并没有卖出好价"。

四、 盐城加快竞逐人与自然和谐共生现代化新赛道的几点建议

(一) 创新体制机制,聚力打造人与自然和谐共生的美丽中国先行区

一是盐城要与南通、连云港一道共建江苏向海发展的"蓝色板块"协同机制。建议以"推动绿色发展,促进人与自然和谐共生"作为打造江苏沿海经济带、城镇带、风光带的全新目标和重要抓手,以绿色低碳发展示范区建设为契机,探索总结盐城"走在前、做示范"的经验,统筹区域协调发展,突出先行引领、勇于探索创新、敢于试错容错,全力协同打造人与自然和谐共生的美丽中国先行区,把江苏最大的潜在增长极培育成东部沿海最具影响力的高质量发展新地标,塑造中国式现代化的区域新样板。二是建议在全省高质量发展综合考核中建立"人与自然和谐共生"的差异化考核机制。要突出"绿色发展"考核重点,给沿海地区单独设置考核指标和分值权重,实行盐城、南通、连云港三个设区市和下辖县级行政区与省内其他地区分类考核,单独排名和确定等次,在沿海地区形成追求"绿色GDP"的鲜明导向,为在全国率先实现人与自然和谐共生的现代化提供更好的体制机制保障。

(二) 加强协同治理,提升融入江苏沿海生态环境治理区域一体化的水平

一是坚持完整、准确、全面贯彻新发展理念,在深化"1+3"重点功能区建设背景下,进一步推进江苏沿海区域生态环境治理一体化,以"山水林田湖草沙一体化保护和系统治理"为重点,横向打破行政壁垒,纵向打通层级阻隔,消除条块分割障碍,切实以生态环境高水平保护推动高质量发展。建议盐城要与南通、连云港共同报请省生态环境厅牵头,召开江苏沿海地区生态环境

共保联治工作联席会议,建立完善贯通省、市、县三级的区域生态环境治理一体化机制,统筹区域治理、岸线治理、流域治理、属地治理,将省直部门单位设在沿海地区的场站园区全面纳入一体化治理。二是深入贯彻落实并充分利用淮河生态经济带国家战略,作为地处淮河入海门户的盐城要主动作为,与淮河中上游的淮安市及安徽省、河南省的相关地市建立跨区域合作的利益共享机制、流域生态保护补偿机制和生态环境治理信息共享机制。建议江苏省级层面进一步强化生态环境保护督察制度治理效能,并加强省际协调,坚决破除"以邻为壑"的顽瘴痼疾,高水平推进淮河生态综合治理,切实减轻里下河地区的生态环境治理压力。三是为确保生态环境治理区域一体化不留盲区、落到实处,建议立足长三角更高质量一体化发展,先行探索"沪苏通盐"生态环境治理合作机制,在沪苏大丰产业联动集聚区、苏州盐城产业合作园区、常州盐城产业合作园区开展试点,打造长三角跨域一体、绿色共生的生态保护和绿色发展典范。

(三)放大生态优势,深入挖掘释放生态多元价值和巨大潜力

一要着力用好自然资源禀赋,创新"两山"理论转化的实现路径。坚持因地制宜、精准定位,充分挖掘本地优势资源禀赋,积极探索合理利用的方法路径,切实把生态优势转化为产业优势、竞争优势和发展优势。例如,盐城应当立足土地空间优势,加快高水平建设农业强市步伐,为此,要大力推进高标准农田建设,探索发展盐碱地特色农业,完善农产品"从田头到餐桌"全产业链,大力发展农产品精深加工,在长三角乃至全国彻底打响盐城农业品牌。二要充分利用沿海资源优势,做好"生态+文旅"大文章。以省市共建世界级滨海生态旅游廊道为契机,加强沿海三市联动,策应大运河文化带建设、"一带一路"倡议与淮河生态经济带国家战略,深入挖掘新四军红色文化、大运河两淮盐业文化、江苏海上丝绸之路文化、黄河(古淮河)故道文化,结合沿海生态风光资源禀赋,推进文旅深度融合发展,打造特色精品旅游线路和旅游产品,提升江苏滨海旅游目的地的文化传播力和综合竞争力,辐射带动滨海特色风貌

塑造和城乡人居环境改善,让人民群众共享人与自然和谐共生现代化建设成果。三要立足特色文化底蕴,塑造生态人文地方品牌。立足盐城新四军红色文化、海盐文化等"丰厚家底",综合考量历史渊源和现实基础,发挥生态资源和特色文化叠加效应。要用实用足上级支持政策,精准有序实施项目建设,在城市更新改造、美丽乡村建设、景区提档升级、公共文化建设、文创产业发展等方面融入生态人文理念,为区域高质量发展注入新动能,实现生态、人文与经济交融共生,经济效益和社会效益相得益彰。

(四)瞄准高质量发展目标,重点打造绿色低碳世界级产业集群

一要聚焦产业补链强链,构建绿色低碳产业体系。立足江苏"1+3"重点功能区建设,着眼长三角一体化发展大局,围绕盐城 23 条地标性重点产业链和工业强市战略,大力实施产业链培育和赋能行动,打造具有盐城地域特色和标识度的战略性新兴产业集群,统筹区域产业布局,推动形成一县(行政区)一特色、一区(园区)一亮点的绿色发展模式,打造绿色产业集群,彰显盐城绿色低碳产业的综合优势与核心竞争力,为江苏及长三角建设具有全球影响力的产业科技创新中心贡献盐城力量。二要推动传统产业升级,加快发展方式绿色转型。坚持把绿色低碳作为鲜明底色,加快推进产业发展低碳化、制造过程清洁化、资源利用高效化。建议省级层面加大对沿海三市传统产业绿色低碳转型发展的政策倾斜和资金支持,在盐城市先行探索设立传统产业绿色低碳发展基金,由省、市、县三级财政共同投入,开展工业企业绿色低碳发展综合评价,强化评价结果应用,通过正向激励和反向倒逼,推进企业节能降碳、集约高效,开展数字赋能行动,加快数字化绿色化协同转型,推动企业"上云、用数、赋智",全方位推进传统产业腾笼换"绿"、焕新升级。三要加快培育新质生产力,当好绿色发展"碳路先锋"。按照定 3 年、谋 8 年、展望 13 年的发展思路,围绕构建盐城"风光火气氢"一体化能源开发利用新格局目标,拉长新能源产业链条,加大力度探索布局新型储能和氢能产业。建议立足盐城现有绿能产业基础,依托本地行业龙头企业,引进"国字号"大院大所和高

层次创新人才团队,在沿海港区设立新型储能研究院、氢能研究院和相关试验基地,聚焦全要素生产率大幅提升,聚力突破关键核心技术,加快创新成果转化应用,在竞逐绿色低碳能源新赛道上"走在前、做示范",全力打造长三角综合能源保供基地,在人与自然和谐共生现代化建设征程中开启发展新质生产力的"盐城篇章"。

课题负责人:朱广东　盐城师范学院高质量发展(盐城)研究院院长、教授

承担单位:盐城师范学院

课题组成员:李晓奇、孙宗一、马志宏、齐华、徐玉军、王鸿章、王彬

执笔人:孙宗一、朱广东

扬 州

让历史文化名城在全国『更有分量』

2020 年 11 月,习近平总书记考察江苏时来到扬州,肯定了"扬州是国家重要历史文化名城,特别是文明文化、历史古城,在全国都很有分量"。在中国式现代化江苏新实践的扬州探索中,推动历史文化名城在全国"更有分量",承载着领袖的嘱托、江苏的使命和扬州多年来的孜孜追求,需要新时代的扬州人不断实践、持续进行新探索。

扬州历史悠久,具有"人文、生态、精致、宜居"的城市特质,推动历史文化名城在全国"更有分量"有实力也有底气。从江苏省政府批复的 9 个设区市的《国土空间总体规划(2021—2035)》文本比较看,提及国家历史文化名城的有徐州、泰州、南通、扬州和镇江等 5 个市,其中扬州着力建设"国家重要历史文化名城",是唯一带有"重要"二字的设区市。未来,扬州将锚定"建设古代文化和现代文明交相辉映的名城"目标,聚焦产业科创名城、文化旅游名城和生态宜居名城建设,深入开展中国式现代化江苏新实践的扬州探索。至 2025 年,"强富美高"新扬州建设迈上新的台阶,中国式现代化扬州新实践取得良好开局;至 2035 年,谱写"强富美高"新扬州建设的现代化新篇章,中国式现代化扬州新实践成效充分展现;至 2050 年,全面建成中国特色社会主义现代化城市、具有东方魅力的国家重要历史文化名城、长三角城市群区域中心城市。

"中国式现代化江苏新实践市域探索研究·扬州篇"旨在全面研究梳理扬州历史悠久、人文昌盛、区位优越、战略叠加、精致秀美、生态宜居、生机勃发、产业兴旺等特色优势,以及当前城市发展的短板弱项,提出推进中国式现代化扬州实践、推动历史文化名城在全国"更有分量"的策略与路径。

党的二十大明确了"以中国式现代化全面推进中华民族伟大复兴"的中心任务。习近平总书记在江苏考察时强调,江苏拥有产业基础坚实、科教资源丰富、营商环境优良、市场规模巨大等优势,有能力也有责任在推进中国式现代化中走在前、做示范。[①] 习近平总书记尤其关心江苏的文化建设,要求江苏在建设中华民族现代文明上探索新经验。习近平总书记对扬州寄予厚望,2020 年 11 月到扬州考察时指出,扬州是个好地方,依水而建、缘水而兴、因水而美,是国家重要历史文化名城,[②]"特别是文明文化、历史古城,在全国都很有分量"(总书记在扬州三湾生态文化公园现场讲话)。

习近平总书记指出:"不同地区的经济条件、自然条件不均衡是客观存在的,如城市和乡村、平原和山区、产业发展区和生态保护区之间的差异,不能简单、机械地理解均衡性。解决发展不平衡问题,要符合经济规律、自然规律,因地制宜、分类指导,承认客观差异,不能搞一刀切。"[③]开展中国式现代化江苏新实践的扬州探索,既要遵循中国式现代化的本质要求,找准与全省发展大局的契合点、切入点、着力点,也要立足扬州实际,准确认识、牢牢把握扬州在全国全省发展大局中的战略定位、区位特点、资源禀赋,进一步补短锻长、彰显特色。作为习近平总书记寄予期望、给予肯定的"好地方",扬州既要全面贯彻习近平总书记重要讲话重要指示精神,为江苏在推进中国式现代化中走在前、做示范作出扬州贡献,也要坚持因地制宜,着力增强和彰显自身特色,在现代化建设中推动历史文化名城在全国"更有分量",在现代化新征程上把"好地方"建设得好上加好、越来越好。

一、 推动历史文化名城在全国"更有分量",为什么是扬州?

扬州是国务院首批公布的 24 座历史文化名城之一,是与大运河同生共

① 《习近平在江苏考察时强调 在推进中国式现代化中走在前做示范 谱写"强富美高"新江苏现代化建设新篇章》,《人民日报》2023 年 7 月 8 日。

② 《习近平在江苏考察时强调 贯彻新发展理念构建新发展格局 推动经济社会高质量发展可持续发展》,《人民日报》2020 年 11 月 15 日。

③ 《习近平谈治国理政第四卷》,外文出版社 2022 年版,第 189 页。

长、见证中华文明繁荣复兴的通史性城市,先人的接续奋斗和不断创新为今天的扬州留下了宝贵的财富。21世纪以来,特别是党的十八大以来,中央和省委高度关注扬州的历史文化名城建设,多次对扬州的历史文化名城建设作出重要指示、提出明确要求,扬州人也以此为契机,把历史文化名城建设作为小康社会和现代化建设的重要内容和鲜明特色。

历史文化名城在全国"更有分量",饱含着党中央的殷殷嘱托。2000年10月,江泽民同志为家乡题词"把扬州建设成为古代文化与现代文明交相辉映的名城",为新世纪扬州的发展指明了方向。2020年11月,习近平总书记视察扬州时指出,"扬州是国家重要历史文化名城,特别是文明文化、历史古城,在全国都很有分量",更是为扬州的现代化建设提供了根本遵循和行动指南。

历史文化名城在全国"更有分量",寄托着省委的深切期望。在江苏13个设区市中,古城是扬州的鲜明特色和闪亮名片,扬州的历史文化名城建设得到了省委的高度认可,多次对扬州名城建设提出具体要求。2023年2月,省委书记信长星在扬州调研时强调,"扬州是首批国家历史文化名城,是古运河原点城市、申遗牵头城市,历史悠久、人文昌盛,要一代代人接续传承好保护好利用好,让千年文脉赓续绵延,焕发出新的时代光彩","要以珍爱之心、尊崇之心呵护好古城古街的肌理和文脉,让历史文化和现代生活融为一体"。①在省政府2023年8月批复的扬州市国土空间总体规划中,扬州的城市性质与核心功能定位为"国家重要历史文化名城、长三角产业科创高地和先进制造业基地、国际知名文化旅游目的地"。

历史文化名城在全国"更有分量",更是扬州多年来的孜孜追求。党的十八大以来,扬州市委在持续推进高水平全面建成小康社会和中国式现代化新实践的同时,坚持以特见长、以优制胜,不断赋予历史文化名城建设以新的内容,一步一个脚印推动历史文化名城建设迈上新的台阶。2012年12月,市委六届四次全会提出,要把握扬州城市最重要、最基本的特质,进一步彰显扬州

---

① 《信长星在扬州调研时强调 敬畏历史敬畏文化敬畏生态 在新征程上把"好地方"扬州建设好》,《新华日报》2023年2月15日。

作为中国历史文化名城、运河名城和生态名城的特色,使扬州成为一座独具中国韵味的城市。2016年9月,市第七次党代会围绕建设古代文化和现代文明交相辉映的名城,要求在保护和传承扬州历史文脉、发展和弘扬城市现代文明中,转变城市发展方式,塑造名城特色风貌,彰显扬州文化魅力,加快建设和谐宜居、富有活力、特色鲜明的现代化城市,努力打造"宜居、宜游、宜创"城市品牌、创建国际文化旅游名城,使扬州成为本地人美好生活的家园、外来旅游旅行者流连忘返的胜地、年轻人创业创新的天堂。2018年7月,市委七届六次全会围绕贯彻落实省委要求,提出打造美丽宜居的公园城市、独具魅力的国际文化旅游名城和充满活力的新兴科创名城。要以文化为灵魂、以旅游为载体,把国际文化旅游名城建设聚焦到世界运河文化名城建设上,自觉争当大运河文化带建设的样板,争做运河遗产保护、运河文化研究、运河生态建设、运河国际交流的示范;充分放大中国历史文化名城、世界文化遗产城市的独特魅力,主攻"四季旺游",培育功能旅游新业态,打造全球旅游目的地。2020年12月,市委七届十一次全会明确,加快建设产业科创名城、文化旅游名城和生态宜居名城,进一步放大"世界运河之都""世界美食之都""东亚文化之都"品牌效应,让扬州文明文化更有分量、更具质量。2021年10月,市第八次党代会进一步明确,聚焦产业科创名城建设,争做长三角一体化高质量发展的示范;聚焦文化旅游名城建设,争做大运河文化带建设的示范;聚焦生态宜居名城建设,争做"美丽中国·水韵江苏"建设的示范。其中,在文化旅游名城建设上,要坚决扛起"让古运河重生"的使命担当,一体建设高品位的文化长廊、高颜值的生态长廊、高水平的旅游长廊,全力推动运河遗产保护与传承、文化研究与传播、生态保护与提升、文旅融合与发展、国际交流与合作走在全国前列;要持续放大"世界运河之都""世界美食之都""东亚文化之都"的品牌效应,建成国际知名文化旅游目的地、国家级旅游休闲城市、全国公共文化服务示范区、全国文明典范城市和沿江区域消费中心城市,让扬州的文明文化在全国更有分量。2023年7月,市委八届六次全会要求,围绕建设中华民族现代文明,彰显分量、争作贡献,着力建设更具影响力的历史文化名城,特别是要坚决扛起"让古运河重生"的使命担当,高标准建设长江、大运河国家文化公园,推动历史文化名城保护和有机更新走在全国前列。

二、 推动历史文化名城在全国"更有分量",扬州有什么、缺什么?

得益于老祖宗的遗赠和大自然的馈赠,扬州形成了"人文、生态、精致、宜居"的城市特质,这让扬州在全国城市之林中独树一帜,也赋予了扬州打造一座"有分量"的历史文化名城的底气。党的十八大以来,扬州深入推进"强富美高"新扬州建设,城市综合实力迈上新台阶,也使得扬州的腰杆格外硬气。如果说"扬州是个好地方""文明文化、历史古城,在全国都很有分量",意味着习近平总书记对扬州过去的肯定;把"好地方"建设得好上加好越来越好,让历史文化名城在全国"更有分量",则充满了习近平总书记对扬州未来的期待,面对这份期待,我们还有很长的路要走。

(一)推动历史文化名城在全国"更有分量",扬州底蕴深厚。从全国全省发展大局看,扬州在历史演进和城市发展的进程中逐步形成了区别于其他城市的鲜明特质和底蕴优势。

这里历史悠久、人文昌盛。 作为国务院首批公布的历史文化名城,自公元前 486 年吴王夫差开邗沟、筑邗城,扬州已有 2500 多年的建城史。这里拥有丰富的历史文化遗产,5.09 平方公里的明清古城是中国东部地区风貌保存最完整的古城之一,全市现有国家级文物保护单位 24 家,扬州雕版印刷、古琴、剪纸、富春茶点制作技艺被列入联合国教科文组织人类非物质文化遗产代表作名录,还有 20 项国家级、110 项省级非物质文化遗产。2014 年,扬州牵头中国大运河沿线 35 座城市成功申报世界文化遗产,全市有 10 个遗产点、6 段河道列入《世界遗产名录》,数量居沿线城市之首。

这里区位优越,战略叠加。 扬州地处长江、运河交汇处,独特的地理位置赋予扬州多重重大战略叠加的机遇优势。扬州是长三角北翼重要节点城市,在长三角一体化高质量发展中发挥着连贯东西、承南启北的作用;扬州是长江经济带重要城市,拥有 81 公里长江岸线;扬州是"一带一路"交汇点城市,累计有 65 个国家和地区的 1400 多家外资企业(包括 40 多家世界 500 强企业及知名跨国公司)在扬州落户;扬州是大运河原点城市、申遗牵头城市,是全国唯一全域划入大运河文化保护传承利用规划核心区的地级市;扬州还是南水北调东线源头城市,惠及沿线地区近 1 亿人。这些让扬州在全国、江苏战略布局中占据重要位置。

这里精致秀美、生态宜居。 扬州自古就有"绿杨城郭"的美誉,城河一体、水绿相依,瘦西湖是中国湖上园林的杰出代表。境内水网密布,水域面积占全市总面积的 26.3%,长江、大运河、淮河入江水道在扬州交汇,南水北调东线工程在扬州取水北上。城市建成区绿化覆盖率近 45%,居全省第 3 位;人均绿地面积 20.2 平方米,居全省第 1 位。2006 年,扬州荣膺江苏首个联合国人居奖,并先后获得国家园林城市、国家森林城市、国家生态市等荣誉。2015 年扬州在全国率先推进城市公园体系建设,全市均衡布局了 300 多个生态体育休闲公园。市民开车 10 分钟可到大型城市公园,骑车 10 分钟可到区级综合公园,步行 10 分钟可到"家门口"的公园。

这里生机勃发、产业兴旺。 扬州是陆上丝绸之路和海上丝绸之路的交汇点城市,在历史上创造了兴盛于汉、鼎盛于唐、繁盛于清的三度辉煌。20 世纪 90 年代,扬州工业呈现汽车、造船、化工、服装、柴油机、集装箱、空调器、其他特色产业"八龙齐舞"的盛况,被誉为规模经济发展的"扬州现象"。1996 年扬州泰州分设之后,扬州产业继续保持长足发展,目前拥有高端装备产业、汽车及零部件产业、新材料产业等三个规模超千亿的产业集群,外资企业 1400 多家,进出口总额超过千亿元,数控成形机床国内细分市场占有率达 25%,是国家创新型城市和全国小微企业"双创"示范基地。

(二)推动历史文化名城在全国"更有分量",扬州基础扎实。从扬州自身发展看,经过改革开放 40 多年的不懈努力,特别是新时代 10 多年的"强富美高"新扬州建设,扬州实现了更高水平的全面小康,并实现了社会主义现代化建设顺利开局。这不仅为推进中国式现代化新实践奠定了物质基础,更为推动历史文化名城在全国"更有分量"打下了坚实根基。

"经济强"方面。"十三五"以来,全市地区生产总值连续迈上5000亿元、6000亿元、7000亿元三个千亿级大关。2023年,全市实现地区生产总值7423.26亿元,居全省第7位、全国城市第37位;人均地区生产总值跻身全国城市前20位;邗江、江都、高邮、仪征四地的地区生产总值均突破千亿元。把发展先进制造业作为重点和关键,聚力做强重点优势产业集群,持续打造重点企业矩阵,2023年全市工业开票销售额突破8000亿元,高端装备产业入围中国百强产业集群。把科技作为第一动能,先后引进航空工业沈阳所扬州协同创新研究院、中航机载系统共性技术研究中心、国汽轻量化研究院等重大科创平台,启动建设航空科技扬州实验室,布局设立域外创新中心11个,2023年全市国家高新技术企业突破2000家。把产业项目建设放在经济工作的重中之重位置,积极创新招商方式,完善服务推进机制。2023年全市新签约总投资1亿元以上产业项目734个,创历史新高。坚持把开发园区作为产业发展、对外开放主阵地,大力推进园区"二次创业",省级以上开发园区围绕"千亿"抓进位,工业集中区围绕"百亿"创特色。扬州经济技术开发区2023年排名国家级开发区第84位,较上年上升71位。把良好的营商环境作为城市的核心竞争力,一体推进政策、市场、政务、法治、人文"五个环境"建设,常态化实施"交地即发证""拿地即开工",开办企业用时压缩至0.5天内。

"百姓富"方面。"十三五"以来,全体居民收入由26253元增加至47717元,增长81.8%;城乡居民低保标准由每月575元提升至800元;村集体经营性收入全部达到60万元以上,村均达到212.9万元。做大富民文章,让百姓口袋更鼓。聚焦"更稳定的工作",大力推进高质量充分就业建设,每年城镇新增就业6万人;聚焦"更满意的收入",健全工资合理增长机制,优化收入分配结构,建立完善知识、技术、管理、数据等要素由市场评价贡献、按贡献决定报酬的机制,确保居民收入增长速度快于经济增长速度,高于省均水平。做优利民文章,让百姓生活更舒适。围绕办好人民满意的教育,推动学前教育优质普惠发展、义务教育优质均衡发展、高中教育质量稳定在全省第一方阵,助力在扬高等院校提升办学层次、提高办学质量。围绕提供更高水平的医疗卫生服务,推进医疗卫生资源扩容和均衡布局,深化医药卫生体制改革,深入实施健康扬州行动,居民主要健康指标达到全省领先水平。围绕"一老一幼"提升公共服务水平,大力推进颐养城市和儿童友好城市建设,着力构建供给高质量、普惠高水平、助老高品质的"15分钟养老服务圈",打造完善的生育、托育、教育体系,推动人口长期均衡发展。做足惠民文章,让百姓心里更踏实。完善覆盖全民、统筹城乡、公平统一、可持续的多层次社会保障体系,健全分层分类的社会救助体系,确保共同富裕路上一个不掉队。建立完善多主体供给、多渠道保障、租购并举的住房制度,高标准滚动推进老旧小区、城中村、棚户区(危旧房)改造,让老百姓享有更满意的居住条件。

"环境美"方面。"十三五"以来,市区$PM_{2.5}$年均浓度从每立方米55微克下降至34.3微克,省考以上断面水质优Ⅲ比例从63.9%上升到95.7%,创成国家水生态文明城市、全国国土资源节约集约模范市。协同推进长江大保护和江淮生态大走廊建设。坚决把修复长江生态放在压倒性位置,全面落实长江"十年禁渔",大力推进沿江产业"降黑增绿""腾笼换鸟""破旧立新"三大行动,2018年以来长江生态岸线占比从47.5%提升至56.9%;全域推进江淮生态大走廊建设,推进水环境"全域治理、全河湖达标",持续修复水生态系统,省考以上断面水质优Ⅲ类以上比例稳定在90%以上。一体推进美丽宜居城市和美丽田园乡村建设。持续打好美丽宜居城市建设"六场硬仗",创成全球首批"无废城市";加快城市绿廊和绿色步道系统建设,有机串联公园绿地、湖泊湿地和居民小区,初步建成城在园中、园在城中的公园城市。扎实推动美丽田园乡村建设,建成100个具有代表性和影响力的特色田园乡村。大力推进"水美扬州""蔚蓝扬州""净土扬州"建设,集中攻克影响群众健康的突出环境问题,全市空气、水环境质量稳步提升。统筹推进生产方式转型和生活方式转变。编制实施碳达峰总体方案和"1+6"行动方案,推动"三线一单"落地应用,全面实施重点企业节能降碳行动、重点用能设备能效提升行动、重点行业碳达峰行动,加快建设绿色园区、绿色工厂;全面推广绿色建筑,大力倡导绿色出行,积极开展绿色社区、绿色学校、绿色家庭创建活动,推动形成简约适度、绿色低碳、文明健康的良好社会风尚。

"社会文明程度高"方面。"十三五"以来,全国文明城市实现"四连冠",全国双拥模范城实现"八连冠",拥有"世界运河之都""世界美食之都""东亚文化之都"三张世界级名片,获批全国首批市域社会治理现代化试点城市。统筹推进大运河文化带建设与历史文化名城保护和有机更新,开展扬州"运河十二景"推荐评选和宣传改造工作,初步建成大运河国家文化公园三湾核心展示园,结合京杭运河绿色现代航运示范区建设深入实施运河沿线景观提升工程,高水平举办世界运河城市论坛,"世界运河之都"品牌进一步打响。统筹推进文化产业和文化事业发展,实施文化服务提升、优秀文化润民、名家名品打造等"三大工程",建成城乡"十分钟文化生活圈",建成50家24小时城市书房,创成国家公共文化服务体系示范区,推出舞剧《朱自清》、歌曲《面朝东方》等一批文艺精品;大力推进文旅深度融合发展,初步形成以主城为中心、以大运河为主轴的全域旅游发展格局,2023年全市接待游客首次突破1亿人次,旅游总收入近1000亿元。

近年来扬州市围绕推动历史文化名城在全国"更有分量",按照"小规模、渐进式"的方式,以街区为单位,因地制宜探索"政府、企业、居民"多元参与模式,促进历史文化街区持续保护与全面复兴,初步形成了历史文化名城保护更新的"扬州模式"。一是"政府主导、国企运作"的东关模式。按照"原址保护、修旧如旧"原则,通过成立国有公司,整体实施东关街的保护修缮和运营管理。梳理历史文化遗存资源,打造"非遗＋老字号"街区,修缮冬荣园、街南书屋等各类建筑3.56万平方米,引入扬州漆器、扬州清曲等26个非遗项目,扶持发展谢馥春、四美酱园等11家名店老字号。2010年东关街跻身"中国十大历史文化名街",如今每年接待游客达千万人次。二是"政府主导、市区联动"的南河下模式。由市住建部门制定更新方案,利用闲置地块,建设低碳示范社区。由区级政府实施环境综合整治,利用闲置厂房、办公楼宇改建城市书房、社区邻里中心和民居客栈等,形成了历史文化街区保护与形象提升共赢新路径。三是"政府引导、居民参与"的仁丰里模式。创新采取"所有权不变、使用权转移"的方式,对闲置民居统一收储利用,同时鼓励原住居民参与进来,形成"自下而上"的街区保护更新机制。着力打造"文化+文创"街区,吸引雕版印刷、古琴传习、古建模型制作等53家业主入驻,建成名师工作室28个、非遗传承项目和艺术工作室13个。坚持不搬迁原住居民,常年举办传统民俗文化活动,留住了市井生活烟火气。四是"政府引导、市场培育"的皮市街模式。一批民宿、文创店铺自发集聚后,因势利导提升公共空间、整治交通秩序、招引高端物业,吸引了一批自带设计方案、投资资金的年轻创业群体,67家古籍修缮、咖啡烘焙、动漫设计等特色店铺相继落户,打造了古韵与时尚兼具、传统与现代融合的活力街区。

(三)推动历史文化名城在全国"更有分量",扬州道阻且长。对照党中央决策部署和习近平总书记关于推进中国式现代化的重要讲话重要指示精神,扬州当前的发展还存在不少短板。对照在现代化新征程上把"好地方"建设得好上加好、越来越好和让历史文化名城在全国"更有分量"的目标追求,扬州要做的事、要解决的问题还有很多。

一是经济"个头"尚可,但"体质"不强。 从经济规模看,扬州无论是GDP总量、还是人均GDP,都能排在全国城市前列,特别是2019年,扬州GDP历史性地超越盐城,在全省前进一位,殊为不易。但是放眼全国,这一成绩却不算罕见,特别是和相距不远的安徽合肥相比,2000年扬州的GDP总量远超合肥,约为合肥的1.45倍,但是此后经济增速远不及合肥,2023年体量仅为合肥的59%。考虑到2011年合肥合并了原巢湖市的庐江县和居巢区,即便如此,与2011年相比,2023年扬州的GDP总量也从合肥的73%降至59%,少了14个百分点。

表 10‐1　扬州与合肥地区生产总值增长进程比较

年份	扬州(单位:亿元)	合肥(单位:亿元)	扬州/合肥
2000	472.12	324.73	1.45
2001	500.31	363.44	1.38
2002	544.28	412.81	1.32
2003	631.77	484.96	1.30
2004	767.65	589.70	1.30
2005	990.85	853.57	1.16
2006	1135.69	1073.76	1.06
2007	1370.36	1334.61	1.03
2008	1665.59	1664.84	1.00
2009	1878.97	2102.12	0.89
2010	2257.02	2701.61	0.84
2011	2664.87	3636.6	0.73
2012	2974.55	4164.34	0.71
2013	3367.25	4672.91	0.72
2014	3750.13	5180.56	0.72
2015	4099.91	5660.3	0.72
2016	4539.12	6544.26	0.69
2017	5078.58	7366.64	0.69
2018	5478.74	8605.13	0.64
2019	5799.08	9370.21	0.62
2020	6048.33	10045.72	0.60
2021	6696.43	11412.8	0.59
2022	7104.98	12013.1	0.59
2023	7423.26	12673.8	0.59

注:数据来源于两市历年国民经济和社会发展统计公报。

　　特别是从一般公共预算收入、居民收入等发展"含金量"衡量指标看,扬州的数字与其经济体量并不完全匹配。2023 年,扬州实现一般公共预算收入

347.57 亿元,仅为其 GDP 的 4.7%(全省为 7.7%),在全省 13 个设区市中排名末位。与相邻的泰州相比,十年前扬州的一般公共收入与城镇居民人均可支配收入(部分年份泰州未在统计公报中公布全体居民人均可支配收入,故用城镇居民人均可支配收入替代)均超越泰州,但是 2014 年起泰州城镇居民人均可支配收入超过扬州,此后一直保持优势,到 2023 年两市差距已拉大到 2823 元;2017 年起泰州一般公共预算收入稳定超过扬州,到 2023 年两市差距已拉大到 92.13 亿元。而 2023 年,泰州 GDP(6731.66 亿元)、人均 GDP(14.9 万元)均不及扬州(分别为 7423.26 亿元、16.2 万元),但"两个口袋"的硬实度却远超扬州。这十年,扬州居民收入的增幅不及泰州,一般公共预算收入从 2015 年开始更是长期在 320 亿—350 亿元之间徘徊,反映出实体经济增长不尽如人意,城市发展有些"只长个头不长肉"。

表 10-2 扬州与泰州居民收入与一般公共收入比较

年份		扬州	泰州	扬州/泰州
2013	一般公共预算收入(亿元)	259.26	259.26	1.00
	城镇居民人均可支配收入(元)	30690	29112	1.05
2014	一般公共预算收入(亿元)	295.19	283.00	1.04
	城镇居民人均可支配收入(元)	30322	31346	0.97
2015	一般公共预算收入(亿元)	336.75	322.22	1.05
	城镇居民人均可支配收入(元)	32946	34092	0.97
2016	一般公共预算收入(亿元)	345.30	327.60	1.05
	城镇居民人均可支配收入(元)	35659	36828	0.97
2017	一般公共预算收入(亿元)	320.18	343.97	0.93
	城镇居民人均可支配收入(元)	38828	40059	0.97
2018	一般公共预算收入(亿元)	340.03	366.64	0.93
	城镇居民人均可支配收入(元)	41999	43452	0.97

续表

年份		扬州	泰州	扬州/泰州
2019	一般公共预算收入（亿元）	328.79	374.58	0.88
	城镇居民人均可支配收入（元）	45550	47216	0.96
2020	一般公共预算收入（亿元）	337.27	375.20	0.90
	城镇居民人均可支配收入（元）	47202	49103	0.96
2021	一般公共预算收入（亿元）	344.07	420.29	0.82
	城镇居民人均可支配收入（元）	50947	53818	0.95
2022	一般公共预算收入（亿元）	325.49	416.65	0.78
	城镇居民人均可支配收入（元）	53673	56576	0.95
2023	一般公共预算收入（亿元）	347.57	439.70	0.79
	城镇居民人均可支配收入（元）	56781	59604	0.95

注：数据来源于两市历年国民经济和社会发展统计公报。

二是城市"古风"有余，但"新韵"不足。 扬州凡是一些"涉古"的指标，包括全国重点文物保护单位数量、国家级非物质文化遗产数量及国家级与省级非遗代表性传承人数量等指标，都排在全省乃至全国前列。但是，从涉及科技创新的指标来看，扬州大多低于省均水平，有些还和省均水平存在较大差距。截至 2023 年底，全市有效高新技术企业 2003 家，仅占全省（超 5.1 万家）的 3.93%；科技中小企业 2770 家，仅占全省（94277 家）的 2.94%，创新主体数量和扬州的经济总量很不匹配；2022 年扬州全社会研发投入占 GDP 比重只有 2.48%（2023 年尚无核准数据），低于全国（2.54%）和全省（3.12%）平均数；发明专利（15874 件）仅占全省（529185 件）的 3.00%，每万人发明专利拥有量（只有 34.64 件）仅达到省均（62.15 件）的 55.74%；全市工业战略性新兴产业产值占规模以上工业总产值比重只有 39.6%，低于省均 1.7 个百分点；数字经济核心产业增加值占 GDP 比重为 8.3%，比省均低 3.1 个百分点。此外，全省国家重点实验室 35 家,居全国各省区第一,但扬州还没有实现 0 的突破。

　　三是人口总量微增,但年龄老化。 根据第七次全国人口普查的数据,2020 年 11 月,扬州市拥有常住人口 455.98 万人,比 2010 年增加近 10 万人;常住人口中,65 岁以上老人占比达 19.99%,比 2010 年第六次人口普查时上升 7.54 个百分点,人口呈现重度老龄化的特征。同时,按照男性 20—59 岁、女性 20—54 岁的就业年龄计算,2020 年扬州市就业年龄段人口为 244.8 万人,2010 年第六次人口普查时,就业年龄段人口为 260.8 万人,十年间减少 16 万人。与此同时,根据《扬州统计年鉴(2021)》的数据,党的十八大以来,扬州在岗职工人数经历了上升—下降的过程,2013 年全市在岗职工 84.39 万人,到 2016 年达到最高峰的 96.89 万人,此后持续下降,到 2020 年在岗职工仅为 81.2 万人,比 2013 年减少 3.19 万人,比 2016 年高峰时减少 15.69 万人。劳动力供给数量持续下降,使得"谁来建设现代化新扬州"成为一个现实而又紧迫的问题。

表 10-3　2013 年以来扬州市各年份在岗职工人数

单位:万人

年份	2013	2014	2015	2016	2017	2018	2019	2020
在岗职工	84.39	89.42	85.18	96.89	92.98	89.99	81	81.2

注:数据来源于《扬州统计年鉴(2021)》。

三、 推动历史文化名城在全国"更有分量",扬州的策略与路径选择

　　从宏观"道"的层面看,在中国式现代化江苏新实践的扬州探索中,推动历史文化名城在全国"更有分量",既要符合中国式现代化建设一般规律,也要结合扬州特色、发挥扬州优势;既要尊重历史,一张蓝图绘到底,也要适应时代,与时俱进谱新篇;既要提升城市颜值、完善城市功能,也要坚持以人为本、提升城市品质;既要做大经济总量,提升城市"硬实力",也要注重内涵发展,提升城市"软实力"。

　　一要锚定"一个定位",就是建设古代文化和现代文明交相辉映的名城。

至 2025 年,"强富美高"新扬州建设迈上新的台阶,中国式现代化扬州新实践取得良好开局,历史文化名城建设取得新的成效;至 2035 年,谱写"强富美高"新扬州建设的现代化新篇章,中国式现代化扬州新实践成效充分展现,历史文化名城在全国乃至全世界的影响力显著提升;至 2050 年,全面建成中国特色社会主义现代化城市、具有东方魅力的国家重要历史文化名城、长三角城市群区域中心城市。

二要走好"两条道路",一方面要坚持高质量发展的"光明大道",着力在领先环节持续发力、在关键领域聚力突破、在创新方面先行先试,努力为中国式现代化江苏新实践贡献更多扬州力量、体现更大扬州作为;另一方面要坚持因地制宜的特色之路,在名城建设上努力创造更多扬州经验、扬州典型、扬州样板,在现代化新征程中更好满足世界人民对扬州的向往。

三要高水平打造"三个名城",即产业科创名城、文化旅游名城、生态宜居名城。具体而言要:

赓续城市工商基因,坚持高质量发展,深入推进产业科创名城建设。锚定产业科创名城建设"主航道",突出产业为要、创新驱动、数字赋能,坚持产业科创与科创产业同步发力,制造业与服务业双轮驱动,创新链、产业链、人才链、资金链"四链"协同,通过创新积蓄势能、增强动能,通过产业提升质态、集聚人口,着力打造江苏发展新质生产力的"重要基地"(全省有竞争力和影响力的产业科创基地)和"重要窗口"(全省有引领力和标识度的未来产业展示窗口),为江苏成为发展新质生产力的重要阵地贡献更多扬州力量。力争到 2025 年,全市工业开票超过 1 万亿元;到 2030 年,全市地区生产总值突破 1 万亿元,若干优势产业集群和重点产业链达到国家、省内先进水平,创新核心指标进入全省第一方阵,成为长三角有竞争力的产业科创高地和先进制造业基地;到 2035 年,建成具有完整性、先进性、安全性的现代化产业体系,主要科技创新指标达到创新型国家和地区前列水平,成为全省打造"一基地一中心一枢纽"工程的重要组成部分。

传承千年历史文脉,坚持因地制宜,深入推进文化旅游名城建设。围绕打造"大运河文化带建设、历史文化名城保护和精致传统生活体验的扬州样板"总体定位,全力建设大运河文化带和国家文化公园的先导段、示范区,塑造精致典雅的生活品质和悠闲自得的生活方式,探索形成新时代具有全国示范价值和意义的保护更新"扬州模式"。围绕打响两大旅游品牌["来扬州,行大运"和"Find China in Yangzhou(扬州最中国)"]、实现"三个转变"(推动城市旅游向城市度假转变、门票经济向产业经济转变、景点旅游向全域旅游转变),着力构建"一城(主城)、两轴(长江、大运河)、三极(南部度假、西部康养、北部滨湖)"全域旅游发展新格局,到2025年,全市年接待游客超1.2亿人次,旅游总收入超1300亿元,基本建成具有核心竞争力的文旅产业体系,成为国际有影响、国内一流、特色鲜明的旅游目的地城市。

坚持以人民为中心,深入推进生态宜居名城建设。坚持以人为本,一体打造美丽环境、创造美好生活,围绕城乡协调发展,持续优化城乡空间布局,进一步展现形态之美;围绕城市风貌宜人,持续厚植生态底色、彰显秀美特色、擦亮发展主色,进一步展现自然之美;围绕人民生活幸福,推动城市更加舒适、更有品质、更加安心,进一步展现生活之美;围绕处处充满活力,统筹推进保护与复兴、文化与旅游、宜居与宜创,进一步展现发展之美,推进人、城市、自然和谐统一,实现人民满意、人人向往。到2025年,全市绿色低碳发展取得明显成效,生态系统多样性、稳定性、持续性稳步提升,生态环境质量持续巩固和改善,城市基础设施提档升级,基本建成城乡协调、风景秀丽、人民幸福、充满活力的生态宜居名城。

四要坚持"四个导向"。即:

坚持走在前、做示范、勇挑大梁。真正挑起大梁是中央对江苏的要求,让历史文化名城在全国"更有分量"是扬州贯彻落实习近平总书记重要指示精神的自我加压,能不能真正挑起大梁,扬州在全国有没有分量,关键看行动,主要靠实绩。扬州全市上下要知重负重、担责尽责,不仅在规模总量、份额增量、速度质量上积极担当,更要在贯彻新发展理念、推进高质量发展上展现更大作为。要坚决摒弃"居中思维",强化一流意识,争取各项工作走在全国、全

扬州

283

省前列，打响扬州争先的品牌。

坚持稳中求进、以进促稳、先立后破。稳，就是要全力稳预期、稳增长、稳主体、稳投资、稳就业、稳金融；进，就是要在转方式、调结构、提质量、增效益上积极进取，实现进位次、上台阶。立，就是要牢牢确立产业强市、产业兴市主战略，狠抓产业科创名城建设不动摇；破，就是要有力破除旧的体制，出清落后产能，加快新旧发展动能、发展方式的衔接和转换。

坚持统筹高质量发展、高品质生活、高水平安全。始终把推进中国式现代化作为最大的政治，坚持推进高质量发展是新时代的硬道理，深入践行新发展理念，推动经济实现质的有效提升和量的合理增长；坚持创造高品质生活是建设现代化的题中之义，坚持以人民为中心的发展思想，不断实现人民对美好生活的向往；坚持以高水平安全保障高质量发展，护航高品质生活，坚决守牢安全稳定的底线。

坚持推动实质性进展、创造标志性成果、做好前瞻性准备。对于习近平总书记重要讲话重要指示精神，要细化落实为具体目标、项目和抓手，逐项推进，全面落实。要结合扬州比较优势，在各项工作特别是历史文化名城建设上，努力形成一批高质量、标志性工作成果。要聚焦外部环境变化，强化底线思维和极限思维，既要把当下的事做好，又要做好长远的应对准备，以自身工作的确定性应对形势变化的不确定性。

具体来看，就是从习近平总书记关于中国式现代化的重要论述和对江苏工作重要讲话重要指示精神出发，结合扬州实际，不折不扣抓落地，一条一条抓落实，切实把中央决策部署、省委工作要求转化为扬州生动实践。

一要围绕科技自立自强，强化支撑、重点突破，着力建设创新和人才高地。推进创新链、产业链、人才链、资金链深度融合，开辟发展新领域新赛道，不断塑造发展新动能新优势。始终坚持教育优先发展战略，加快建设高质量教育体系，支持扬州大学争创国家"双一流"高校，推动全市人力资源扩大总量提升质量，到2025年，全市教育事业主要发展指标高于全省平均水平，全面建设现代化教育名城。优化完善科技创新生态体系，主动融入长三角科技创新共同体和上海科创中心、南京科创圈建设,着力构建"一廊三核多点"的产业科创布局,深入开展创新型领军企业培育工程、高新技术企业创新能力提升行动和专精特新企业培育行动,加快推动高水平实验室、高能级研发机构和高转化率创新载体建设,推进完善全要素支撑、全链条融合、全周期服务的现代化创新生态,着力打造长三角有竞争力的产业科创高地,到2025年,全社会研发投入占GDP比重达到全省平均水平,高新技术企业超过3000家。持续放大"追梦来扬·'州'到爱才"品牌效应,完善实施更加积极的人才政策,大力实施产业科创领军人才、青年科技人才、"扬州工匠"培育引进计划,打造长三角有吸引力的人才集聚高地,"十四五"期间,累计引进科创领军人才1000名以上,新增在扬就业创业大学生10万名以上。

二要围绕强链补链延链,夯实根基、全面发力,着力建设现代化产业体系。坚定不移地实施产业强市战略,更加聚焦实体经济,以发展壮大主导产业集群和培育新兴产业链为重点,突出科技驱动、数字赋能,推动制造业高端化、智能化、绿色化发展,着力打造长三角有竞争力的先进制造业基地。大力实施主导产业强基筑峰行动,推动高端装备、汽车及零部件等主导产业做大做强,继续巩固扩大新型电力装备、高技术船舶和海工装备、高端精细化工等在全省产业链布局中的比较优势,形成以百亿企业为引领、千亿产业为支撑的发展格局。大力实施新兴产业提速扩量行动,着力推进新能源、新材料、集成电路、人工智能、智能电网、生物医药、航空航天等战略性新兴产业基地化、规模化发展。大力实施传统产业迭代升级行动,加快推动医美日化、新型食品、文化创意等特色产业品牌化发展,进一步扩大中国美业港、华东"中央厨房"、中国毛绒玩具礼品之都的影响。大力实施未来产业攀登跃升行动,抢抓能源、材料、人工智能、生命健康等前沿领域科技革命和产业变革带来的新机遇,超前布局、培育发展未来产业,构筑可持续发展新动能。到2025年,优势主导产业规模全部超千亿元,形成2—3个规模超2000亿元的地标产业,总量过百亿元的新兴产业链达到10个;战略性新兴产业、高新技术产业占规上工业产值比重分别突破42%、55%。

　　三要围绕服务新发展格局，内外联动、深度融合，着力建设双向开放节点城市。以强化重点领域改革为牵引，纵深推进对内对外开放，着力打造服务双循环的重要通道和节点。坚持以宁镇扬一体化为重要支点，深度融入长江经济带、长三角一体化、"1+3"功能区等区域发展战略，着力打造长三角中部综合交通枢纽、国际旅游航空枢纽和江河海水水中转枢纽，推动优质要素资源在扬州集聚成势。更加主动参与"一带一路"建设，更高水平"引进来"和"走出去"，持续完善和创新吸引外资、扩大开放的新方式新举措，不断探索对外贸易新业态新模式。充分发挥园区开放主阵地作用，持续推进省级以上园区围绕"千亿"抓进位、专业园区围绕"百亿"创特色，深入推动园区高质量发展，到 2025 年，开发园区 GDP、一般公共预算收入、工业开票、工业入库税收占全市比重比 2021 年提升 5 个百分点以上，省级以上园区在全省的综合排名平均进位 5 位以上。

　　四要围绕推进农业现代化，统筹发展、打造特色，着力建设新时代鱼米之乡。坚定不移推进乡村振兴，大力推动县域经济高质量发展，促进农业高质高效、乡村宜居宜业、农民富裕富足。围绕"农业强"，坚持保粮食安全和做足"土特产"文章两手齐抓，加强粮食生产功能区、重要农产品生产保护区、特色农产品基地和农田水利设施建设，着力打造优质稻麦、规模畜禽、精品虾蟹、水生蔬菜、名优茶果、特色花木等 6 条百亿特色产业链，支持扬州大学建设农业领域国家重点实验室。围绕"农村美"，统筹推进农村人居环境整治提升、公共服务功能完善，全面打造宜居宜业和美乡村，让农民既能享受田园风光，又能享有现代文明生活。围绕"农民富"，深化农村领域集成改革，巩固和完善农村基本经营制度，做强新型农村集体经济，持续拓宽农民增收渠道。到 2025 年，建成省级特色田园乡村 100 个，县级以上美丽宜居村庄建成率达 100%；农村居民人均可支配收入突破 35000 元。

　　五要围绕建设中华民族现代文明，彰显分量、争作贡献，着力建设人文经济发展的"扬州样本"。进一步彰显古代文化和现代文明交相辉映的名城特色，放大"世界运河之都""世界美食之都""东亚文化之都"品牌效应，让扬州的文明文化在全国更有分量。坚决扛起"让古运河重生"的使命担当，高标准建设长江、大运河国家文化公园,推动历史文化名城保护和有机更新走在全国前列。坚持以社会主义核心价值观为引领,深入推进文明城市、文化强市建设,全域创成全国文明城市。大力推进全域旅游示范区建设,围绕江、河、湖、湿地、古城、美食、非遗、历史文化等要素,大力实施旅游能级提升、旅游载体建设、文旅新场景建设、城市品牌推广、旅游公共服务提质等"五大工程",不断推出文旅新产品,着力构建以主城为中心、以大运河为主轴的全域旅游发展格局。到2025年,全市文化产业和旅游产业增加值占 GDP 比重分别达到 6% 和 10%。

六要围绕推进社会治理现代化,干群同心、共建共享,着力建设市域治理示范城市。始终坚持以人民为中心的发展思想,着力解决人民群众急难愁盼问题,推进共同富裕,增进民生福祉,提升治理能力,满足人民群众对美好生活的向往。要深入推进高质量充分就业城市建设,大力实施居民收入倍增计划和中等收入群体壮大行动,创造条件让人人都有通过勤奋劳动实现自身发展的机会。要加快健全覆盖全民、统筹城乡、公平统一、安全规范、可持续的多层次社会保障体系,深入推进健康扬州、美丽扬州建设,统筹推进优生优育之城和儿童友好城市、青年发展型城市、幸福颐养之城建设,不断增强公共服务的均衡性可及性。要坚持和发展新时代"枫桥经验""浦江经验",持续完善市县乡三级联动指挥体系,提升社会治理网格化、数字化、精细化水平,建立健全大安全大应急框架,强化公共安全治理能力和防范化解重大风险能力建设,着力建设人人有责、人人尽责、人人享有的社会治理共同体。到2025年,全体居民人均可支配收入突破 5 万元;群众自治满意率、网格化服务管理满意率达90% 以上,群众安全感保持在 98% 以上,平安扬州法治扬州建设迈上新台阶。

课题负责人:王浩　扬州市委副秘书长、研究室主任

承办单位:扬州市委研究室

课题组主要成员:陆健飞、马俊、杨健、张清山、杨进、陈鑫、赵桂左、高靖扬、丁一

镇 江

绿色新基建赋能『山水花园名城』

党的十八大以来，习近平总书记围绕生态文明建设作出一系列重要论断，形成了习近平生态文明思想。这是建设人与自然和谐共生的中国式现代化的科学指引和思想武器。2014年12月，习近平总书记在镇江考察时，特别强调"经济要上台阶，生态文明也要上台阶"。牢记嘱托，感恩奋进。镇江是国家低碳试点城市、生态文明建设示范区和全省唯一的生态文明建设综合改革试点市，肩负着习近平总书记关于"继续努力，为全国生态文明作出更大贡献"的重要指示任务。进入新发展阶段，镇江围绕生态文明建设主线，相继出台多项政策指导文件，以生态加力提升为抓手，持续推进人与自然和谐共生的现代化，明确提出着力建设长三角先进制造业基地和区域中心城市、国家历史文化名城以及重要的港口、旅游和宜居城市，凸显"天下第一江山"特色，打造"创新创业福地、山水花园名城"。

"中国式现代化江苏新实践市域探索·镇江篇"聚焦建设"山水花园名城"这一重任，阐释绿色新基建破解镇江生态难题的内在机理，通过多个维度分析评价镇江绿色新基建和"山水花园名城"的发展现状，深入剖析绿色新基建推进镇江"山水花园名城"建设存在的关键问题，在充分借鉴国内先进地区相关以绿色新基建推进城市建设的典型经验基础上，提出绿色新基建推进镇江"山水花园名城"建设的对策建议，旨在为推进人与自然和谐共生的中国式现代化开拓思路、提供方案、贡献经验，更好地呈现镇江甩开膀子"跑起来"，跑出自信、跑出加速度，让"很有前途"跑进现实的美好愿景。

习近平总书记指出,"中国式现代化是人与自然和谐共生的现代化","必须牢固树立和践行绿水青山就是金山银山的理念,站在人与自然和谐共生的高度谋划发展"。党的十八大以来,习近平总书记围绕生态文明建设作出一系列重要论断,形成了习近平生态文明思想,把生态文明建设规律的总结概况提升到一个新境界。近年来,镇江持续加大生态文明建设力度,坚持治标与治本相结合,综合运用经济、法律和行政等手段,探索出一条经济、社会和环境效益多赢的人与自然和谐共生的现代化建设之路。

镇江是国家低碳试点城市、生态文明建设示范区,全省唯一的生态文明建设综合改革试点市。进入新发展阶段,镇江始终牢记习近平总书记"镇江很有前途""继续努力,为全国生态文明做出更大贡献"的殷切期盼,不忘初心,全市上下感恩奋进、齐力改革,着力打造现代化的山水花园名城。近年来,相继出台《关于深入推进美丽镇江建设的实施意见》《镇江市"十四五"生态文明建设规划》《生态环境基础设施建设规划(2023—2025)》等多项政策指导文件,取得了丰硕成果。《长江经济带绿色创新发展指数报告(2022)》显示,镇江绿色经济指标在长江经济带 110 个城市中连续两年稳居前二。然而,与此同时,规模日益庞大的建筑、道路以及广场等硬质地表覆盖不断挤占城市绿色空间,对城市自然环境以及生态平衡产生严重威胁,如何实现人与自然和谐共生、走好"生态优先、绿色发展"之路成为镇江打造"山水花园名城"亟须解决的关键难题。本课题认为,在打造"山水花园名城"过程中,应充分发挥绿色新基建的引领作用,原因在于,区别于传统绿色基础设施,绿色新基建是一种更加注重数字融合、更加注重绿色低碳、更加注重以人为本的融合基础设施,因此,绿色新基建的推进必将伴随着生态技术、生态资本、生态意识、生态治理以及生态韧性等领域的升级优化与制度调整,而这无疑能够为破解镇江生态难题提供新的抓手,为"山水花园名城"的现代化建设注入新动力。

一、 绿色新基建推进镇江"山水花园名城"建设的内在机理

习近平总书记强调,要"加快新型基础设施建设"①。新型基础设施建设(以下简称"新基建")是我国经济社会转型发展实践中所产生的一个新概念,主要是与传统基础设施相对而言。2018 年 12 月在中央经济工作会议上被首次提及;2019 年被写入政府工作报告;2020 年以来国家层面多次研究部署,并作为重要内容纳入国家"十四五"规划和 2035 年远景目标纲要。"新基建"是以创新、绿色发展新理念为支撑的科技型基础设施建设,是未来经济社会现代化建设的核心基石,是国内大循环为主体、国内国际双循环相互促进的新发展格局的助推器。作为高质量发展的新动能,新基建主要集中在信息基础设施、融合基础设施以及创新基础设施三大领域。② 绿色发展是新基建的应有之义,主要体现在两个层面:一是新基建的绿色生态化。在信息基础设施领域,巨大能耗已成为新基建面临的最大难题,因此需要树立生态环境保护理念,探索节能减排、高效储能等绿色工艺在新基建中的广泛应用,加快新基建的低碳转型。二是绿色基建的数字融合。区别于传统灰色基础设施(道路、桥梁等)和环境基础设施(污水、垃圾处理厂等),绿色基础设施(绿地、绿色屋顶等)更加注重可持续生态系统服务。在融合基础设施领域,新基建包含大量"绿色"成分,例如清洁能源、低碳交通以及绿色建筑等。通过与数字技术的融合,能够对传统绿色基建进行量化监测,并进行模拟仿真,实现智能预报、诊断与决策,为区域可持续发展提供有效支撑。绿色新基建对镇江现代化"山水花园名城"建设的作用机理主要体现在生态价值、经济价值和社会价值三个层面。

(一) 作用于生态价值层面,推动绿色低碳名城建设

一方面,近年来,镇江紧扣国家"数字中国"战略方针,大力推进镇江数字

---

① 习近平:《不断做强做优做大我国数字经济》,《求是》2022 年第 2 期。
② 余泳泽、胡鹏:《新基建畅通国内大循环的理论逻辑与实践路径》,《改革》2023 年第 10 期。

转型行动,数据中心、5G以及工业互联网等新型基础设施建设走在全省前列,然而这些设施均面临高耗能问题。据 *Science* 统计,数据中心的用电量约占地方社会耗电量的 1.5%。华为发布的《数字能源目标网助力运营商加速碳中和白皮书》同样指出,5G 基站因传输距离限制,数量要求远高于 4G 基站,对耗能提出了巨大挑战。节能减排、高效储能等绿色工艺在新基建中的广泛应用,通过提升能源效率、降低碳足迹、缓解对传统高耗能资源的依赖等方式,能够有效解决镇江低碳城市建设进程中面临的高耗能瓶颈。

另一方面,快速城镇化过程中城市的硬质道路不断增加,非点源性污染上升,区域微气候的热岛问题突出,对城市绿色发展形成一定制约。通过清洁能源、低碳交通以及绿色建筑等,可以有效减少城市生态污染,助推镇江打造现代化的"山水花园名城"。

(二) 作用于经济价值层面,推进产业结构转型升级

产业结构升级由产业结构高度化和产业结构协调化构成。[①] 新基建通过正向作用于地区的产业结构高度化并推动产业结构协调化,推动地区的产业结构转型升级。新基建领域的关键行业涉及产业链较长,上下游产业和企业众多,其中在绿色领域有两大关键投资重点:一是绿色建筑;二是绿色消费。

首先,建筑是三大耗能关键行业(工业、建筑和交通运输)之一,因而绿色建筑的发展对镇江"山水花园名城"建设具有极其重要的意义,不仅体现在生态层面,更加体现在投资层面。绿色建筑建设的首要目标即实现绿色效益,这就需要智慧化运维,而这则与新基建密切相关,因为需要对建筑的能耗以及空气等各类生态环境指标进行有效的实时监控,这就需要借助大数据系统来完成。

其次,在绿色消费层面,新能源汽车及充电桩已经成为汽车产业稳定的高速增长点,这一趋势不仅代表着环保意识和理念的迭代和提升,也在一定

镇江

---

① 张佩、孙勇:《新基建与产业升级耦合协调发展的空间格局及影响因素》,《长江流域资源与环境》2023 年第 3 期。

293

程度上推动了汽车产业的升级和转型。一些领先的新能源汽车企业,例如北汽新能源等,选择在镇江设立整车装配一体化生产基地,持续推进镇江绿色汽车产业快速发展。新能源汽车相关产业链包括电池技术、电动车辆制造、充电设备等在镇江的不断完善,进一步推动了绿色出行的普及,也将成为镇江经济稳定增长点。

此外,绿色文旅对镇江"山水花园名城"的打造也具有重要意义,特别是在"文化数字化"战略的推动下,将镇江特有的山水风光、历史建筑、园林景观等天然文化资源与现代科技相结合,打造虚拟现实(VR)或增强现实(AR)的文化体验项目,重现镇江的西津渡庙会等传统文化活动,有助于传承和弘扬当地的非物质文化遗产,打破传统与现代之间的隔阂,让城市文脉得以延续。推动绿色文旅发展不仅有助于释放镇江独有的具有天然优势的文化底蕴,也能够为城市经济注入新的动力。

(三) 作用于社会价值层面,不断提升居民健康福祉

绿色新基建一方面能够通过改善生态环境提升居民健康水平,例如伴随着公园、绿地、城市森林等传统绿色基建的数字化,居民更易受到激发参与到健身等活动中,通过与自然的接触,有助于疏解居民心理压力,因而能够有效提升其心理健康水平;另一方面也能通过智慧生活提升居民幸福感,例如绿色建筑、绿色出行以及智慧购物等。因此,绿色新基建是维系城市绿色低碳发展以及居民健康福祉齐头并进的重要保障。至于如何有效实现绿色新基建对镇江"山水花园名城"建设的社会价值,则不仅需要强化生态基础设施建设,例如绿色屋顶、生物滞留池、清洁能源、可渗透道路以及低碳交通等,还需要通过优化空间布局、提高公众认知以及平衡供需等公共服务提供支撑。

综上,绿色新基建能够从生态、经济以及社会三个维度作用于镇江"山水花园名城"建设,而其路径则主要通过"绿色更新、生态修复、数字治理"实现。在"新基建"、"城市更新"行动以及镇江"山水花园名城"建设背景下,老旧社区、工厂、城中村以及市政等的更新与改造首要考虑的应是绿色生态理念,需

要进行绿色统筹规划,将城市更新与生态修复相结合。同时,采用绿色科技作为新基建背景下"山水花园名城"建设的主要驱动力,诸如绿色水泥、墙体、节能玻璃等绿色建材,因地制宜地进行生态改造,建成消磁、消声、调光、调温、隔热、防火等健康安全的绿色建筑,提高城市生活的便捷性、保障性与适配性,通过以大数据、区块链、人工智能等技术为支撑,融入现代化、智能化的公共服务以及公共设施管理方式。在供热、供电、供水、环境保护监测与管理等城市治理的各主要领域,加速新型基础设施建设和公共基础设施的绿色改造,提高城市系统的高效智能互联,创造更加以人为本的绿色宜居环境。

二、 镇江绿色新基建与"山水花园名城"建设现状

(一) 镇江绿色新基建发展现状

1. 绿色建筑发展向好。 大力推广先进绿色建筑技术,鼓励采用合同能源管理模式,严格遵循绿色建筑设计和施工标准,实施绿色建筑全过程闭合管理。老工业厂房、办公楼绿色转型卓有成效,入选"2021 年推进老工业基地调整改造和产业转型升级工作成效明显城市",相关成果受到国家发展改革委通报表扬;扬中菲尔斯金陵大酒店获住建部绿色建筑创新奖二等奖;成功举办绿色低碳建筑论坛,在行业内产生巨大反响;作为全国低碳试点城市,已经实现建筑节能从 50％到 50％—60％、再到 65％的三步走战略目标,并继续冲击 75％的更高目标;"智慧工地"卓有成效,建成内含 21 个项目的"镇江市绿色智慧示范片区",成果获省住建部门肯定,相关"云看工地"案例被"江苏省建筑施工安全管理系统"收录;新区检测基地采用智能监测、超低能耗等 20 余项绿色、数字化节能技术,获得住建部绿色建筑三星级运行标识、江苏省绿色建筑创新项目等一系列认证,处于全省领先水平;在全国地级市中率先启动市级绿色工厂认定工作,累计培育国家级绿色工厂 17 家、省级工厂 24 家、市级工厂 115 家;自创建绿色建筑市场城市以来,新建建筑 100％绿色化,高星级绿色建筑标识面积占比达 60％;以港南路公租房、新区文化服务中心为

典型的一大批高星级绿色建筑项目,引领镇江绿色建筑达成75%节能率。

2. 能源基建加速绿化。 扬中成功入选全国高比例可再生能源示范城市名单,成为国内第二批、省内首批示范市;建成国内首个城市碳排放核算与管理平台,精准把控重点企业实施碳排放;在热电领域,国内率先试点项目碳评估,严格控制高污染、高排放项目;着力改变"火电大市"形象,积极利用丘陵区位优势,大力发展丘陵水电,省内率先开展全市域屋顶分布式光伏开发行动,力图在全国范围内形成具有示范效应的可推广可复制经验;大力推进煤改气工程,2020年建成的燃气热电联产项目联合循环热效率高达73.2%;加速新能源汽车充电基础设施建设,2023年新建居民充电桩17778个,同比增长153.8%,为新能源汽车产业的发展提供有力保障。

3. 低碳交通提质增效。 建成2条国家级低碳高速公路,五峰山智慧高速公路建成为国内首条支持自动驾驶的未来智慧高速公路;312城区改线段建成国内首批绿色循环低碳示范路;"镇丹高速"拥有47项绿色低碳技术,覆盖路基、路面、桥梁、房建、机电、绿化、交安等各个领域,成为省内首条"绿色"高速公路;大力推广厂拌热再生技术,极大激发节能减排效果;扬中绿色交通区域性项目(全省仅3个)成功通过验收,打造出具有示范效应的"基础设施+运输服务+绿色生态"的发展模式;大数据、人工智能以及超级计算等新兴技术与传统交通基建有效融合,全面实现网络化运营管理;智慧交通以及低碳交通等一系列镇江标准走在全省前列;京杭运河水上服务区成功入选全国首批"绿色交通"实践创新基地(全国仅4家),实现运河航运的绿色、智慧与可持续发展;全市新购公交车中新能源车型占比100%,清洁能源、新能源巡游出租车占比达到100%,基本实现公交领域100%清洁化;截至2023年底,镇江机动车保有量86.09万辆,其中电动汽车保有量4.85万辆,较2022年底大幅增长68%。

4. 生态景观不断完善。 成功入选全国首批城市公园绿地开放共享试点城市;省内首个由"光伏+储能"打造而成的"零碳公园"落户镇江扬中,以湿地生态和新能源技术的跨界融合,成为国内生态文旅打卡胜地;着力打造高新区城市绿肺绿地系统,辐射住户超过 1.1 万户,新增绿地面积约 18 万平方米,建设成效走在全省前列;将长江生态保护修复置于压倒性地位,精准实施沿江绿化村庄建设,积极推进水系林网、沿江道路林网的改造优化,打造"一带多点、绿美长廊"的鲜明生态特色;积极推进长江国家文化公园镇江段建设,不断挖掘文化遗产与旅游资源的协同发展潜力,雷公岛等 13 处景观入选省"水韵江苏·长江百景";积极推进小型绿地建设,6 个项目入围江苏 2022 年"乐享园林"建设名单;在数字化应用理念背景下,河湖治理不断加强,建成"幸福河湖"32 条,河长制主题公园 30 个;世业洲围绕"长江流域第一个碳中和岛"的建设目标,积极打造"1+2+3"(1 个低碳旅游景区、2 条低碳旅游路线、3 个低碳试点项目)的近零碳发展路径,力求建设成具有全国示范意义的"近零碳岛";西津渡成功入选国家级城市中央休闲区(全国共 12 家,省内共 4 家),金山湖景区打造成为长江流域规模最大的城市生态湿地公园。

5. **数字融合日益加强。** 国内首创生态文明建设管理与服务云平台,以可观、可感、可查以及可考的数字化方式将低碳城市与生态文明建设相结合,打造成城市建设的"生态云"工程,并在第 21、23 届联合国气候大会上向全世界展示;积极研发、推广与应用"公路智慧巡查系统",将传统道路基建与数字技术相融合,创建数字驱动下的新兴公路养护管理新模式;自主研发"绿色施工在线监管平台",通过大数据以及人工智能等技术,24 小时监测绿色建筑项目扬尘、裸土等问题,确保点源污染治理的智能化和快捷化;地理信息系统(GIS)技术与供水系统相结合,构建成全市地下供水管网的"一张图",加速推进镇江进入"智慧供水"时代;积极打造低碳展示馆以及智慧低碳工地平台,以数字可视化方式普及全市低碳发展理念;一大批 5G 场景应用在镇江港务集团落地生根,深刻改变港口各种生产要素的组合,实现调度、理货、监管以及运营的智能化。

(二)镇江"山水花园名城"建设现状

1. **资源利用效率稳步提升。** 依托全市优质生态资源,致力于"有风景的地方就有新经济"，成功打造西津渡国家级城市中央休闲区等一批具有品牌特色与知名度的生态经济精品，创建成2座国家级森林公园、3座省级森林公园；积极创新绿色金融政策，与各类金融机构联合构建"金山绿水"计划，成功打造一系列服务低碳发展的金融产品与服务；成立国内首个地方性长江江豚保护联盟，为该长江特有物种提供地方性监测、研究与保护；入选生态环境部"十四五"时期"无废城市"建设名单，开展无废机关、无废乡村、无废社区等9类无废细胞建设，打造"无废园区"等创新案例；镇江新区新材料产业园以"节水即治污"的生态理念，打造污水明管排放以及"一企一管"的管理模式，入选省级节水型工业园区（全省共12家）；利用镇江独特港口岸线资源，打造港口经济绿色样板，以码头利用率、开发强度、生态环保、亩均税收等为重点，逐步完善岸线利用评价指标体系，2022年吞吐量超2.25亿吨，位列全国第21位，真正让"黄金岸线"发挥出"黄金效应"，全面提升了港口辐射带动能力和城市贡献度。

2. 环境保护力度不断加强。 发布全国首个长江岸线资源地方保护法规《镇江市长江岸线资源保护条例》，积极实践习近平总书记"共抓大保护、不搞大开发"发展理念；成立全国首个地方性江豚保护联盟，相关成果获全国生态文明领域权威奖项——第十一届"母亲河奖"；创新责任落实机制，省内首创环境问题整改"绿书包"、整改"日记"、公众参与"寻味治污"等工作机制；高新区"'城市绿肺'绿地系统 & 高质量建设污水处理"入选全国"2022民生示范工程"案例（全省仅3家）；大力推进生活垃圾治理，成为苏南五市首个实现全量焚烧的城市；省内率先制定环保示范性企业建设地方标准，为企业环保行动的标准化提供依据；城市有机质协同处理中心成功入选国家水专项示范工程，相关经验在九江、荆门等城市得到推广应用；空气、水源质量不断提升，2023年地表水国考、省考断面优Ⅲ比例均为100%，位列全省第一；"便民疏导点绿色化改造项目"作为具有示范效应的优秀省级美丽宜居城市建设试点项目，得到省住建厅肯定并加以推广，成为镇江城市绿色更新的一张新名片。

3. 生态建设成效日益显现。 坚持绿色发展为主线，两度入围国家发展改委新型城镇化试点经验,打造出生态城镇化的"镇江模式";加强交通干道、河流水系等重要生态廊道绿化建设,推进城、镇、村绿化和农田林网建设;"海绵城市"建设成效显著,被住建部、财政部以及水利部联合评定为全国海绵城市建设试点优秀城市;首创海绵城市建设PPP模式,被财政部与国家发展改革委分别评定为示范项目和典型案例;积极建设生态景观防护林,初步打造成"一带多点绿美长廊";大力推进长江沿线废弃露天矿山生态修复,修复数量以及面积均位居全省首位;编制国内首个市级"绿色工厂评价体系",为企业绿色工厂打造提供标准化路径;出台全省首部市级山体保护条例《镇江市山体保护条例》,圌山以及北山水库水源地保护区矿山生态修复两个案例入选江苏省首届"最美生态修复案例"名单,为兄弟城市提供经验借鉴;京口路社区以及恒泰新村"低碳社区"成功入选生态环境部2022年绿色低碳典型案例(全国共46项),是社区类和个人类案例中江苏唯一入选城市;连续五年举办国际低碳(镇江)大会,在政界、学界以及社会上引起强烈反响;"十四五"前两年,全市单位GDP能耗累计下降4.17%,累计下降率和序时进度均列全省第4,2022年全市GDP能耗指标在全省高质量考核中位于Ⅱ类地区第1,成为唯一保持下降的地区。

三、 绿色新基建推进镇江"山水花园名城"建设存在的关键问题

放眼国内,对标先进地区,镇江在绿色新基建以及"山水花园名城"建设方面还存在如下几个值得高度重视的问题:

(一)煤电占比仍旧高企,绿色能源有待补充

尽管全市在加速能源结构转型,"十三五"末实现了清洁能源装机超过1300兆瓦,5年间增长1786.6%的良好成绩,但当前全市能源消费仍旧以煤炭为主,煤电装机占比超过75%,可再生能源装机占比低于全省平均水平。究其原因:一是全市可开发绿色能源资源有限,导致可再生能源装机占比不高;二是电网建设缓慢,不足以满足大规模可再生能源发展要求,导致可再生

能源消纳存在一定压力。

（二）配套设施数量不足，投资力度有待加强

作为新基建中与绿色元素紧密相关的新能源汽车及其配套设施充电桩，不仅涉及城市生态建设，也对镇江产业结构优化与绿色转型存在重要影响。然而，当前镇江公共充电基础设施远不能满足新能源汽车数量快速上升的迫切需求，截至2023年8月，中心城区公共充电桩仅836个，离2025年新增2423个的目标还有较大差距。总体而言，当前镇江充电配套设施存在的主要问题表现在：找桩难、充电桩利用率低、支付方式不统一、充电桩进小区难、"僵尸桩"监管难。究其原因：一是数字技术应用不够，整合效率不高，目前全市尚未形成充电基础设施"一张网"，市民无法有效动态获取就近充电设施分布、充电价格、充电桩运行等情况；二是前期布局不合理，部分桩位位置偏僻，难以满足电车用户就近需要；三是运营管理不规范，公共区域充电桩被油车占位现象严重，导致电桩无法得到有效利用；四是品牌兼容度不够，因各类新能源汽车电池类型的差异较大，导致利用效率以及安全性受到制约；五是因为物业限制、停车位不足以及电网制约，导致私人电桩供需错位。

（三）污染动态监控不够，数字应用有待完善

镇江拥有近300公里长江岸线，涉及多种生态资源，在习近平总书记"共抓大保护、不搞大开发"重要讲话精神的实践中扮演重要角色。但2022年中央第二轮生态环境保护督察结果指出，镇江长江干流岸线仍存在大量生态破坏和污染问题，究其原因：一是相关排污企业认知不足，抱有侥幸心理；二是监管力度不够，缺乏有效动态监管措施。尽管该问题受限于客观条件，但也可以通过技术手段进行解决。客观情况体现在300公里长江岸线跨度较长，通过人力实现有效动态现场监控成本过高，但可以通过大数据的实时监控来实现，例如对"散乱污"硬骨头、老大难企业排污行为进行数字可视化监控等，对附近水体、空气等进行实时监测，并进行及时预警和精准溯源，通过数字技术下的常态化监控保证生态资源的可持续发展。

（四）建筑数字融合不够，智慧转型有待加速

住建部以及国家发展改革委等 7 部门在 2020 年 7 月联合印发《绿色建筑创建行动方案》，明确指出要"积极探索 5G、物联网、人工智能、建筑机器人等新技术在工程建设领域的应用，推动绿色建造与新技术融合发展"。镇江在绿色建筑的建设过程中注重节能环保等传统绿色基建技术，取得了大量成果，但与新基建的数字化应用融合不够。2023 年市区建筑第一次综合大检查发现存在扬尘管控不足，部分施工现场裸露土方未完全覆盖，喷淋、雾炮等降尘设施普及不足、使用不到位。建筑智能监管不足，对于建设更加宜居的"山水花园城市"以及镇江全面数字转型支撑力度不够。

四、 先进地区依托绿色新基建推进城市建设的典型经验

（一）大力推进低碳交通价值化

北京出台"碳普惠"政策，将绿色出行、低碳交通等低碳行为价值化，从而建立起有内生动力的激励机制，通过将价值化的低碳行为折算成公交卡、购物券，或者参与植树、水系生态保护等公益活动，极大提升了公众自发参与城市低碳生态建设的积极性和参与度；开展"双碳＋科技创新"专项行动，围绕智慧能源互联网、新能源汽车、CCUS(碳捕集利用与封存)等重点领域开展技术研发攻关，提升在低碳交通、智慧低碳能源供应等方面的支撑能力。

上海推出上海版"碳普惠"行动，以大数据和人工智能作为支撑，将充电桩、新能源、公共交通等统计基础好和数据可获得感强的项目、场景作为试点探索，建立区域性个人碳账户，使其成为政府政策性支持的重要参考依据。

深圳于 2022 年 6 月发布全国首个居民低碳用电"碳普惠"应用，推动居民通过腾讯乘车码搭乘公交、地铁等绿色交通工具出行，因此获取的碳排放减排量可作为可交易商品，与企业进行交换进而抵消企业年度碳排放量，形成碳交易闭环。

经验启示：锚定低碳，以"碳普惠"为落脚点，依托大数据以及人工智能等

先进数字技术,探索多种将低碳交通价值化的方式与手段,通过提升社会各类群体的主动参与度,助力碳排放达峰。

（二）加速传统基建绿色数字化

北京出台绿色建筑创建行动实施方案,引导行业将 5G、大数据、物联网、移动互联网、云计算、人工智能、建筑机器人等信息技术和智能化设备与绿色建造融合发展。

上海一方面大力建造各类新能源充电桩,全市车桩比高达 1.36∶1;另一方面,推出"上海停车"App,并在其中纳入相关机关事业单位和医院的错峰共享泊位,通过大数据实时动态监控停车资源,开启停车预约服务,推进停车供需精准匹配。

深圳着力打造零碳公园、近零能耗建筑以及近零碳与可持续发展示范社区等,开发国内首个社区近零碳智慧管理平台,将传统绿色基建与数字技术紧密结合,依托物联网、5G 以及大数据等技术,实时动态在线管控能源、设备、碳排放以及碳足迹等数据,改善社区微型生态环境。

经验启示:因地制宜,以传统基建为基础,不断探索数字技术的深入融合,充分释放数字技术在改造传统基建中的巨大潜力,实现传统基建的绿色化、数字化、智能化。

（三）持续加强金融支持创新化

北京一方面成立国内首只绿色 Pre-REITs 股权投资基金——北京绿色基础设施投资基金,重点围绕垃圾处理以及污水处理等传统绿色基建进行投资,着力打造一条涵盖"学、产、投"闭环发展的绿色金融、ESG 产业链;另一方面借助亚洲开发银行绿色贷款以及"京绿融"绿色融资服务专区,重点投资节能减排、清洁能源、绿色交通、废弃物能源化利用等绿色新基建项目,并通过大数据以及人工智能等科技手段对各项绿色金融业务进行识别、跟踪、贴标,监测评估绿色信贷效果。

上海出台产业绿贷支持绿色新基建文件,推出"上海产业绿贷",依托经济杠杆,推进新建项目加大应用节能技术力度,针对采用不同节能技术项目,探索差异化利率服务体系,制定分档型菜单化金融产品,给予绿色新基建项目贷款利率下浮;上海银行协同市经济信息化委、国开行上海分行发布"产业绿贷金融创新试点平台2.0"和首单绿色供应链金融方案,进一步优化贷款项目的全线便捷服务。

深圳国内率先推出气候投融资机制实施方案,明确"可持续发展先锋"战略定位,将重点放在低碳能源、低碳工业、低碳交通、低碳建筑、废弃物和废水、生态系统增汇、低碳技术和服务七大领域,依托大数据优势,打造气候变化投融资平台,引导境内外资金予以信贷支持;持续创新金融产品及服务,在外部转型的同时建立机构内部的绿色机制、业务流程、专门机构等。

经验启示:借力金融,绿色新基建离不开资金保障,镇江在省内相对而言经济体量不大、财政压力较重,因此,应探索绿色新基建定向投融资方案,一方面促进生态发展,另一方面也可利用基建建设赋能经济发展。

(四) 重点推进生态监测智能化

北京在全国率先构建覆盖街道(乡镇)的高密度大气监测体系,将认知计算和物联网引入其中,利用小型、智能且成本低廉的传感器作为监测终端,结合卫星遥感以及视频监控等方式,精准动态快速识别空气质量信息,并借助人工智能判定影响因素,提升检测效率;通过利用先进的光谱检测技术,可组合产品覆盖区域环境背景值进行高精度监测、生态系统监测、城市/区域大气环境监测、固定污染源排放监测等;配合基于不同载体的走航和无人机遥感监测,建立"天—地—空"高密度、立体化的温室气体监测技术,使区域的温室气体特征数据形成联动并集成共享,助力实现碳管理的精细化、数字化和标准化;探索大数据分析技术在整个生态污染中的监测应用,提升自动化、智能化以及精准化水平,实现不用实地监测也能清楚了解工厂企业生产过程中的减排成效。

上海充分利用市生态环境局与中国铁塔上海分公司的信息、资源以及技术等优势,促进物联网技术在生态、环境以及污染监测等方面的应用,积极推进智慧监测体系和碳监测网络建设,通过高度融合展示各类环境质量和污染源数据,实现数据的分层次、分类别实时展示,已经实现在水生植物生态领域的实时监测与预警,确保水生态环境安全。

深圳大鹏新区建成国内首个区县级生态环境动态监测平台,通过生态物联监测,结合卫星遥感影像以及地面观测,将区域内重点污染源企业、工地全部接入联网监测平台,实现异常数据的实时推送并预警。

经验启示:合纵连横,通过多部门联动,建设生态数据一张网,实现生态信息的互通共享,并通过大数据等数字技术的广泛应用,实现生态监测与预警的实时性和准确性。

五、 绿色新基建推进镇江"山水花园名城"建设的对策建议

(一) 聚焦绿色低碳出行,着力打造交通绿色新基建

一是系统推进交通绿色智能转型。 强化市大数据中心以及交通部门的相关合作,一方面通过充分运用大数据算法,利用图像识别和处理、车辆轨迹分析、传感器数据融合、实时数据更新、机器学习预测、智能交通信号控制等方式,基于高峰时段、节假日以及平峰期等不同时间路面交通流情况,实时动态检测交通流量,在不同时段配套相应方案,确保全市道路交通流量总体可控,均衡路网流量,减少因拥堵等问题造成的大气污染和碳排放;另一方面,构建科学的交通拥堵指数以及延误指数评测体系,以可视化以及可评化的方式实时统计、分析和预警,确保交通绿色低碳的提质增效,减少移动污染源。

二是积极倡导绿色交通消费理念。 一方面,以城市交通"一张网"的理念,建立官方专业交通信息共享平台,促进常规公交、慢行交通的衔接融合,鼓励使用公共交通工具,加大网约车、共享单车、汽车租赁等共享交通模式的推广力度,依靠大数据技术完善区域公交网,强化公交线路和慢行交通(共享单车、共享电瓶车)的接驳,加强出行信息、首末班时间和发车频次等相关信

息的协同配合,以"点对点"直达构建满意的乘车路线和便捷的支付体验,从源头上降低无效高耗能需求;另一方面,加大充电桩等新型基础设施建设力度,按照"有人建、有人管、可持续"的运营要求,以市、区为基本单元,衔接国土空间规划,充分利用存量空间,打造科学布局、智能开放、快慢互补、经济便捷的充电基础设施网络体系,为新能源汽车的广泛普及构造良好支撑,从源头降低汽车碳排放以及其他大气污染源。

三是加速推广绿色低碳养护技术。 一方面,深入开发应用地热再生、排水路面等绿色低碳养护技术,积极进行养护新模式探究,着力引入基于再生材料的冷再生技术、基于植被的生态养护技术、基于优化环保材料配比的绿色材料技术等,减少能源消耗和污染物排放,在降低道路养护成本的同时,延长道路使用寿命;另一方面,探索数据驱动下的新型道路检测与评价技术,建立智能养护管理模式,利用布控球和云平台视频监控系统,联合百度、高德等导航运营商数据信息,实时掌握道路养护状况,对道路实况进行全方位、多维度的智能监测、定量分析以及科学评估,提升养护对策的准确度与预测的精确度,降低全生命周期养护的资源耗费和监管成本。

四是探索打造镇江版"碳普惠"平台。 以"碳普惠"平台为依托,利用"互联网＋大数据＋碳金融"的方式,通过构建一套碳减排"可记录、可衡量、有收益、被认同"的机制,对节能减排、践行绿色低碳行为的小微企业、社区、家庭和个人等不同普惠对象在出行领域(步行、骑行、公交、地铁和网约车等)、生活领域(节约水电气和垃圾分类回收等)、消费领域(购买采用节能低碳工艺技术制造的产品等)、旅游领域[购买电子门票、乘坐低碳环保车(船)、低碳住宿等]、公益领域(参与具有明显减碳效果或能够产生碳汇的公益活动)进行具体量化,并赋予一定价值,从而建立起以商业激励、政策鼓励和核证减排量交易相结合的正向引导机制,积极调动社会各方力量加入全民减排行动。

(二) 聚焦绿色清洁能源,加快能源新基建绿色转型

一是构建绿色能源产业园。 镇江拥有长三角地区第一座氢能产业园,但当前南通如皋正着力打造"氢能小镇",已经形成了相对完整的氢能产业体系,对镇江氢能发展提出了挑战。因此,镇江需要加快氢能源全产业链建设,实现氢能产业的再突破。此外,在能源结构上以及园区打造上,还可重点聚焦氢能、高效储能、智能电网、分布式能源四大方向,有序打造氢能、储能设施、智能电网、分布式能源设施一体化产业园区。积极推动氢能研究院建设,布局建设集新能源技术研发、人才集聚、成果转化、创业孵化为一体的行业性、公共性研发平台,主攻技术前沿和产业链关键、薄弱环节。鼓励中小企业联合建立产学研共享平台,搭建"技术导入—技术研发—中试孵化—技术产业化"的成果转化服务链。

二是打造园区能源共享系统。 进行园区范围内的能源系统规划,确定能源共享的具体目标和计划。考虑包括电力、热能和冷能在内的多种能源形式。引入智能化技术,建立能源监测与管理系统,包括实时监测能源使用情况、能源流动路径,通过数据分析提高能源利用效率。考虑园区内适宜的可再生能源资源,集成可再生能源设施,如太阳能光伏、风能等,以提供清洁、可持续的能源。此外,根据耗能大户工业园区的产业特点、资源特点,整体规划、分步实施,构建因地制宜、节能高效、可再生能源优先、多能互补、用供能一体的能源系统,统筹兼顾好短期用能成本与长期目标达成的关系。通过能源共享系统以及产业的一体化发展,内生推动能源结构绿色转型。

三是构建开放式能源共享平台。 构建开放式能源共享平台,将政府、企业、能源供应商以及社会等不同群体纳入其中,通过大数据以及人工智能等数字技术,进行精准能效分析,实现多方数据的整合和共享,为能源管理提供了更全面、实时的信息支持。通过构建该平台,一方面可以构建能源数字网络,方便政府实时精准把控接入群体的多种能源运行数据,为新能源发展以及节能环保等能源相关政策制定与落地提供有效支撑;另一方面也能为企业、能源供应商以及其他群体提供能耗数据支撑,能源供应商可以根据实时数据优化能源供应,实现供需的精准匹配,其他社会群体可以通过平台获取能耗数据信息实况,加入能源共享系统,从而为能源结构调整以及供需精准匹配等需求提供依据以及信息来源。

（三）聚焦生态数字监测,大力推进生态新基建建设

一是推进绿色建筑数字化。 构建绿色建筑云管理系统,一方面,在建设过程中,利用 5G 移动互联网、大数据等信息化技术,整合绿色建筑在建筑设计、施工、运营、管理等环节的数据,构建大数据库,引入建筑信息模型(BIM)等技术,实现建筑全生命周期的数字化管理。在 AI 智能算法的协助下,在项目运行的不同阶段,向每个相关方推送有需求的数据,提高项目的管理效率,利用物联网技术,将各个建筑要素连接起来,实现实时监测和控制,如智能传感器可以用于监测能耗、空气质量、温湿度等,提供数据支持决策;另一方面,在运行过程中,利用计算机、网络等先进的技术设备对建筑中的变配电、照明、冷热源、空调、给排水、交通等各个系统的运行进行全面监测与控制,使设施处于最佳运行状态,实现对建筑能源的精细化监测和管理。通过数据分析,识别节能潜力,提高能源利用效率。

二是构建立体化监察模式。 一方面,利用远程监测技术,如卫星遥感、无人机巡检等,对重点污染企业、河道排污口、饮用水源保护区等进行不定期、突击航拍,核心关注企业生产排放、河道水质、饮用水源周边环境等关键区域,对污染源、污染口位置快速定位和紧急处理,并在第一时间将发现的问题以可视化的图片方式向相关主管部门反映,提高监测的时效性和精准性;另一方面,在主要河流、水库等地布放无人船,每隔 3—4 小时主动对水体进行采样监测,为精准把控水质污染以及污染时间段提供保障。此外,还可大力搭建"高空瞭望"平台,布放高空瞭望系统,通过监控视频等识别水体、扬尘污染等,节省现场监测导致的人力、物力和财力耗费。利用数字孪生技术,建立监察区域的数字模型,实时反映监察点的运行状态,建立统一的数据整合和分析平台,集成各类监测数据,实现数据的实时处理、分析和可视化展示,有助于形成全局视图,识别潜在问题和优化方案。

（四）聚焦创新绿色金融，释放绿色新基建投资机遇

一是提高绿色项目可见度。 缺乏统一的绿色定义且基建项目投资周期较长,对绿色新基建融资是一个巨大挑战。一方面,应尽快健全绿色建筑、交通等行业标准体系和评级体系,统一绿色定义,出台系统的支持绿色新基建项目的专项指引政策文件,尝试将建筑碳资产引入碳交易市场,通过有效的政策体制和市场机制保障,降低项目投资风险;另一方面,开发镇江地区绿色新基建项目的在线数据库,将各项目按所属行业列出,并标明项目状态,包括计划中、准备中或开放投资等,提高绿色项目可见度,吸引各类社会资本积极创新绿色金融产品和服务,支持绿色新基建的建设与发展。

二是促进绿色资产证券化。 优化 ABS 结构可以推动更广泛的发行人和项目参与绿色债券市场,有利于提高市场的多样性和流动性,吸引更多的投资者,降低投资风险和波动性。广泛的融资工具种类将带来更多的包括不同定价、风险和期限的投资选项,如市政债券、公司债券、项目债券、ABS 和担保债券,为机构投资者创造更多选择,满足不同投资者在资产配置、风险容忍度和多样化方面不同的标准。积极主动提供信贷质量、违约率、恢复率、恢复时间和违约损失等数据,为提供绿色信贷、绿色债券、绿色保险、绿色基金等的主体予以相应补贴,为绿色新基建发展领域的利益相关方提供多样化的投资选择和投资激励。改善投资环境,推动绿色金融的创新发展,将有助于为绿色新基建提供有力的资金保障。

课题负责人:谈镇　江苏科技大学原副校长、教授;于伟　镇江市政协机关党组成员、研究室主任,镇江市社科联原党组书记、主席

承办单位:江苏科技大学、镇江市社科联

课题组主要成员:张一飞、薛玉刚、孟庆良

泰 州

打造跨江融合现代产业高地

习近平总书记视察江苏时明确提出,"做好区域互补、跨江融合、南北联动大文章。"近年来,江苏深入贯彻习近平总书记重要讲话精神,持续推进区域协调发展,积极构建优势互补、协调联动、融合融通的城乡发展新格局,已成为国内区域发展最为协调的省份之一,但南北差距问题仍然存在,加强发展融合协调性、区域合作开放性十分迫切。

泰州位于长三角南北中轴和东西方向中点,在区域协调、发展联动上具有重要地位。近年来,泰州立足省委赋予的"彰显江海文化的底蕴与自信,积极主动融入长三角,坚持走跨江融合、打造崛起中部的产业增长极"新定位,深入参与"1+3"功能区建设,积极融入"一带一路"交汇点建设,形成全方位立体化开放局面。跨江融合,既要做好交通的融合,更要做好产业的融合、发展的融合。随着过江通道的陆续开通和以基础设施、制度等为主的行政推动型举措的落实,跨江融合进入以市场为主导的产业融合深水区。

"中国式现代化江苏新实践探索研究·泰州篇"聚焦产业产能的跨江交流融合,以区域的协调发展为前提,在总结归纳"拥江发展型、区划调整型、都市抱团型、共建园区型"等四种主流的跨江融合模式,以及系统分析产业融合现状的基础上,确定了以市场为纽带的产业合作这一适合泰州的跨江融合模式,提出"在区域上以苏锡常为重点,兼顾沪宁镇,在产业上以临港产业和医药、新能源为重点合作产业"的产业融合路径,并建议以打造一流营商环境、资源要素开放整合、推进跨区园区合作为突破口,协同打造长三角先进制造业中轴,为推进区域协调发展的中国式现代化江苏新实践贡献泰州方案。

在中国式现代化江苏新实践探索中,泰州面临的问题既有内部发展不平衡的问题,更有与苏南比发展不充分的问题。江苏省第十四次党代会作出更高水平推进"1+3"重点功能区建设、支持苏中跨江融合等部署。2023年省政府工作报告提出"促进江苏中轴崛起"。泰州位于长三角南北中轴和东西方向中点,在区域协调、发展联动上具有重要地位。随着以基础设施、制度等为主的行政推动型举措的落实,跨江融合进入到以市场为主导的产业融合深水区。产业能否深度融合决定着南北区域能否协调发展,决定着长三角中轴与扬子江城市群"腰部"能否"挺起"。中国式现代化泰州探索总体部署中,打造崛起中部的产业增长极被放在首位,同时也是"城乡区域协调、人与自然和谐共生、全体人民共同富裕、物质文明和精神文明相协调、秩序优良、活力彰显"六个方面现代化的经济基础。泰州市委六届二次全会提出,"对泰州而言,跨江融合,既要做好交通的融合,更要做好产业的融合、发展的融合"。产业融合决定着跨江融合的成败,已进入由以产业跨江转移为主转向以产能跨江合作为主的新阶段。

一、 跨江融合是中国式现代化江苏新实践的必答题

区域协调发展是高质量发展的重要内容,事关全体人民共同富裕的中国式现代化实现,是学术界的研究热点,在实践层面也有诸多探索。江苏省关于区域协调发展问题研究的也比较多,在实践层面做得也比较好。从学界研究层面看,主要包括都市圈、扬子江城市群、主体功能区等为主要对象的研究,研究的角度包括产业分工、城市竞合、空间布局等方面。[1][2][3] 从总体上看关于江苏区域协调发展已形成一些基本共识,如东西强、南北差距大、产业同

---

① 刘西忠:《省域主体功能区格局塑造与空间治理——以江苏"1+3"重点功能区战略为例》,《南京社会科学》2018年第5期。
② 李程骅:《中国特色城市群现代化道路的价值引领与实践进路——以扬子江城市群为样本》,《江海学刊》2022年第3期。
③ 李程骅:《中国式现代化视阈下区域协调发展的新方略新路径》,《天津社会科学》2023年第5期。

构等。^① 在政策层面对于这些问题已经采取了一些措施,如过江通道、跨江高速铁路等重大基础设施实施、南北合作园区共建等,区域协调取得了明显成效。针对如何在产业层面进一步深度融合、协同,缩小南北区域经济差距,需要在学术层面与实践层面进一步研究。

从区域协调发展现实看,江苏区域发展差距不断缩小,但仍存在突出问题,亟须深入推进。江苏历届政府都非常重视区域发展差距问题,先后出台沿江大开发、南北合作共建等战略举措,苏南、苏中、苏北发展差距不断缩小,人均GDP 差距由 2000 年的 3.55∶1.47∶1 缩减到 2022 年的 1.93∶1.55∶1,尤其是扬子江两岸的苏南、苏中差距大幅缩小,由 2000 年的 2.42∶1 缩小到 2022 年的 1.24∶1。从沿江东西方向看,南京、无锡、苏州、南通四个万亿级 GDP 城市都在扬子江城市两头,中间的镇江、常州、泰州、扬州整体实力偏弱,处于中轴的泰州人均 GDP 最低,扬子江城市群存在横向"两头肥胖,中间瘦弱"问题,^②即中部塌陷及苏南辐射过江问题。形成这样的区域经济发展格局既有地理因素,如长江黄金水道是东西走向;也有基础设施布局的问题,如江苏省最初的铁路、公路交通干线是东西走向的,南北方向既缺乏经济资源要素流动的交通干线也缺乏带动性强的中心城市。目前江苏苏南整体发展水平处于前沿,已进入平稳增长阶段,而广大的苏中、苏北地区有很大的提升空间,必须在区域协调发展中进一步实现突破,助力江苏在全国经济格局乃至在全球经济发展版图中的地位进一步提升。

从跨江融合新态势看,沿江两岸城市跨江融合态势基本成型,区域协调发展战略存在缺口,亟须补齐"短板"。"十三五"以来,江苏省区域经济协调政策进入新阶段,区域协调的战略重点转为以城市群带动区域协调发展。2017 年,江苏省委提出扬子江城市群战略,把扬子江南北两岸城市作为一个整体进行打造,打破了南北分割。随后进一步提出"1+3"主体功能区战略,

---

① 刘西忠:《省域主体功能区格局塑造与空间治理——以江苏"1+3"重点功能区战略为例》,《南京社会科学》2018 年第 5 期。

② 刘西忠:《高质量提升南北沿江协同发展水平》,《群众》2022 年第 5 期。

打破行政区划范围,对国土资源主体功能区进行重新划分,把江苏省分为扬子江城市群,连盐通一线的沿海经济带,以宿迁、淮安为主包括苏中部分地区的江淮生态经济区,以徐州为中心的淮海经济区。2018年,长三角一体化发展战略出台,江苏省的区域协调进入新的更高位置,江苏省区域协调的重点是贯穿苏北、苏南,浙北湖州、杭州的纵轴发展带。长三角整体存在东西向发展好,南北差距大的特点,区域一体化的重点及难点更多的是缩小南北发展差距的问题。但在长三角南北中轴的发展方面,存在战略缺口:扬子江城市群东部板块的苏州、无锡、南通被率先纳入上海大都市圈;西部板块宁镇扬一体化发展已进入实质性实施阶段;中部板块的常州、泰州虽分别在2022年、2023年被纳入上海大都市圈协同空间规划范围,但级别较低,未上升到战略高度,实质上仍"游离于"两大都市圈边缘,未能真正成为承南启北、连接东西的"黄金十字"交汇点中心城市,战略支撑功能亟待提升。无锡、泰州两市率先在全省跨江联动,然而作为全国首个跨江联动开发园区"江阴—靖江工业园区",正面临从最初"好风凭借力"到遭遇"成长的烦恼",体制机制等方面的瓶颈亟须打破。

从泰州实现现代化的总体部署看,跨江融合打造崛起中部的产业增长极是实现泰州现代化的经济基础。党的十八大以来,泰州锚定"强富美高"总目标,强化"争当表率、争做示范、走在前列"使命担当,围绕"致力民生、聚力转型"两大主题,做实富民、惠民、安民三篇民生文章,实施产业转型升级、城市转型提级两大行动,统筹推进"经济体系更具核心竞争力、城乡区域协调、人与自然和谐共生、全体人民共同富裕、物质文明和精神文明相协调、秩序优良、活力彰显"六个方面现代化,奋力推进具有泰州特色和内涵的社会主义现代化建设之路。其中,"打造崛起中部的产业增长极,建设经济体系更具核心竞争力的现代化"为六个方面现代化的首位,即在泰州的现代化部署中,产业的现代化是其他五个方面现代化的基础。泰州与江南宁、苏、锡、常等地的差距在某种程度上是全方位的,但最根本的差距在于泰州的经济发展水平与苏南城市差距较大。经过多年的跨江融合,泰州的产业与苏锡常三市具有较强的产业分工,具备进一步跨江融合打造长三角产业中轴的产业基础,从而实现以产业的现代化带动其他方面的全面现代化。

二、 跨江融合案例分析及模式比较

世界主要城市群大江、大河流域开发规律表明,江河两岸发展到一定阶段就会推动并实施跨江、跨河发展,优势互补、互利共赢。概括长江沿岸城市跨江融合发展的实践,大概有四种模式。

(一) 跨江融合四种模式

1. 跨江而治、拥江发展型。 长江上游的重庆近年来通过大力推动南岸区发展,激发后发优势,形成"两江四岸"空间格局,成渝双城经济圈已成为国家重大战略。长江中游的武汉由原本隔长江和汉水相望的武昌、汉阳、汉口3个城镇合并而成,经过60多年的融合发展,建成16座过江通道,造就了"九省通衢"的中心城市,带动了长江中游城市群的兴起。长江下游的南京近年来把江北新区建设摆在突出位置,跨江发展得到了省级支持,13条省"十四五"规划建设的过江通道7条在南京,南京江岸线上每2公里就有一条过江通道,南京都市圈发展规划的实施将进一步凸显其中心城市地位。

2. 以强并弱、区划调整型。 安徽省尤具代表性。近年来,安徽通过行政区划调整,把皖江北岸的部分地区并入南岸城市,包括把巢湖市的无为县划入芜湖市,含山县、和县划入马鞍山市,安庆市的枞阳县划入铜陵市,一举打造了3座跨江城市。区划调整后,芜湖高标准规划建设江北新区以发展江北;马鞍山在和县境内打造郑蒲港新区,建设安徽江海联运枢纽中心和现代化新城区;铜陵从原来全国倒数的"袖珍"城市华丽升级,面积和人口分别是以前的2.6倍、2.3倍,发展空间充分拓展,以人均GDP全省第一的实力强劲拉动落后的枞阳起跳,调整后,枞阳仅交通方面就累计获得投资超百亿元,跨江"红利"在枞阳经济、社会各领域得到充分显现。

3. 近炉取暖、都市抱团型。 江苏省内的宁镇扬都市圈及南通融入上海都属于此种类型,其中南通融入上海较为成功。作为上海大都市圈重要成员的南通,早在 2003 年就提出"接轨上海、融入苏南"的发展战略,出台《接轨上海纲要》,成立专门工作领导小组,每年印发《接轨上海重点工作目标任务》。随着沪苏通长江公铁大桥通车和上海"1+8"大都市圈实施,南通正从"北上海"嬗变为"上海北"。据统计,南通五成以上企业与上海有合作关系,六成以上货物从上海口岸通关,七成以上规上企业与八成上海高校院所协同科技创新。2020年,南通与苏锡常分别签署了融合发展协议。南通紧贴上海"大火炉"、紧挨苏南"大热土",成功跻身"GDP 万亿俱乐部",人均 GDP 列全国城市第 10 位。

4. 飞地开发、共建园区型。 江苏省内大力推动的南北合作共建园区,如苏南城市苏州、南京、无锡、常州、镇江与苏北城市宿迁、淮安、徐州、盐城、连云港等南北结对共建园区,取得了丰硕的成果。其中,泰州靖江与无锡江阴市合作共建园区最早,也最为典型。21 世纪初,江阴发展迅猛,实力强、资本足、项目多,大量工业产能和项目亟待升级迁徙。靖江发展相对落后,土地资源丰富,长江岸线几乎闲置,经济北向转移的级差大、动力足。2003 年,两地联合成立江阴经济开发区靖江园区,省级给予大力政策支持。通过园区共建,江阴得到了迫切需要的发展空间,靖江则获得融入苏南的发展契机,园区由此也成为全省跨江融合发展的典型和旗帜,为全省南北共建、均衡发展提供了实践样板和制度范式。

(二) 四种跨江模式的比较

1. 拥江城市的跨江发展,能在一个完整的行政区划内,充分自主地统筹两岸空间资源,谋划基础设施建设和生产生活生态布局,外在约束小,两岸融合发展程度高、成效好;通过区划调整实现两岸同城,以强带弱推进两岸一体化发展,这对解决城市发展空间受限、区域发展不均衡有立竿见影之效。 拥江发展与区划调整或是利用区划先天优势或是通过区划调整形成行政推动优势,总体上都是行政推动先行,以行政推动区域融合先行,以行政手段调动各种市场资源合理布局,效率高,协调成本低。但在当前行政区划调

泰州

整收紧的情况下,上述模式不具有可复制性。

2. 都市抱团型与共建园区型是在行政区划无法调整的条件下,充分利用发展级差,引导市场资源自由流动,进行跨江融合。 中小城市跨江向大都市聚合,能促进中小城市与大都市联通基础设施、协同产业创新、取长补短、汲取能量,且大都市的能级越高,核心城市的向心力越强、融入度越高;共建园区则是在相对固定的区域内进行产业转移、项目招引,不搞区划调整、整体协作这些高难度动作,处理好体制机制、利益分享等问题,容易实现双赢,但做大蛋糕与分好蛋糕需要统筹把握。两种模式都具有可复制性强的特点,但由于涉及不同的城市主体,特别是由于地理邻近,发展级差不够大,容易出现产业同构、争相竞逐高端产业,竞合关系复杂,都市抱团、共建园区动能下降,后期产业分工协作、跨江融合难度较大。

进入新时代、新阶段,区域协调发展,特别是在发达的长三角地区,出现一些新特征,如,区位价值及分工界限由行政区划转变为主体功能区,区域产业分工形态由互为链条的垂直型分工转变为互为市场的水平型分工,区域内要素流动方向由"单向"转变为"双向"等,①②③这些新特征决定了传统的产业结构区际梯度转移正转变为增值环节的梯度转移。因此,对于处于长江三角洲区域核心区的泰州而言,都市抱团与共建园区或是可行的跨江融合方案。

三、 以市场为纽带的产业合作是泰州跨江融合的现实选择

区域融合的政策包括行政推动和市场引导两个方面,行政推动的主导权在上一级政府,政府可以主导,但市场引导方面政府能够做的比较有限。党的十八大以后,从中央到地方出台了一系列推进区域协调发展的政策,如江苏省的"扬子江城市群"、"1+3"主体功能区规划,国家层面的《长江三角洲区

① 陈明星、王成金、程嘉梵、马菁:《中国式现代化与中国区域发展新格局》,《经济地理》2023年第7期。
② 马草原、朱玉飞、李廷瑞:《地方政府竞争下的区域产业布局》,《经济研究》2021年第2期。
③ 谢浩、张明之:《长三角地区产业同构合意性研究——基于产业中类制造业数据的分析》,《世界经济与政治论坛》2016年第4期。

域一体化发展规划纲要》等,在基础设施互联互通、生态环境共保联治、公共服务共享、一体化体制机制等方面已有具体的规划,政府投入资金、协调机制也正逐渐完成,在行政推动方面为泰州跨江融合营造了良好的条件。但在区域产业分工协作方面,行政推动作用有限,[1]需要建立在产业合作基础上,[2]共同打造先进制造业集群,打造跨区域的市场共同体,缩小经济差距,以市场为纽带的产业合作成为泰州深度推进跨江融合的现实选择。

(一)产业融合现状:泰州与省内长三角中心区城市及上海产业结构趋同,但产业结构相似度最低,产业分工较为合理

2003 年江苏省委、省政府实施沿江开发战略,之后随着过江通道的陆续开通,扬州、泰州、南通跨江融合进入快车道。经过近 20 年的融合发展,省内长三角中心区 9 市及上海之间的产业分工不断深化,但整体上产业结构相似度仍较高,区域内呈现出竞争与合作双重态势。

1. **从产业结构相似度[3][4]看,泰州与其他城市相似度较低,产业分工较为合理。** 2022 年泰州与省内长三角中心区城市及上海间的产业结构平均相似度较低,只有 0.77;镇江、南通与泰州产业结构相似度最高,分别为 0.88、0.82;苏州、上海与泰州的相似度最低,分别为 0.58、0.73;常州、无锡与泰州相似度中等,分别为 0.77、0.77。而苏锡常、宁镇扬两大都市圈内部的产业结构相似度明显更高,平均相似度超过 0.80。南京、上海、苏州、无锡四个大城市之间产业结构相似度最高,制造业发展水平最为接近,产业竞争激烈。整

---

① 王思语、刘艳清:《新发展格局下长三角制造业一体化:现状、问题与对策》,《中国西部》2021 年第 3 期。

② 潘彪、黄征学:《新发展格局下长三角地区制造业高质量发展的路径——基于产业分工合作的视角》,《上海商学院学报》2021 年第 6 期。

③ 本文的产业结构相似度采用 1980 年联合国工业发展组织提出的产业结构相似系数。其公式为:

$S_{1,2} = \dfrac{\sum_{J=1}^{n}(S_{1j} * S_{2j})}{\sqrt{\sum_{i=1}^{n} S_{2i}^2} * \sqrt{\sum_{j=1}^{n} S_{2j}^2}}$ 。其中 1 和 2 表示两个不同地区,j 表示某产业,S_{1j} 和 S_{2j} 分别

表示地区 1 和地区 2 产业 J 的产值占该地区所有产业总产值的比重。产业结构相似度越高,表明两个地区之间产业结构越接近,也即存在产业同构现象。

④ 汪潘义、吴凤平:《基于文献计量法的我国区域产业同构问题研究分析》,《科技进步与对策》2014 年第 7 期。

泰州

体上看,泰州与其他城市实现了错位发展,产业分工较为合理,详见表12-1。但需要注意的是,本课题中的"产业"指的是制造业,产业为大类(即制造业33个行业分类)。产业结构相似度的高低与产业分类细分程度有关,产业分类越细,产业结构相似度越低。[①] 如同属船舶制造大类,常州的船舶制造业是零部件生产,泰州市整船制造与零部件都有,因此,同属于一个大类产业,也有可能是产业内分工或者是产品内分工,不一定是产业同构。

表 12-1　2022 年江苏省内长三角中心区城市及上海间的产业结构相似度

	泰州	常州	苏州	上海	南京	无锡	盐城	扬州	镇江	南通
泰州	1.00	0.77	0.58	0.73	0.78	0.77	0.80	0.79	0.88	0.82
常州	0.77	1.00	0.64	0.73	0.78	0.91	0.93	0.96	0.85	0.76
苏州	0.58	0.64	1.00	0.81	0.82	0.85	0.65	0.66	0.65	0.71
上海	0.73	0.73	0.81	1.00	0.89	0.78	0.64	0.75	0.77	0.71
南京	0.78	0.78	0.82	0.89	1.00	0.85	0.71	0.83	0.82	0.76
无锡	0.77	0.91	0.85	0.78	0.85	1.00	0.90	0.91	0.87	0.83
盐城	0.80	0.93	0.65	0.64	0.71	0.90	1.00	0.92	0.88	0.81
扬州	0.79	0.96	0.66	0.75	0.83	0.91	0.92	1.00	0.90	0.80
镇江	0.88	0.85	0.65	0.77	0.82	0.87	0.88	0.90	1.00	0.82
南通	0.82	0.76	0.71	0.71	0.76	0.83	0.81	0.80	0.82	1.00
平均	0.77	0.81	0.71	0.76	0.81	0.85	0.81	0.84	0.83	0.78

注:表中原始数据来自各市 2023 年统计年鉴。由于南通市规上工业企业分行业产值数据未对外公布,南通的产业结构实为资产结构。

2. 从各城市前六大产业来看,泰州与其他城市重叠最少,产业合作潜力较大。 10 个中心区城市的支柱产业主要集中在电气机械及器材、通用设备、汽车制造、化工等产业。各支柱产业涉及的城市数量分别为:电气机械和器材 10 个,汽车制造 8 个,通用设备 7 个,计算机及通信 7 个,化工 6 个,黑色金属冶炼 5 个,金属制品 4 个,专用设备 4 个,铁路、船舶、航空航天和其他运输

___

① 余东华、张昆:《要素市场分割、产业结构趋同与制造业高级化》,《经济与管理研究》2020 年第 1 期。

设备、有色金属冶炼2个,非金属矿物制品、农副食品加工、石油加工、纺织、医药各1个。泰州6大支柱产业中,医药制造、船舶制造、农副食品加工与其他城市重叠最少,化工、电气机械及器材与其他城市重叠较高。其中,医药、农副食品加工、船舶制造产值分别排在第2位、第1位、第1位,产业特色及优势明显,与其他城市基本形成了错位竞争。详见表12-2。

表12-2 2022年长三角10个中心区城市支柱产业

城市	排名前6位支柱产业产值(亿元)及占比(%)
泰州	电气机械和器材(864,11.6%),化工(835,11.2%),金属制品(634,8.55%),农副食品加工(633,8.54%),铁路、船舶等(487,6.56%),医药(399,5.38%)
常州	电气机械和器材(4006,25.84%),黑色金属冶炼(1295,8.35%),汽车制造(1227,7.91%),通用设备(1123,7.24%),专用设备(1023,6.60%),计算机及通信(1093,7.05%)
苏州	计算机及通信(12737,29.10%),电气机械和器材(3738,8.54%),通用设备(3696,8.44%),黑色金属冶炼(2864,6.54%),汽车制造(2841,6.49%),专用设备(2349,5.37%)
上海	汽车制造(7067,18.85%),计算机及通信(5697,15.20%),化工(3309,8.83%),通用设备(3480,9.28%),电气机械和器材(2903,7.74%),专用设备制造(1813,4.84%)
南京	计算机及通信(2318,14.97%),化工(1948,12.59%),电气机械和器材(1889,12.20%),汽车制造(1530,9.88%),黑色金属冶炼(1460,9.43%),石油加工(1190,7.69%)
无锡	电气机械和器材(3785,15.93%),计算机及通信(3351,14.10%),黑色金属冶炼(1857,7.82%),金属制品(1871,7.88%),通用设备(1674,7.05%),汽车制造(1310,5.51%)
盐城	电气机械和器材(1567,21.84%),金属制品(872,12.16%),计算机及通信(582,8.12%),汽车制造(388,5.41%),非金属矿物制品(380,5.30%),通用设备(367,5.13%)
扬州	电气机械和器材(1396,21.56%),有色金属冶炼(492,7.60%),汽车制造(630,9.74%),计算机及通信(493,7.62%),化工(459,7.09%),黑色金属冶炼(419,6.48%),
镇江	电气机械和器材(734,13.45%),化工(612,11.22%),汽车制造(458,8.40%),金属制品(464,8.51%),专用设备(406.7.44%),有色金属冶炼(387,7.10%)
南通	电气机械和器材(1695,13.24%),计算机及通信(1371,10.71%),化工(1263,9.87%),通用设备(1015,7.93%),铁路、船舶等(865,6.76%),纺织(814,6.36%)

注:数据来源同表12-1。南通数据为资产数据,与其他城市不可直接比较。

3. 从各城市未来重点发展产业看,泰州与其他城市高度重叠,生物医药、新能源、汽车产业竞争激烈。 长三角 10 个中心区城市未来重点发展的产业基本集中在高端装备制造、电子信息、生物医药、汽车、新能源、新材料等重点产业,生物医药产业除了盐城、南通外,均将其作为重点发展产业。电子信息制造业除了泰州、镇江外,均将其作为重点发展产业。新能源、汽车也是竞争最为激烈的产业。高端装备制造、电子信息、新材料等产业虽然也有较多城市作为重点发展产业,但由于产业细分类别多,不同城市侧重点并不相同,产业竞争相对较小。以高端装备制造业为例,常州重点方向为轨道交通、农业机械,无锡主要方向在物联网,上海在人工智能、航空航天等方面布局,泰州侧重高技术船舶。化工及新材料作为重点产业发展的城市较少,只有泰州、上海、南通、盐城作为重点产业。

表 12-3　长三角中心区城市重点产业发展方向

	重点产业/产业集群	重点产业发展方向/重点产业链
泰州	生物医药和新型医疗器械、高端装备和高技术船舶、化工及新材料	生物医药和新型医疗器械、高技术船舶、汽车及零部件、精细化工、石油化工、新能源
常州	高端装备制造、新能源、汽车、医药	轨道交通、汽车及零部件、农业机械及工程机械、太阳能光伏、碳材料、新医药、新光源、航空航天、智能电网、智能数控和机器人
苏州	电子信息、装备制造、生物医药、先进材料	生物医药和高端医疗器械、航空航天、集成电路、信息通信与显示、高端装备、高端新材料、新能源、汽车及零部件、节能环保、高端纺织、软件和信息服务
无锡	电子信息、高端装备制造、新材料、新能源、新能源汽车、生物医药及医疗器械	10 个优势特色产业集群:物联网、集成电路、生物医药及医疗器械、软件及信息技术服务业、高端装备制造、节能环保、特色新材料、新能源、汽车及零部件、"两机"产业(航空发动机及燃气轮机)
上海	电子信息产品制造业、汽车制造业、石油化工及精细化工制造业、精品钢材制造业、成套设备制造业、生物医药制造业	集成电路、生物医药、人工智能、新能源汽车、高端装备、航空航天、信息通信、新材料、新型数字化设备

	重点产业/产业集群	重点产业发展方向/重点产业链
镇江	高端装备制造、新材料、生命健康、数字经济	新型电力(新能源)装备、汽车及零部件(新能源汽车)、高性能材料、医疗器械和生物医药、新一代信息技术、航空航天、海工装备、智能农机设备
南京	电子信息、高端装备制造、新能源、新能源汽车、生物医药及医疗器械	软件和信息服务、新能源汽车、新医药与生命健康、集成电路、人工智能、智能电网、轨道交通、智能制造装备
南通	"3＋3＋N"先进制造业集群:高端纺织、船舶海工、电子信息,智能装备、新材料、新能源和新能源汽车,生命科学;沿海临港高端绿色产业基地:钢铁新材料、石化新材料、绿色能源、高端粮油食品	16条重点产业链:高技术船舶和海洋工程、高端家纺、金属制品、金属新材料、集成电路、输配电设备、化工新材料、新能源;化学纤维、汽车及零部件、纺织面料、信息技术应用创新、生物医药及医疗器械、高端成套设备、关键零部件、5G通信
盐城	四大主导产业:汽车、钢铁、新能源、电子信息	链晶硅光伏、风电装备、不锈钢、动力电池、大气污染防治设备,精密结构件、印制电路板、石油机械、粮油果蔬加工、光电显示、集成电路、工业互联网等"5＋8＋10"产业链
扬州	"323＋1"先进制造业集群:汽车及零部件、高端装备、新型电力装备,软件和电子信息产业,海工装备和高技术船舶、生物医药和新型医疗器械、食品,航空产业集群	培育20条重点产业链:汽车及零部件、数控成型机床、专用机械设备、人工智能、电线电缆、太阳能光伏、软件信息和大数据、电子元器件、5G设备、新光源及新型显示、生物医药、新型医疗器械、海工装备和高技术船舶、高端纺织服装、食品、航空、化工新材料、特钢材料及新型建材、高端日化、节能环保

注:各城市重点发展产业来自各城市"十四五"规划、党代会报告、政府工作报告。

（二）产业融合路径：在区域上以苏锡常为重点，兼顾沪宁镇，在产业上以临港产业和医药、新能源为重点合作产业

总体上看,长江两岸城市产业结构相近,重点发展产业趋同,经济发展级差不大,苏南地区低端产业在苏中地区同样没有市场,苏中地区重点发展的高端产业也是苏南地区所需。从产业合作的角度看,由经济发展级差决定的产业梯次转移模式没有发展空间,可能更多的是跨区域产业集群内部的产业

泰州

内合作或产品内合作,不同城市定位于相同产业的不同链条、不同产品、不同生产环节,跨江融合已进入由产业转移为主转向产能合作为主的新阶段。

1. 跨江融合区域方向:以苏锡常为重点,兼顾沪宁镇。 泰州产业跨江融合在空间上首先要解决跟谁融合的问题。关于泰州跨江融合区域方向长期以来存在以融入苏南为主还是以接轨上海为主,区域融合方向不同,路径亦不同。

从产业互补角度,比较各中心城市产业结构,泰州与苏州、上海产业结构相似度最低,与南京、常州、无锡产业结构相似度差异居中,因此,泰州与苏州、上海、常州、无锡、南京具有较大的合作潜力。分析各城市支柱产业布局,南京、苏州、无锡以电子信息、高端装备制造、黑色金属冶炼、化工为主,常州以光伏和动力电池为支柱的电气机械、黑色金属冶炼、汽车为主,除光伏外,与泰州的支柱产业均不冲突。上海虽以汽车、电子信息、化工为主,但其医药、船舶产业综合实力均在泰州之上,与泰州相关产业存在直接竞争关系。因此,宁苏锡常应是泰州重点合作对象。

从时空距离角度,苏锡常镇与泰州隔江相望,距离最近,特别是随着南北过江通道的加密,时空距离更近。根据断裂点理论[①],一个城市对周围地区的吸引力,与它的规模成正比,与距它的距离的平方成反比。从地理学的客观层面,上海的辐射范围在江南向西到镇江丹阳已经明显断裂,向南辐射到嘉兴、杭州、宁波,[②]这也是苏州、无锡、嘉兴、宁波、杭州与上海产业结构相似度更高的重要原因之一。在江北,上海辐射范围包括沿黄海向北部的南通、盐

---

① 断裂点理论认为,城市的影响范围由该城市的规模和相邻两城市间的距离决定,某个城市规模越大,综合实力越强,该城市的影响范围就越大,反之则越小,相邻两个城市的吸引力刚好达到彼此相等的点,叫作断裂点。其公式为: $D_c = \dfrac{D_{ce}}{1+\sqrt{\dfrac{G_c}{G_e}}}$ 。其中,D_c 表示断裂点到核心城市 c 的距离,

D_{ce} 表示核心城市 c 和相邻城市的距离,G_e 和 G_c 分别表示城市 e 和 c 的综合实力。根据该方法,2022 年上海市到泰州的断裂点为距离上海市 166 公里,南京市到泰州市的断裂点为距离南京市 99 公里,据此方法测算,上海、南京均不能直接辐射到泰州。

② 柏余平、朱家明:《基于断裂点模型的上海对长三角经济作用研究》,《黄冈师范学院学报》2016 年第 4 期。

城,泰州受上海经济辐射存在先天弱势。南京辐射范围主要为安徽的滁州、马鞍山市,对东边的镇江、扬州也有一定程度的辐射,综合经济体量与地理距离,对泰州辐射较小。因此,苏锡常应是泰州寻求重点融合的对象。

从融合意愿角度,以南京为首的宁镇扬、以上海为中心的沪苏锡通已基本成型,同属长三角南北中轴和东西方向中点的泰州、常州落单,亟须在区域城市群竞争中破局,常州联合泰州共同打造串联苏北、苏中、苏南、浙北的区域中轴的意愿最为强烈。无锡、苏州南北融合的重点在北联南通,与上海合力打造沪苏锡通都市圈。因此,常州应是泰州跨江融合的重点突破口。

综合产业互补、时空距离、融合意愿三个维度,泰州产业跨江融合的重点方向应当是融入苏锡常都市圈,其中重点突破口是常州,要与常州形成打造长三角南北产业中轴的战略共识。同时在服务业领域与沪、宁、镇做好产业对接,做好南京、上海两大科创中心的城市功能借用。[1]

2. 跨江融合产业方向:重点瞄准以化工、食品、造船、新能源汽车为代表的临港产业,强化生物医药、新能源的产能合作。 泰州与苏锡常同属沿江城市,目前相对于苏锡常最大的优势在于拥有较多的可开发岸线资源,应充分发挥港口岸线资源优势,大力推动化工、食品、造船、新能源汽车等临港产业及生物医药、新能源等新兴产业融合。

在化工产业方面,已基本形成错位发展,产业合作潜力较大。苏州、无锡以合成氨、肥料为主,常州以硫酸、烧碱等无机盐为主,泰州以乙烯、烧碱为主,但泰州产值规模与无锡、苏州相比差距较大,分别只有苏州、无锡的38.82%、72.05%,还有较大的发展空间。目前,沿江化工产业已高度集中,部分城市已逐步退出化工,2021年江浙沪19个城市中,泰州、苏州、南通、湖州、金华、南京化工产业实现正增长,其余城市皆为负增长,其中杭州、宁波、扬州、常州降幅较大。随着环保整治与"双碳战略"的深入实施,将会有更多化工企业退出市场,但市场需求仍持续存在,泰州应坚定

① 孙军、刘志彪:《城市功能借用、省域一体化与跨省域一体化——基于长三角一体化的经验证据》,《学习与探索》2021年第6期。

化工产业的定位不动摇,维持既有市场。在产业合作方面,立足精细化工,承接南京、无锡、常州、扬州高科技含量产业转移,配合无锡、苏州的集成电路、显示设备等电子信息产业及苏锡常泰医药产业,重点发展电子信息产业用的专用化学品及有机化学方向的医药中间体,形成各具特色的跨江化工产业集群。

在食品产业方面,重点发展农副食品加工、食品制造、酒、饮料制造等完整产业链,打造千亿级食品产业集群。泰州目前是长三角地区最大的农副食品加工城市,2022年规上企业产值达到633.88亿元,高于苏州(517.82亿元)、上海(352.42亿元),常州、无锡则不足60亿元。但在附加值较高的食品制造、酒及饮料制造方面发展严重不足,2022年分别只有141.05亿元、25.74亿元,远低于上海(798.46亿元、104.71亿元)和苏州(232.08亿元、91.25亿元)。建议依托泰州港口及农产品主产区优势,以及发达的高速路网,重点引进苏州、上海相关企业,打造长三角地区集农副食品加工、食品制造(包括预制菜)、饮料制造为三大方向的食品产业集群。

在高技术船舶产业方面,泰州与无锡、苏州、常州基本已形成互补的产业分工模式,无锡造船产能基本已经转移到泰州,泰州造船所用的钢材、配套设备大多来自锡常,基本形成泰州整船制造、锡常苏配套的产业集群。通泰扬海工装备与高技术船舶已成功入选国家先进制造业集群。未来合作的重点应在于推动造船厂、设备厂、设计公司形成稳固的产学研、上下游协同创新体系,形成大中小企业融通发展的格局。

在新能源汽车产业方面,沪苏锡常是长三角地区最大的汽车及零部件产业基地,形成了整车制造及零部件分工的合理布局,在保持供应链安全及新能源汽车需求爆发的拉动下,汽车产业链、供应链有重新调整的内在需求,部分汽车整车厂及零部件企业为了避免供应链过度集中的危险,采取供应商城市AB角计划,分散产能布局。但产能、供应链过于分散又会降低规模效益,需要兼顾规模效益与供应链安全。苏锡常泰分属不同行政区域,但在地理上又高度临近,正好符合供应链、产能"区域集中、内部分散"的新要求。同时,苏锡常泰也具备合作的产业基础。常州有比亚迪和理想工厂,泰州有长城新能源汽车工厂,无锡、苏州有齐全的新能源汽车零部件产业,随着特斯拉上海工厂产能的不断扩大,将刺激更多的整车厂在长三角进行产能布局,苏锡常泰应紧紧抓住调整机会,以产业分工和产能合作为重点,集中于新能源汽车电机、电控、汽车电子、辅助驾驶等,常州、泰州布局整车厂及动力电池,无锡、苏州发挥电子信息及汽车零部件的优势,共同打造长三角最为完备的新能源汽车产业基地。

在医药制造方面,苏锡常泰竞争激烈,其中无锡和泰州医药产业共同入选国家先进制造业集群,尤其需要区域内产业统筹协同。现阶段中国医药产业是一个"高门槛""低天花板"行业,2022年江苏省规上医药制造业营收只有3325.44亿元,全国也只有26384.5亿元,在全部34个制造业行业中排名第13位,在有限的市场空间里,众多城市集中于此,竞争非常激烈。目前,苏锡常泰已形成初步的产业分工,建议泰州医药制造业采取"一精多专"策略,做精做大化学药,专注于疫苗及少部分生物药品方向,大力发展药品代工和销售外包。泰州医药产业链最为完善,但化学药品原药是大短板,建议大力推动原料药生产基地建设,补齐短板,把泰州打造成长三角地区最大的化学药、化学药品原药生产基地。

在新能源产业方面,苏锡常泰较为集中,产业同构严重,大多集中在太阳能,风电、核电、生物质能、氢能虽有布局,但并未形成规模。随着"双碳"目标的逐步落地,新能源产业迎来市场爆发期,市场前景广阔。2021年、2022年省内各城市新能源光伏、锂电产业产值均大幅增长。目前太阳能光伏是新能源的主战场,常州、无锡、苏州已经取得规模优势和先发优势,泰州与之相比,处于弱势地位。建议泰州与常州、无锡、苏州形成密切的产能合作关系,深度融入产业链,错位竞争,在光伏设备、光伏规模化利用方面进行合作。重点瞄准其他新能源特色板块,紧密跟踪苏锡常氢能最新发展动向,大力进行项目招引和孵化,开展产能合作。

泰
州

四、跨江融合协同打造长三角中轴现代产业新高地

随着长江两岸加速进入同城化时代,产业统一布局具备了坚实的时空条件,两岸产业融合面临新机遇,建议长江两岸紧紧围绕规划、规则、要素、招商四个方面推进深度融合,构建跨江共同市场,以产业跨江融合协同打造长三角现代制造业高地。

1. 高起点谋划打造长三角先进制造业中轴。 以江苏中轴核心区常州、泰州、无锡为核心,以扬州、苏州、盐城为协调区,打造锡常泰盐贯通苏南、苏中辐射苏北的长三角北翼产业经济带。一是积极推动省级层面形成锡常泰长三角先进制造业中轴战略。目前,在省级层面主推的是"1+3"重点功能区战略和宁镇扬、苏锡常、沪苏通都市圈战略,这两个战略都不能很好地支持长三角中轴建设,南北中轴存在断裂点,建议泰州联合常州积极推动在省级层面形成锡常泰长三角先进制造业中轴战略,以此为突破口推动长三角中轴城市群发展破局。推动锡常泰区域发展战略与省"十五五"规划及铁路、轨道交通、物流等专项规划衔接,在国家、省内重要基础设施布局、重大项目安排上向锡常泰都市圈倾斜,以资源项目体现战略。二是建议由省相关部门牵头,以常州、泰州为主导,加上无锡共同编制《长三角先进制造业中轴规划》,打破市域界限,对苏锡常泰临港产业、战略性新兴产业进行整体统筹协调,同时对长江两岸岸线资源、对接重点区域及产业进行整体谋划;探索共同申报国家相关试点和试验区,抱团合作,提高成功率。三是协同推进制定重点产业链行动计划。建议围绕长江两岸合作的重点产业,梳理出相关的重点产业链,分别由不同城市牵头制定产业链行动计划,如泰州牵头制定高技术船舶、医药制造,常州牵头制定新能源汽车,无锡牵头制定集成电路等重点产业链行动计划,各市紧紧围绕产业链开展分工合作。

2. **系统推进打造统一的营商环境。** 随着全国统一大市场的深入推进及产业政策的转型,营商环境与区位将越来越多地决定一个地区的发展。一是确立打造国际一流营商环境基本战略。主动对接世行 B-Ready,找准营商环

境国际公认标准与泰州特色之间的耦合点,有针对性地建立与国际接轨的营商环境体系。针对当前营商环境的痛点、重点发力,满足企业的实质获得感。泰州目前在企业开办、审批等程序性的营商环境基本与苏南地区差异不大,但在打造稳定、透明、可预期三个方面还有一定差距。建议把打造国际一流营商环境作为基本战略长期执行。二是树立客户思维,全面对标上海、苏南营商环境,打造全国营商环境评价标杆城市。以"客户"为中心,在合规条件下创造性地满足市场主体合理诉求。制定"对标上海赶超苏南营商环境行动计划",打造全国营商环境评价标杆城市。调研总结相同政策环境下其他城市缩短流程、破解制约的做法并加以借鉴,做到既合规又高效地满足企业要求,争取使在上海、在苏锡常能办成的事在泰州能更快、更简办成。三是按照苏锡常泰一体化发展思路,建设互联互通平台。大力推动苏锡常泰政务服务"互通互认",推动同一事项在苏锡常泰间无差别受理、同标准办理,推动涉企服务在标准、程序上一体化。探索建立锡常泰地标标准互认机制,联合出台一批地方标准,实现标准软联通,为产业集群发展创造良好的营商环境,提升产业集群的跨区域发展力和竞争力。

3. 大力推动资源要素开放整合。 跨江融合打造现代产业高地,资源要素的互通共融是基础。一是打通贸易流通渠道。依托高端装备、汽车及核心零部件、生物医药及新型医疗器械等特色产业联合无锡、常州共同打造大宗制造业产品流通中心,围绕产业发展关键领域,建立集结算、金融、物流、信息咨询等集成化服务为一体的综合性大宗贸易商品交易中心。二是提升金融协同水平。落实区域间金融联席制度,组织金融监管部门、金融机构沟通和协商对话,制定跨区域金融纠纷、金融违约的解决程序与惩罚措施。探索共建产业发展投资基金,加大力度对符合条件的区域性特色产业或产业集群投资。鼓励金融机构针对南北共建园区开发靶向金融产品等。三是发力生态共保联治和绿色发展协作筑牢高质量发展绿色底色。放大"健康长江泰州行动"品牌效应,与苏锡常三市共享泰州大数据平台和监管体系,联动施策破解"重化围江"难题,推动沿江地区绿色发展。联手开展生态产品价值实现机制探索,开展标准体系制定、商业模式应用、交易平台搭建等研究。

4.深入推进跨区园区合作打造跨江融合样板。 一是推动江阴经济开发区靖江园区再上新台阶。江阴靖江园区第一个 10 年合作开发协议到期后,双方初定的合作政策不能适应后续的发展变化,园区发展受到影响。2023 年 9月,江阴与靖江重新签署合作协议,为双方进一步合作扫清了机制障碍、破除了资源约束。建议紧紧围绕"打造高质量跨江融合发展试验区",突出产业互融,共谋合作、共创优势,更高标准完善体制机制,推动合作园区成为江阴、靖江同城一体、功能衔接的"先行板块"。二是加快建设常泰合作先行区。泰兴市与常州新北区联系紧密,特别是随着常泰铁路的开工修建,两地的跨江合作需要加快推进。两地四方要大力支持依托虹桥园区共建常泰联动跨江融合发展先导区,谋划跨江融合新路径。[①] 三是探索医药高新区(高港区)与镇江扬中市的跨江融合合作,在产业融合、环保治理、文旅融合等方面对接融合。

课题组负责人:朱莹　泰州市社科联(院)党组书记、泰州市社科联主席

承办单位:江苏省社科院泰州分院

课题组成员:陈述飞、李占国、姜灿、张永龙

---

① 孙春明、卜卫平、孙连慧、丁琴:《数字经济背景下泰兴融入长三角区域一体化发展路径探析》,《中国工程咨询》2022 年第 2 期。

宿 迁

以『四化』同步集成改革推进现代化

　　2014 年 12 月,习近平总书记视察江苏时,要求江苏在"四化"同步上要带好头、领好向。江苏省委、省政府在着眼现代化建设、谋划"十四五"发展的关键时刻,对宿迁提出"以'四化'同步集成改革推进现代化建设",支持示范区建设先后写入省第十四次党代会报告。特别是 2021 年 9 月 22 日,省委、省政府出台《关于支持宿迁"四化"同步集成改革推进现代化建设的意见》,明确 8 个方面 20 条特殊政策,为宿迁开启现代化建设新征程指明了方向、明确了路径。2021 年 10 月 8 日,宿迁召开全市"四化"同步集成改革示范区建设动员大会,明确了宿迁市推进"四化"同步集成改革示范区建设的具体任务。宿迁市委、市政府提出深化实施"1+3"重点功能区战略,着力建设长三角先进制造业基地、江苏生态大公园、酒都电商名城、"四化"同步集成改革示范区,并印发了《推进"四化"同步集成改革示范区建设工作方案》,明确了 6 个方面的工作重点。

　　"中国式现代化江苏新实践市域探索研究·宿迁篇"选取中国式现代化宿迁四化同步集成示范区建设新实践研究这一视角,从实施背景、实践与成效、对策与展望等多重维度,全面展示和深入总结宿迁在四化同步集成方面取得的经验成就和发展构思,提出加快产业链协同发展,积极完善新型工业化支撑体系;深化城乡融合,着力构建城乡协调发展体系;创新数字技术赋能,加快建设数字经济高地;推动集成融合创新,推进中国式现代化宿迁新实践等对策建议,为站在新的起点上推进宿迁四化同步示范区建设,探索中国式现代化新路径提供了借鉴和启示。

2021年10月,宿迁召开"四化"同步集成改革示范区建设动员大会,明确了推进"四化"同步集成改革示范区建设具体任务:以重点产业链为集成单元,着力构建工业化支撑体系,加快建设长三角先进制造业基地;以城市和重点镇为集成平台,着力构建城乡协调发展体系,加快建设长三角北翼、苏皖边界中心城市;以农业"接二连三"为集成方式,着力构建现代农业产业体系,加快建设新时代鱼米之乡;以数字技术赋能为集成重点,着力构建信息化深度融合体系,加快建设数字经济高地;以重大平台和战略性交通为集成节点,着力构建融入双循环格局体系,加快建设双向开放新平台;以推动绿色发展为集成导向,着力构建生态文明建设制度体系,加快建设江苏生态大公园;以满足人民美好生活需要为集成目标,着力构建民生补强提质体系,加快建设幸福美好家园。宿迁还印发《推进"四化"同步集成改革示范区建设工作方案》,明确了6个方面的工作重点:深度参与长三角产业分工,以新型工业化的快速推进,打造"四化"同步发展强劲引擎;重抓功能提升,以新型城镇化的有序推进,打造"四化"同步发展的空间依托;坚持"接二连三"总体路径,以农业现代化的不断推进,打造"四化"同步发展的坚实根基;坚持全方位赋能,以信息化的全面融合,打造"四化"同步发展的关键支撑;守牢生态大公园发展定位,以绿色可持续发展的显著成效,打造"四化"同步发展的亮丽底色;坚持先行先试,以体制机制集成创新,打造"四化"同步发展的不竭动力。同时,宿迁在实践中形成了围绕一个目标体系、七项系统集成、九大改革举措的"179"总体框架,切实以集成改革的走深走实推动高质量发展行稳致远,为推进中国式现代化宿迁新实践持续注入强劲动力。争取到2025年"四化"同步集成改革示范区建设取得重大成果,"四化"同步发展的体制机制基本构建,形成一批可复制可推广的经验做法;到2030年"四化"协同高效的体制机制更加健全,成为苏北乃至全国同类地区推进"四化"同步发展的样板。

一、宿迁实施"四化"同步集成改革的时代背景与重大意义

（一）实施"四化"同步集成改革是时代之需

四化同步发展是我国经济社会发展新阶段的时代要求，是党的十八大从我国经济社会发展全局出发提出的重大战略。其中工业化是实现现代化的前提，加快推进我国现代化必须走新型工业化道路；信息化是实现现代化的必然选择，要以信息化带动工业化、以工业化促进信息化，推动工业化和信息化深度融合；城镇化是实现现代化和增进人民福祉的必由之路，工业化是城镇化的支撑，推动工业化和城镇化良性互动；农业现代化是实现现代化的基础，必须走城镇化和农业现代化协调发展之路。四化同步，协调互联，互促共进，是中国式现代化的鲜明特色。

落实好四化同步发展，是江苏肩负的重大历史使命。2014年12月，习近平总书记考察江苏时强调，江苏要在"四化"同步发展上带好头、领好向。2020年11月，习近平总书记在江苏考察，赋予江苏"在改革创新、推动高质量发展上争当表率，在服务全国构建新发展格局上争做示范，在率先实现社会主义现代化上走在前列"的重大使命。2021年9月，江苏省委、省政府着眼全面贯彻落实习近平总书记对江苏工作重要讲话重要指示精神，加快推动区域协调发展，对宿迁提出"以'四化'同步集成改革推进现代化建设"，赋予宿迁市探索"四化"同步集成改革的重大任务和历史使命。

（二）实施"四化"同步集成改革是破题之需

四化同步集成改革是破江苏现代化建设难点之策。新时代中国特色社会主义现代化的着力点是解决发展的不平衡不充分问题。对走在全国现代化建设前列的江苏而言，必须用新发展理念指导未来发展方向和路径，重点解决区域发展不协调、城乡发展不平衡等问题。诸如苏南苏北发展不平衡，宿迁是实现江苏全域一体化难点中的难点。江苏省委省政府支持宿迁实施四化同步集成改革，推进以创新为中心的集成改革，实现四化同步，实现苏北

苏南共同富裕,实现江苏全域一体化,打造后发展地区率先发展的江苏样板,创造四化同步发展的江苏模板具有重大的现实和时代意义。

四化同步集成改革是解宿迁现代化发展难题之匙。 宿迁是江苏省发展洼地,全省实现共同现代化的难点。实施四化同步集成改革是解决这一难题的钥匙。用四化同步的思路推进现代化意味着现代化四个方面相互依赖相互促进。目前宿迁处于新型工业化早期向中期过渡阶段,新型工业化特别依赖创新与信息现代化的赋能;作为传统农业大市(农业增加值占 GDP 比重 10%,农业从业人口占比 30%),农业现代化程度不高,亟须四化同步补现代化短板。宿迁城市现代化程度不高,需要四化加速人才荟聚和产业集聚。支持宿迁探索四化同步集成改革,不仅是探索后发展地区加速创新跨越发展之路,也是实现全省区域一体化发展的有效路径,也是为全国提供区域协调共同发展的示范。

(三) 实施"四化"同步集成改革是发展之需

四化同步集成改革是推进我国现代化建设的内在要求。 习近平总书记强调指出"全面深化改革,全面者,就是要统筹推进各领域改革""必须是全面的系统的改革和改进,是各领域改革和改进的联动和集成"。统筹、系统、联动、集成,这些关键词阐明了新时代全面深化改革的新特征和新高度。四化同步是我国现代化建设的大思路,符合现代化建设的客观规律,符合我国基本国情。推动四化同步,是我国实现现代化的基本途径。

强化集成改革是实现四化同步的关键举措。 集成是以系统思想为指导,创造性地将两个或两个以上的要素或系统整合为有机整体的过程。集成的系统性特征契合创新、协调、绿色、开放、共享的发展理念。注重改革发展措施的系统集成,正是为了增强四个现代化建设的系统性、整体性、协同性,发挥联动效应,更好地推进现代化建设。

二、 宿迁推进"四化"同步集成改革新实践的探索与成效

在推进"四化"同步集成改革示范区建设的实践和探索中,宿迁市委、市

政府始终秉持将"四化"同步作为迈向现代化的基本路径的原则,准确把握当前正处于的工业化与城镇化的加速期、农业大市向农业强市转变的关键期、新一轮技术革命和产业变革的"风口期"。以"四化"同步为中心路径,整体谋划、系统实施,充分发挥工业化引领作用、信息化赋能作用、城镇化支撑作用以及农业现代化基础作用。"四化"同步集成改革示范区建设不断取得新进展、新成效、新突破。近年来,全市新争取省级以上改革试点239项,其中国家级46项;全市地区生产总值连续突破3000亿元、4000亿元大关,全国排名跃升11个位次,居第68位;一般公共预算收入突破300亿元,提前两年完成"十四五"收入目标。改革成为推动宿迁发展的强大动力。宿迁形成了一大批"全省叫得响、全国有影响"的改革创新品牌,深化商事制度改革、土地节约集约利用获国务院督查激励,获省级以上肯定推广改革做法213项,承办省级部门以上改革现场会27次,获评全国法治政府建设示范市、国家数字消费创新城市、中国快递示范城市、全国网络市场监管与服务示范区。宿迁"四化"同步集成改革获评中国改革2023年度地方全面深化改革市域案例。

(一)深化新型工业化集成改革,大力构建工业化支持体系,打造"四化"同步发展强劲引擎

1. 不断深化工业化集成改革。 建立"点"上抓企业方阵打造、"线"上抓产业链条延伸、"面"上抓园区提档升级的"点线面"协同发力体系,不断壮大销售百亿企业、上市企业、专精特新企业三大方阵,持续深化千亿级产业培育机制,统筹推进国家级服务业标准化、省级先进制造业和现代服务业融合等试点,建设全省首家人才协同发展改革示范区、知识产权服务业集聚区,探索"党建链、产业链、创新链"融合发展新路径。2023年以晶硅光伏为龙头的新能源产业率先突破千亿产值,高质量发展动力引擎更加强劲。

2. 树立能耗环境指标的新发展理念。 宿迁深入推进资源要素配置改革,能耗环境指标成为项目落地的铁门槛。泗洪县率先探索了"绿能"抵耗、"绿票"交易、"绿岛"建设等一整套改革方案。针对能耗控制,将占到全社会用电量90%以上的可再生能源发电量,作为工业项目所需能耗指标替代,把绿电节能优势转化为经济发展潜力;立足生态保护补偿,探索实行绿票交易,明确有关建设项目必须购买能补偿治理成本的绿票,相关资金用于生态修复工程;围绕治理工业尾水,打造了"一座污水处理厂＋一个尾水湿地公园＋一种尾水生态提质和再生利用模式"的生态绿岛系统,将尾水提质达标后排入生态缓冲区净化涵养,形成生态水循环。

3. 营造良好的营商环境。 围绕简政放权、优化服务,打造良好营商环境,宿迁创新开展"一件事"集成服务、政务数据共享超级管理员制度、电子印章管理、数据首席官制度等系列改革。深化商事制度改革获得国务院督查激励,为全省唯一。泗阳县办理劳务派遣等需要现场勘验的许可事项,企业只需做好信用承诺和迎检准备,审批人员会在预约时间一次性上门审核、勘验、发证,通过"倒置审批""证找企业",企业办事实现了"零跑动"。针对工程建设项目复杂的审批特点,宿迁探索将工程规划阶段和施工许可阶段深度融合,推进多证同发改革。

4. 打造南北结对帮扶的样本示范。 苏州宿迁两市联手,深入落实南北结对帮扶合作机制,推进"1＋5"共建园区建设,率先开展高质量发展创新试点、"科创飞地"建设试点,绘出了"苏北好江南"。2021年以来,合作机制更加完善、产业项目更富质效、平台建设更具内涵,牵头制定全国首个共建园区建设领域地方标准,苏宿园区在全省共建园区考核中"十三连冠"。

(二) 推动城乡融合集成发展,大力推进新型城镇化,打造四化同步发展的空间依托

宿迁扎实落实党中央关于推进城乡融合发展的决策部署,推动城乡融合发展取得积极成效。

1. 城乡空间体系不断优化。 持续优化"1129＋N"城乡空间布局,创新中心城区能级提升、县域差别化特色化发展、重点镇培育发展机制,协同推进省城市管理示范市、苏北首个"全国文明城市群"、交通现代化示范区等建设,完善城市排水防涝快速应对"三大体系",统筹推进国家县城新型城镇化建设示范试点、城乡公共空间治理、空间规模指标与其他用地指标组合流转等改革,建设宜居宜业和美乡村做法获农业农村部肯定,高质量发展空间载体持续优化。

2. **土地制度集成改革不断深化。** 审慎稳妥开展集体经营性建设用地入市,充分保障农业农村发展用地需求,促进三产融合发展,增强产业支撑能力。科学有序推进批而未供、闲置土地和低效用地处置,充分释放存量建设用地潜力,稳步推动全市用地节约集约利用水平,为全市高质量发展拓展空间。

3. **提升城乡要素配置效率。** 加快交通建设,潍宿铁路、连宿高速、宿连航道等重大交通基础设施建设加快推进,区位不畅得到有效破解;统筹解决结构性民生问题,2021年以来,全市居民人均可支配收入增长23.7%,新改扩建中小学70所,新增学位12.5万个,新建公立医院(含国企)5家,新增医疗机构床位数2164张。落实乡村振兴战略,每年用于保障农村地区一二三产融合发展的用地计划不低于省下达用地计划的5%。全力做好乡村发展资金支持,大力推进"增减挂钩"节余指标流转,所得收益用于农民搬迁补偿、低收入农户精准脱贫,用于土地整治、涉农基础设施、公共服务配套设施建设。高质量发展面临的空间、土地、资源、人才等要素制约得到有效缓解。

（三）探索农业农村集成改革，不断推进农业现代化，打造"四化"同步发展的坚实根基

1. **深化探索农业农村集成改革。** 加快推进全国农村改革试验区建设,梯次构建国家、省、市三级现代农业产业园建设体系;稳妥实施国家级农业农村现代化试点、全国农村宅基地制度试点、省级农业农村标准化试点,推进省级农村集体经营性建设用地入市。全国农村交通安全管理工作现场会在宿迁召开,农业设施确权颁证赋能和深化宅改试点保障农民居住权参与权收益权经验做法获农业农村部推广,全国农村交通安全管理工作现场会在宿迁召开,高质量发展短板弱项加快补齐。

2. 推进农业高质高效。 宿迁制定支持新型农业经营主体九条政策,实施粮食生产种植面积和产量双控,粮食做到单产高(平均亩产高于全国71公斤)、种类多、贡献大(每年调出100万吨商品粮)。针对粮食收储安全问题,泗洪县创新实施"满仓贷"收储机制,在粮食价格较高的国家托市收购空档期,实现了国有粮库"满仓运行"、民营粮企贷款难题破解、金融机构拓展业务的多赢局面。宿城区成功获批建设首批国家农业现代化示范区,积极探索城市近郊农业发展新模式,构建了产学研融合发展"产业生态圈",推行"返租倒包"模式,近三年农民积极进园创业。

3. 促进乡村宜居宜业。 宿迁以推进农房改善为牵引,加强与特色产业、重大项目、互联网、农旅、康养等深度融合,全面优化乡村空间布局,加快重塑新型城乡关系。农房改善绩效考核居苏北首位,农村人居环境整治获省级督查激励。位于城郊的蔡集镇牛角淹村,通过农村集体经营性建设用地入市改革,建成牛角村欢乐田园度假区,村民生活在度假区,农民成为旅游从业人员,农产品成了景区的旅游商品,空闲农房成了农家乐。

(四)坚持全方位赋能,通过信息化全面融合,实现"四化"同步发展的关键支撑

宿迁高度重视信息化赋能作用,始终把数字经济作为转型发展的关键增量,以产业数字化、数字产业化为主攻方向,加快推进智能化改造、数字化转型,积极培育平台经济、共享经济等新业态,支持做大电商经济,全力提升数字经济发展的质量和水平。一体建设网络强市、数字宿迁、智慧宿迁,协同推进"互联网+"农产品出村进城工程试点县、数字化转型示范区、跨境电商综合试验区建设,加快推进"一网管全域"系统建设。坚持把电子商务产业作为战略性新兴产业和先导产业,加快培育转型升级新动能,倾力打造"电商名城"。2023年,宿迁完成网络零售额670亿元,同比增长11.7%。全市现有电商企业2.98万家,集聚了京东、当当、途牛等一批知名电商龙头企业,先后获批国家跨境电子商务综合试验区、中国快递示范城市、国家数字消费创新城市，"电商名城"的品牌愈发耀眼。

1. 加快数字经济基础建设。 持续加大通信网络和算力等新型基础设施投入，筑牢数字经济发展底座。通信网络基础设施建设加快，运营商网络接入国家一级环网，成为苏北第一个、江苏第三个全面建成全光网的城市。宿迁"双沟酒业"工业互联网标识解析二级节点成为全国首个企业注册量突破 3 万户的二级节点，企业注册量位列全国 211 个二级节点第一位，成为全国该指标的"单项冠军"。

2. 加速数字化赋能成效明显。 一是数字产业化发展势头强劲。数字经济核心产业主营业务收入连续多年保持高速增长。软件和信息技术服务业规模达到 500 多亿元，是"十二五"末的 37.9 倍，总体规模位居苏中苏北地区第一。二是产业数字化转型加速推进。制造业智能化改造、数字化转型成效显著。目前，全市累计创成省重点工业互联网平台 6 个、省工业互联网标杆工厂 9 个、省智能制造示范工厂 8 个、省智能制造示范车间 32 个。健康养老、教育、交通、物流、家居等领域服务数字化变革加速推进。农业生产智能化、服务信息化、经营网络化不断提升，农资绿植网络市场规模居全省第一位。宿城区、沭阳县入选省首批 10 个数字乡村试点地区。

3. 数字化治理服务框架逐步形成。 聚焦"一屏观全域、一网管全域、一端惠全域"总体目标，努力实现城市状态的精细感知、城市运行的精确管理、突发事件的快速处置和市民服务的便捷智能，着力打造特色鲜明的智慧城市"宿迁模式"。首创超级管理员政务数据共享协调机制，促进政务信息互联互通、共享互用，荣获 2021 政府信息化管理创新奖。系统重构"一件事"集成审批机制，构建"互联网＋(政务)协同"联动机制，创新打造"政务服务协同平台"，以数字技术全面赋能社会治理。依托宿迁市网格化社会治理智能应用平台，走出了一条大数据赋能、网格化管理、铁脚板担当的基层社会治理新路子。列省监测的 31 项网上政务服务能力指标中，宿迁市事项入库完整率、办事指南完整度、事项办理时限压缩度、即办件事项情况等 19 项指标位居全省前列。

（五）守牢生态大公园发展定位，以绿色可持续发展的显著成效，打造"四化"同步发展的亮丽底色

1. **深化生态文明集成改革。** 以创建国家生态文明建设示范市为抓手，协同推进国家"无废城市"、海绵城市示范城市建设，深入开展国家级农村黑臭水体治理试点、省级生态产品价值实现机制全域试点，加快打通"绿水青山"向"金山银山"转化的双向通道，全域打造富有内涵、展现新形态的"江苏生态大公园"。"绿票"交易、生态"农融仓"赋能机制分别获国家发展改革委、省委农办肯定推广，高质量发展生态底蕴愈加彰显。

2. **建设生态富民的黄河廊道。** 宿迁黄河故道流域面积 1210 平方公里。2021 年以来，宿迁将黄河故道生态富民廊道作为"四化"同步的重要集成平台，围绕建设绿色生态黄河故道，统筹推进生态文明体制改革、水土生态功能修复、生态湿地建设、坡岸生态整治，构建起集生态防护、森林景观为一体的绿色屏障。围绕打造富民增收经济廊道，推进故道沿线各类开发园区改革创新，形成了"连点成线、以园带片、以片扩面"的产业振兴局面；围绕打造城乡一体化示范廊道，推动国家宅基地制度改革试点、省级农村改革试验区等 7 项省级以上试点和深化城乡人口有序流动机制、农村集体经营性建设用地入市等"六大机制"在廊道落地转化；围绕打造文旅融合展示廊道，推进美丽宜居城市、产业特色城镇、生态田园乡村有机贯通，初步建成城市景点与田园风光互为补充的全域观光体验带。

3. **践行绿水金山的发展理念。** 坚持生态大公园发展定位，切实推动绿色低碳发展，走生态优先、节约集约、绿色低碳发展道路，主动融入省"1+3"重点功能区建设，全力推进绿色变革，不断提升发展"含绿量"，促进产业体系和自然生态系统和谐共生。打造好"四化"同步发展的亮丽底色。

（六）探索体制机制集成创新，推动创新发展，打造"四化"同步发展的不竭动力

1. **树立"四项思维"，推进"四化"同步集成改革走深走实。** 注重系统集成、协同高效,明晰从目标、理念到方法、路径的改革推进思路。一是坚持系统思维。强化顶层设计、整体谋划、系统推进。围绕改革时机、节奏和重点等,统筹好局部与全局、当前与长远、分类与同步的关系,把改革列为市委、市政府重点工作,先后出台推进"四化"同步集成改革决定、工作方案、政策落实清单、任务落实清单等,推进四化同步。二是坚持集成思维。围绕不同时期、不同方面改革的配套与衔接,持续加强方案集成、政策集成、项目集成、试点集成"四项集成",探索打造改革平台,聚力实施"十大工程",推动改革由"集中"向"集成"转变,促进跨领域关联、诸要素协同,不断增强各项改革举措的关联性、耦合性,充分释放集成改革的综合效应、叠加效应、乘数效应。三是坚持项目思维。宿迁市始终把清单推进作为重要抓手,对上级部署的重点改革任务和试点、苏州市和省级部门支持任务和自主创新项目进行系统集成、融合归类,连续两年分别编排年度任务清单 491 项、368 项,并实施项目化推进、节点化管控,确保各项改革任务落实落细落地。四是坚持优解思维。强化问题导向、目标导向、效果导向,始终把高质量发展体制机制障碍掣肘作为改革的出发点、检验改革成效的试金石,推动各项改革举措朝着"四化"同步集成改革总目标靠拢,切实以改革精度提升群众满意度。

2. 健全"五个机制",全力推进"四化"同步集成改革落地落实。 创新督、考、评、述、巡"五位一体"推进法,构建全过程、高效率、可核实、强推进的改革落实机制。一是全环节督导。构建"四化"同步集成改革"双组长"工作机制,强化市直部门和各县区指导衔接、"专班＋工作小组"运行模式,统筹开展半年调度、季度推进、常态督察,推动各类改革项目有力有序实施。二是多维度考核。探索建立改革考核分类评价体系,聚焦改革项目推进、工作成果、试点争取和社会影响等维度,全面推进"半年评估＋年度考核",同时强化结果应用,真正以考核传导压力、催生动力、激发活力。三是立体式评价。健全改革评估监测体系,围绕 5 大类 45 项主要指标,完善月度调度、季度通报、年度监测机制,动态跟踪评估集成改革进程;持续完善改革创新奖评选办法,以评促改、以评促优、以评促干。四是常态化述职。建立市委深改委会议和改革推进会、调度会定期听取现场述职和书面述职制度,专题听取改革专项小组及各县区、部门主要负责同志围绕年度改革"述"工作、"说"计划,切实压紧压实改革责任。五是全覆盖巡察。把改革工作纳入市委巡察内容,对反馈问题及时跟进、强化监督。

三、 深化建设"四化"同步集成改革示范区的对策与展望

宿迁"四化"同步集成改革下一步需要不断总结经验,不断调整优化创新发展思路,坚持把"四化"同步集成改革作为推进中国式现代化宿迁新实践的关键一招,在系统集成上锐意探索,在平台集成上深入实践,在效能释放上狠下功夫,努力实现"四化"同步集成改革示范区建设取得重大成果,"四化"同步发展的体制机制基本建成,形成一批可复制可推广的经验做法,成为苏北乃至全国同类地区推进"四化"同步发展的样板,取得"四化"同步集成改革示范区建设的最终胜利。

(一)宿迁市深化建设"四化"同步集成改革示范区,要聚焦工业现代化这个重点,加快产业链协同发展,积极完善新型工业化支撑体系

1. **深化集成改革,打造现代化工业产业体系。** 坚持"推动工业经济升级、实现产业跨越"方针,主动融入和适应新的经济格局,积极参与长三角产业分工合作,加速构建现代化产业体系。要因地制宜发展新质生产力,大力实施优势群链培育、科技创新引领、产业高端跃升等重大举措;坚持规模化发展、突出协同化联动、强化精准化育链,大力培育发展 6 个产业集群、15 条产业链,着力构建以先进制造业为骨干的现代化产业体系。着眼于六大核心产业的强化、延展、补充,打造标志性产业集群,积极推动产业链上下游间的协同创新,支持企业加大研发投入和技术攻关力度,鼓励企业与高等院校和研究机构创新合作,推进科技成果的转化。支持企业不断开拓新领域和新业态,实现制造业与服务业的有机融合。持续加强要素支持,增加金融支持力度,开拓企业融资途径,进一步整合政策、资金、人才、土地、科技等资源,完善

资源配置方式和宏观调控手段,确保宿迁制造业实现高质量发展。[①]

2. **推进产业科研合作平台创新集成。** 一是聚焦新产业链创建,打造"产业链＋研究所"模式。借鉴宿迁与江苏产业技术研究院共建研究所的成功经验,探索与研究院合作新模式,建设一批优质新型科技研发机构,促进科技成果就地转化,推动企业科技创新和转型升级。二是专注产业链的强化,构筑"研究所＋基地"模式。重点解决新型研发机构初期发展问题,专注于人才引入、专利申请、成果应用,进一步打造具有产业化特色的基地,加快科技成果转化速度,提高转化效率。三是聚焦延链,打造"基地＋产业"格局。着力解决机构助推地方产业发展面临的难题,聚焦地方重要产业链,吸引、汇聚优秀科技企业、转换高质量科技成果、攻克共性关键技术难题,形成产业集群和聚集效应。四是推动产业链创新发展。坚持核心领域先发展,关键产业能带动,围绕重点行业布局拓展、稳定发展壮大产业链。

3. **深入激发市场主体活力,优化优建宿迁营商环境。** 持续推进"放管服"等改革,创新激发、提升市场主体活跃度。积极构建优质的商业氛围,有效降低企业制度化交易成本和生产要素开支,使企业获得更好的竞争状态。进一步扩大市场准入,持续简化市场准入否定清单,加强清单动态调整机制,持续完善清单信息公开机制,促进"非禁即入"普遍实施。[②] 通过集成改革,创造更加平等、便利和开放的市场氛围,以稳定市场及市场主体的发展预期。创新提升创新市场主体的活力和竞争优势,激发市场主体的创新能量,不断壮大市场主体,加快新型工业化的进程,打造出宿迁"四化"同步发展的强劲引擎。

（二）宿迁深化建设"四化"同步集成改革示范区,要聚焦"城乡发展不平衡"这一难点,深化城乡融合,着力构建城乡协调发展体系

1. **深化城乡融合集成改革。** 坚持四化同步、融合"四化"的发展理念,积

---

① 闫辉:《"四化"同步集成改革擘画现代化建设新篇》,《群众》2022年第14期。
② 黄守宏:《着力激发市场主体活力保持经济持续健康发展——2019年〈政府工作报告〉解读》,《行政管理改革》2019年第4期。

极探索城乡融合发展、城镇化和农业现代化协调发展的体制机制。城乡经济共生共存是协调城乡发展的重要途径和关键环节,是促进城乡产业和谐融合的纽带,是加快新农村建设、推动城镇化进程的有效手段。用集成的思维整合城乡资源配置,统筹资源利用,实施生态环境保护,开展基础设施建设,实现中心城市和县城功能提升,促进城乡产业合理布局和发展,形成有序的产业互动链条和支撑体系,引领城市产业层次提升,带动城镇发展,推动区域协调发展,全面推进城乡协调发展。[①]

2. 促进工业化、城镇化与农业现代化协调发展。 深化城乡融合、农业农村集成改革,努力实现城镇化、工业化、农业现代化协调同步发展。通过工业化和城镇化推动农业现代化,推进农业现代化促进工业化、城镇化现代化发展进程。坚持重点发展城市工业和乡村工业,大力推动特色产业的壮大,塑造相互促进的区域产业结构新格局。通过城乡产业布局带动地区产业互动和集聚发展,推进工业化、城镇化、农业现代化进程,促进全市经济社会、工业农业、城市乡村协调可持续发展。

3. 融合创新中小城镇建设,优化城乡空间布局。 宿迁地区的中小乡镇数量众多,具备巨大的城乡协调发展潜力和空间。在城乡协调发展的背景下,一方面,需要重点将中小乡镇作为城乡体系建设的核心和节点。通过选取发展水平较高的乡镇作为试点,将中小乡镇建设定位为解决城乡失衡问题的主要战略,努力增强中小乡镇的经济实力和载体功能,提升核心乡镇对周边地区的辐射和带动力,促进城乡协调发展。另一方面,需要合理调整城乡用地结构,优化城乡空间布局。以"三集中"原则为指导,明确中小乡镇的发展机制和功能定位,推动新型城镇化与新农村建设协同发展,着力构建城乡协调发展体系。[②]

---

① 张丽:《城乡协调发展视角下的新疆城镇化产业支撑研究》,新疆农业大学博士论文,2011年5月,第185页。
② 刘梦迪:《苏北地区城乡协调发展的时空格局及优化途径研究》,江苏师范大学硕士论文,2017年6月,第56页。

（三）宿迁深化建设"四化"同步集成改革示范区，要强化发展数字经济这个发力点，创新数字技术赋能，加快建设数字经济高地

目前，宿迁城市数字经济发展正处于快速发展阶段，已经取得了显著的进展。但与苏州、无锡等苏南发达城市相比，宿迁在数字经济发展方面仍存在创新能力不足、产业质效不高、数字化应用场景匮乏等问题。作为全省"四化"同步集成改革示范区，宿迁要创新发展数字经济，提升数字技术赋能水平，推动发展新质生产力。

1. 深化数字赋能理念。 一是加强科研合作赋能。积极借助创新名城、高等院校、科研院所的技术研发集聚优势，采取建立"科创飞地"、加深校地合作、形成数字技术创新联盟等措施，围绕人工智能、大数据、物联网、区块链等关键领域，联合攻关数字经济核心产业的关键技术，引领并推动更多数字科技成果在宿迁落地应用。努力推动南京软件、苏州人工智能、常州智能制造等数字经济核心产业与宿迁产业双向融合，通过数字赋能带动宿迁制造业实现转型升级。积极孵化培育一批有引领作用的前沿数字产业，推动数字经济特色产业园、园中园建设，培育新的产业增长点，促进产业结构的优化升级。二是构建数字赋能应用场景。鼓励有基础、有条件的行业、园区和企业系统推进，充分发挥资金、人才、资源等要素优势，加速打造"产业大脑"、园区智慧化管理中心和企业数字化运营中心，促进数字化车间、数字化工厂、数字园区等应用场景建设。加速推进数字生活应用新场景的建设。围绕人们的衣食住行、生老病死等需求，全面发展智能社区、互联网医院、智能商超、智能微菜场、智能餐厅、远程医疗、智能校园以及智能课堂等多元化数字化场景，进一步实现城乡居民生活智能化和便捷化。

2. 创培数字新企业。 充分发挥数字经济中具有优势的领军企业资源，通过政策引导、创新服务等手段，加速引进和培育一批具备自主核心技术、领先产品和生态构建能力的平台型企业和主导型企业。[1] 加快搭建大型基础设施，探索建立数字技术平台和新型数字基础设施投资平台，综合推进全市数

---

[1] 王刚：《做大做强数字经济核心产业》，《群众》2023 年第 2 期。

字经济基础设施和公共服务平台的投资发展。加快打造国家级、省级数字经济公共服务中心、技术中心和检测中心等公共服务平台,为数字经济公司提供分析、测试、验证和认证等公共技术支持和政策服务。

3. 培引数字经济新人才。 树立国际化、开放型引才理念,实施创新灵活的引才模式,加快引进一批具有项目、团队和技术的数字技术领军团队、创新人才和数字创客,致力于引入一个人才,创办一个企业,带动一个产业。专注于突破"育才"瓶颈,加深名校合作关系,全面推广智能制造、工业互联网等工业和信息化技能培训,促进"数字工匠"的培育。营造优越的"留才"氛围,完善数字经济人才评估体系,加速制定以创新能力、质量、实际效果、贡献为核心的高水平人才分类确认考核机制。

(四) 宿迁深化建设"四化"同步集成改革示范区,要紧扣四化同步赋能这个核心点,推动集成融合创新,推进中国式现代化宿迁新实践

1. 树立"四化"同步赋能思维,提升四化同步集成改革的创新能力。"四化"同步的核心是工业化、信息化、城镇化、农业现代化协同发展、融合发展。"四化"同步是系统思维、集成思维,也是赋能思维,是推动中国式现代化的新发展理念。在"四化"同步建设过程中,"四化"互动,系统集成融合发展工业化、信息化、城镇化、农业现代化,形成了四化同步发展的多维动力、产生了四化同步发展的叠加效果、创造了四化同步发展的乘数效应,深化了四化建设的多重内涵。"四化"同步的核心就是赋能创新。在深化"四化"同步集成改革的实践中,要找准赋能的重点难点发力点,靶向聚焦、集成推进,推进四化同步的创新引领,提升新型工业化的支撑力、城乡要素配置效率的流动力、信息化的集合力、农业现代化的竞争力。

2. 紧扣"四化"同步的重点关键,提升四化同步集成改革的实效性和突破性。 深化"四化"同步集成改革,就要围绕构建"围绕一个工程、打造 N 个集成平台、协同制定一揽子改革项目"的改革推进体系,加快推动改革由集中向集成转变,坚持优解思维、赋能思维,全力突破一批引领性改革,打造一批高标准平台。一是全力抓好十大工程。改革创新引领工程、数字技术赋能工程、人才引培强基工程等十大工程涵盖了各领域的重点改革事项,是做好下一步深化"四化"同步集成改革的主要抓手。要创新制定长江三角洲制造业基地建设、数字经济发展等集成改革方案,细化任务,推进举措,确保重点改革项目落地见效,转化为宿迁的发展优势、竞争胜势。二是积极打造改革发展平台。推进集成平台建设,是发挥四化同步赋能效应的有效途径。要进一步强化平台意识,强化平台效能、强化平台推进,深入推进30个重点领域、区域内的改革平台建设,充分彰显四化同步改革、引领、集成的叠加效应,深入破除四化同步建设的体制性障碍、机制性梗阻,进一步解决四化同步集成改革的难点、痛点,推动"四化"同步集成改革向纵深推进,推动中国式现代化宿迁新实践取得新突破新进展。

新形势、新阶段、新要求,对宿迁"四化"同步集成改革示范区建设赋予了更高使命和责任。党的二十大报告明确把"建成现代化经济体系,形成新发展格局,基本实现新型工业化、信息化、城镇化、农业现代化"作为到二○三五年的远景目标之一。2023年,习近平总书记在参加全国人大江苏代表团审议的重要讲话中,提出"四个走在前"重大任务,其中就包括"深入推进新型工业化""推进农业现代化""完善网格化管理、精细化服务、信息化支撑的基层治理平台,健全城乡社区治理体系"等内容。这些部署要求,充分体现了"四化"同步在现代化建设中的重要地位,充分体现了全面深化改革在新征程上的关键作用。站在新的起点上推进宿迁四化同步示范区建设,需要始终坚持以习近平新时代中国特色社会主义思想为指导,全面贯彻党的二十大精神和习近平总书记对江苏工作重要指示精神,在省委、省政府的坚强领导下,抢抓机遇、乘势而上,奋力谱写新时代"春到上塘"新篇章,努力为苏北乃至全国同类地区探索现代化发展路径。

课题组牵头人:王云　宿迁市社科联秘书长

承办单位:宿迁市社科联

主要成员:陈黎黎、耿敬北、魏丽、李岩、嵇正龙、韩允、陈明玉